GUERRA Y TERRORISMO
EN EL CORAZÓN DE EUROPA

DIEGO ARRIA

Testimonio de un presidente del
Consejo de Seguridad
de las Naciones Unidas

EDICIONES EJV
INTERNATIONAL
Nueva York, 2022

© Diego Arria

www:diegoarria.com
twitter@Diego_Arria
Instagram: www.diegoarria.com
www.facebook.com/Arria.Diego/

Ediciones EJV International
Avda. Francisco Solano López, Torre Oasis, P.B.,
Local 4, Sabana Grande,
Apartado 17.598 – Caracas, 1015, Venezuela
Teléfono 762.25.53, 762.38.42. Fax. 763.5239
Email: ejvinternational@gmail.com
http://www.editorialjuridicavenezolana.com.ve

ISBN: 978-1-68564-720-9

Impreso por: Lightning Source, an INGRAM Content company
para Editorial Jurídica Venezolana International Inc.
Panamá, República de Panamá

Fotografía de portada: Manuela Arria-Maury
Diseño de portada: Liliana Acosta
Corrector de textos: Flor Cortez

Diagramación, composición y montaje por: Mirna Pinto, en letra
Palatino Linotype 12, Interlineado 13, Mancha 11,5 x 18

A mis hijas Karina, Camila y Manuela,
quienes crecieron oyéndome hablar de este proceso
y han sido siempre mi gran inspiración.

ÍNDICE

A MANERA DE INTRODUCCIÓN

«La Unión de Repúblicas Socialistas Soviéticas ha dejado de existir», nos anunció Yuli Vorontsov, embajador soviético en el Consejo de Seguridad de las Naciones Unidas, la tarde del 25 de diciembre de 1991.

Los embajadores de Colombia, México, España y Venezuela habíamos sido convocados por Javier Pérez de Cuéllar a su residencia oficial de secretario general de la Organización de las Naciones Unidas. Desde hacía tres años nuestros gobiernos mediaban en las negociaciones entre el Gobierno de El Salvador y los jefes del frente guerrillero Farabundo Martí para la Liberación Nacional, FMLN, para que le pusieran fin a una guerra que desangraba a esa nación centroamericana desde 1981. Era un último esfuerzo para terminar la redacción final del acuerdo.

Vorontsov interrumpió nuestra reunión con aquellas diez palabras que resumían la sorprendente e histórica noticia que nosotros recibimos con gran entusiasmo, pues, además de constituir el acta de defunción de la Guerra Fría, le arrebataba al FMLN el único respaldo que conservaba, lo que haría posible que casi una hora después de la medianoche del 31 de diciembre las partes firmaran el Acuerdo de Paz.

Guerra y terrorismo en el corazón de Europa es el testimonio de mi experiencia personal como embajador de Venezuela ante las Naciones Unidas y como presidente de su Consejo de Seguridad, responsable de asegurar la paz y la seguridad internacionales en aquellos tiempos de grandes cambios en la realidad política internacional. Había llegado a las Naciones Unidas a mediados de 1990, en plena agonía de la URSS, un suceso gracias al cual cesaría la confrontación entre este bloque de naciones y Estados Unidos, que dominaba casi exclusivamente el funcionamiento del Consejo desde el fin de la Segunda Guerra Mundial.

A partir de ese instante crucial, pensábamos que, sin el sistemático veto de uno o del otro contrincante, el organismo podría finalmente ejercer su autoridad para entregarse de lleno a consolidar el imperio de la paz, de los derechos humanos, de la seguridad y de la soberanía de todas las naciones del planeta por igual. Una nueva realidad puesta a prueba con la invasión de Kuwait en agosto de 1990 por las tropas del régimen iraquí de Sadam Hussein, que sin la menor duda representó un punto de inflexión en la historia de las Naciones Unidas, en el que me correspondió asumir muy complejas responsabilidades.

Muchas de las páginas de este libro se refieren a las turbulencias que amenazaban la estabilidad del planeta y que no desaparecieron, como muchos creyeron que pasaría, tras desplomarse el imperio soviético. Perturbaciones que no solo serían efectos de aquel colapso, sino el estallido de desafiantes situaciones imprevistas, como las interminables secuelas de la Guerra del Golfo, la inestabilidad creciente en el Medio Oriente, el terrorismo como política de Estado de Libia y la crisis de Estado fallido en Somalia, por ejemplo, pero he decidido concentrar mi esfuerzo, al igual que hizo el propio Consejo de Seguridad, en el seguimiento de los sangrientos conflictos bélicos que una vez más devastaron la región de los Balcanes después de la desintegración de la antigua Federación Yugoslava. Guerras alimentadas por las ambiciones territoriales y los odios étnicos de los ultranacionalistas dirigentes de Serbia, cuyo análisis, más allá de la propia significación del suceso, nos permite aproximarnos a la nueva y muy decepcionante realidad que se manifiesta en las relaciones, a veces explosivas, entre los intereses de las grandes potencias y los de las medianas y pequeñas naciones, en las que la guerra y el terrorismo han pasado a ser factores determinantes de la ecuación, y en las insuficiencias de las Naciones Unidas como órgano encargado de ser el fiel de la balanza.

Desequilibrios y carencias que desde aquellos años noventa dominan y enmarañan la agenda del Consejo de Seguridad.

Contra todas las expectativas generadas por el derrumbe del muro de Berlín y el fin de la Guerra Fría, el Consejo de Seguridad no ha dejado de ser escenario de las graves tensiones que mantienen al mundo en perenne estado de alerta: desencuentros de sus miembros permanentes y no permanentes; la incomunicación entre los integrantes más poderosos del Consejo y el resto de los que componen la Organización, que han sido dejados al margen de las deliberaciones y arbitrajes más trascendentales, y, por encima de todo, la desinformación como pieza clave del funcionamiento real del Consejo, suerte de sistemática indigencia institucional impuesta por los gobiernos más poderosos y que me honra haber contribuido a medio dejar atrás durante mi tránsito por la Presidencia del Consejo de Seguridad, en 1992, al promover lo que se denominó desde entonces Fórmula Arria, un mecanismo que el Consejo de Seguridad viene utilizando hasta el día de hoy y que ha permitido una mayor transparencia en sus deliberaciones.

Me he esforzado en presentar aquí un conjunto de reflexiones acerca de eventos que presencié, de las experiencias que me hicieron actuar y de las lecciones aprendidas para compartir un capítulo sobre la visión del mundo tal como puede observarse desde la perspectiva de la llamada cúpula política mundial, el Consejo de Seguridad de las Naciones Unidas. Estas páginas también constituyen un testimonio de mi empeño por hacer prevalecer y dar sentido a los principios y valores humanos como hilo conductor de las relaciones internacionales. Expresión cabal de mi obsesión por hacer valer el criterio según el cual los crímenes contra la humanidad, como el genocidio, el terrorismo, la limpieza étnica y la conquista de territorios por la fuerza, no sigan violentando el orden internacional. De ahí los esfuerzos personales y profesionales que hicimos diplomáticos y altos funcionarios de pequeñas y medianas naciones miembros de la ONU para enfrentar muchas crisis, algunas de ellas de dimensiones insospechadas, incluso en el corazón de Europa, como las guerras yugoslavas, una de cuyas consecuencias ha sido y sigue siendo el terrorismo.

En este sentido, para mí resultó decisiva la oportunidad que me brindó haber encabezado la primera misión de embajadores del Consejo de Seguridad al teatro de una guerra en pleno desarrollo, y ser testigo presencial de hechos tan pavorosos como el sitio de Sarajevo, capital de Bosnia y Herzegovina, o como el genocidio de Srebrenica, situaciones de las que, antes de esa misión, intencionalmente, los miembros permanentes del Consejo y la Secretaría General no informaban ni oportuna ni adecuadamente a los miembros no permanentes ni a la Asamblea General.

Durante la visita constaté horrorizado los resultados de la abominable modalidad de la llamada limpieza étnica en enclaves como Srebrenica. Y fue desde ese pueblo martirizado donde declaré a los medios internacionales que un genocidio en cámara lenta estaba en marcha allí. Sin embargo, no solo no se hizo nada para impedirlo ni ponerle fin, sino que se hizo todo lo posible para encubrirlo, y en julio de 1995, poco más de dos años después, ese proceso culminó con la masacre de ocho mil adultos y adolescentes ejecutada en dos o tres días.

Este libro también es expresión cabal del esfuerzo que hicimos y se sigue haciendo para que en ninguna circunstancia la política internacional de las grandes potencias pueda permitirse el privilegio de atropellar los principios éticos que deben animar la conducta de sus gobiernos. Ese fue el compromiso que asumimos unos pocos embajadores en el seno del Consejo de Seguridad, y por qué en ningún momento vacilamos a la hora de afrontar los desmanes cometidos por las autoridades civiles y militares de Serbia en Croacia, Bosnia y Kosovo con la complicidad de algunos miembros permanentes del Consejo de Seguridad y funcionarios civiles y militares al servicio de la Secretaría General. Y para reiterar nuestro rechazo a que algunos gobiernos europeos, para justificar estas transgresiones, recurrieran al falso y condenable argumento de que la independencia de Bosnia y Herzegovina, admitida como miembro de las Naciones Unidas en mayo de 1992, equivalía a validar la creación de un inconveniente Estado musulmán en Europa, a pesar de que Bosnia y Herzegovina siempre había sido no solo una nación europea, sino un admirable ejemplo de país multiétnico y multicultural.

Ese tratamiento, con trasfondo supuestamente étnico y religioso, revivió los horrores de la «solución final» que el régimen nazi le aplicó al pueblo judío, y que al igual que el Holocausto no debe ser jamás ni relegado ni olvidado. De hecho, antes del abandono de Bosnia no se registran actos de terrorismo islámico en Occidente, lo que sin dudas indica que grupos islámicos radicales en otros lugares del mundo se activaron ante la indiferencia de Occidente o ante la fragilidad de unos acuerdos de paz que impusieron una soberanía condicionada a Bosnia y Herzegovina sin ponerle fin ni al apartheid en los Balcanes ni sanción al nacionalismo serbio con consecuencias que todavía ponen en peligro a todo el mundo.

Solo el empeño de algunos Estados y personas, entre los cuales me honro en figurar, han permitido que algunos de los responsables de tantos crímenes contra la humanidad cometidos en el territorio de lo que fue Yugoslavia hayan sido llevados ante la justicia en el Tribunal Penal Internacional para la Antigua Yugoslavia, de cuya creación fui uno de los promotores. Este libro es el testimonio de mi cumplimiento con ese deber cuando fui testigo de cargo en contra de Slobodan Milosevic y en la defensa de Naser Oric, comandante bosnio de Srebrenica.

Si algún mensaje puede transmitir este libro es la necesidad de que en el futuro desempeño de las Naciones Unidas no se repita una situación como el perverso encubrimiento de lo que en realidad ocurría en Croacia, Bosnia y Kosovo, el mayor encubrimiento ejecutado por los países dominantes del Consejo de Seguridad, con la cínica excusa de que alcanzar la paz no tiene precio, aunque ello implique ignorar hasta los fundamentos más esenciales de las Naciones Unidas, imprescindibles para hacer efectiva la promoción de la paz y la seguridad en todos los rincones del planeta.

Rumbo al
Consejo de Seguridad

A lo largo de mi vida, en gran medida debido a los cargos públicos que he tenido el privilegio de ocupar, he recibido llamadas que podría calificar de extraordinarias, pero creo que ninguna tan especial como la que recibí en Nueva York el lunes 14 de abril de 2003, a las once de la mañana.

—Buenos días, embajador Arria —me saludó una voz de mujer en perfecto inglés, pero con un leve acento italiano—. Le habla Carla del Ponte, fiscal jefe del Tribunal Penal Internacional para la Antigua Yugoslavia. Como usted debe saber, aquí en La Haya estamos enjuiciando al expresidente Slobodan Milosevic, a quien le imputamos responsabilidad individual en el genocidio de Srebrenica y otros crímenes de lesa humanidad cometidos en Croacia, Bosnia y Kosovo. Hemos leído con mucha atención sus intervenciones de esos años en el Consejo de Seguridad, sobre todo el informe que usted les presentó a sus miembros en abril de 1993 al regresar de la misión de inspección al teatro de la guerra en Bosnia que el Consejo le encomendó coordinar, y también estamos al tanto de la denuncia que usted formuló entonces, desde la propia Srebrenica, de que allí, en aquellos momentos, se estaba cometiendo lo que calificó de «genocidio en cámara lenta». Teniendo en cuenta estas experiencias suyas, deseamos consultar su disposición a acompañarnos en el juicio como testigo de cargo, pues creemos que su testimonio sería de gran relevancia.

No me lo tuve que pensar dos veces.

—Por supuesto que pueden contar conmigo —le respondí a Del Ponte, de quien tenía noticia de que, en su posición previa, como fiscal general de Suiza, había colaborado con el fiscal Giovanni Falcone en su encarnizada lucha contra la mafia italiana. Pero, antes de entrar en detalles, me sentí obligado a preguntarle si ella les había hecho esa misma solicitud a los embajadores que en esos años representaban a Rusia, Estados Unidos, China, el Reino Unido y Francia, los cinco países miembros permanentes del Consejo de Seguridad.

—Eso hicimos —me contestó de inmediato—, pero los cinco coincidieron en rechazar nuestra invitación alegando que no tuvieron a tiempo información pertinente sobre los delitos que se le imputan al señor Milosevic y, por lo tanto, nada significativo podrían aportar al juicio.

—Mienten descaradamente —repliqué entonces—. Todos estaban perfectamente enterados de lo que ocurría en Bosnia.

Embajador ante las Naciones Unidas

Esa historia había comenzado años antes, para ser exactos, el 3 de enero de 1991 por la mañana, al asumir yo la representación permanente de Venezuela ante las Naciones Unidas. Ese día, cuando visité por primera vez las oficinas de nuestra embajada, situadas en la calle 46 de Nueva York, me fui caminando las dos cuadras que nos separaban del imponente edificio de cristal sede de la organización.

A comienzos de aquel año, la invasión del Emirato de Kuwait por tropas iraquíes el 2 de agosto de 1990 monopolizaba la atención del Consejo de Seguridad de las Naciones Unidas, que le había dado a Saddam Hussein un plazo de cuarenta y cinco días para abandonar el territorio kuwaití por las buenas, y los embajadores de las quince naciones que lo integraban debatían el tema con gran intensidad. Pocos días antes, Javier Pérez de Cuéllar, secretario general de la ONU, había viajado a Bagdad a entrevistarse con Hussein en busca de una solución política del conflicto, y tuvo que esperar dos horas en la antesala del despacho presidencial a que Hussein diera por terminada la reunión que sostenía con Daniel Ortega, expresidente de Nicaragua. Ese era, sin duda, un claro mensaje de Hussein a la comunidad internacional: su gobierno no cedería ni ante la amenaza que representaba la formidable coalición militar de treinta y cuatro países, liderada por Estados Unidos, que ya había desplegado a lo largo de la frontera de Arabia Saudita con Irak alrededor de seiscientos mil hombres, miles de vehículos blindados y setecientos aviones de combate, la mayor movilización militar conocida desde la invasión de Normandía en junio de 1944.

Ese plazo estaba a punto de vencer y se tenía la certeza de que muy pronto se pondría en marcha la llamada Operación Tormenta del Desierto, así que, al entrar esa mañana en el gran salón del Consejo de Seguridad y sentarme en los asientos reservados para los embajadores ante las Naciones Unidas de países no miembros del Consejo, me sentí privilegiado por ser testigo del debate que en esos momentos protagonizaban Abdul Amir al-Anbari, representante de Irak, quien, haciendo uso de una pasmosa mezcla de descaro y arrogancia, insistía en el derecho de su gobierno a intervenir en Kuwait, la «provincia 19 de Irak», como solía llamarlo Hussein en sus discursos, y sir David Hannay, embajador del Reino Unido, cuya muy ostensible capacidad de polemista me hizo desear no tener que enfrentarlo algún día, aspiración que no se hizo realidad, pues poco después tendría que confrontarlo en ásperas discusiones sobre la pavorosa tragedia que pronto se desataría en Bosnia y el comportamiento irregular que adoptarían los gobiernos de Francia y Gran Bretaña, atrincherados tras el cómodo pretexto de la neutralidad para pasar por alto la obligada defensa de los derechos civiles y políticos de la población musulmana de la república balcánica.

Las guerras yugoslavas

Durante los días que precedieron el masivo bombardeo de Bagdad la noche del 17 de enero, acudía cada mañana y cada tarde al Consejo. De ningún modo quería perderme las intervenciones de los representantes de los gobiernos más poderosos del planeta en la difícil hora de analizar y decidir qué hacer para enfrentar un conflicto tan apremiante como aquel, oportunidad que, además, me permitía seguir muy de cerca los pasos que daban para intentar solucionar esa crisis sin necesidad de recurrir al uso de la fuerza. Como todos sabemos, aquellos esfuerzos resultaron inútiles. Hussein ni siquiera iba a modificar su posición para eludir las terribles consecuencias que produciría la acción militar que estaba a punto de estallar. En todo caso, presumí, con razón, que esta singular experiencia me sería de gran utilidad para descifrar, en los meses y años siguientes, las mejores y peores maneras de actuar en conflictos de parecida naturaleza y magnitud.

Yo comenzaría a familiarizarme con el tema bosnio meses más tarde, en septiembre, cuando, en el cuadragésimo sexto período de sesiones de la Asamblea General, los embajadores del Movimiento de los Países No Alineados (MNOAL) fuimos convocados por el representante permanente de Yugoslavia, el croata Darko Silovic, a una reunión urgente con Budimir Loncar, su ministro de Asuntos Exteriores. El propósito del encuentro era solicitar que el MNOAL respaldara la exhortación que, en nombre de su gobierno, Loncar les haría esa misma tarde a sus homólogos europeos presentes en Nueva York a no intervenir en las confrontaciones armadas que desde la declaración de independencia formulada el 25 de junio por Eslovenia y Croacia ensangrentaban las calles de la antigua Yugoslavia.

Los países del MNOAL teníamos una visión más bien idealizada de Yugoslavia, porque Josip Broz, el legendario mariscal Tito, vencedor del ejército de ocupación nazi en los Balcanes y arquitecto de la Yugoslavia moderna, en compañía del indio Jawaharlal Nehru, el egipcio Gamal Abdel Nasser y el ghanés Kwame Nkrumah, había sido el fundador del Movimiento de Países No Alineados, en 1961. Por esta razón histórica, y por su distanciamiento de la Unión Soviética, aunque todavía no conocíamos con precisión la situación creada por aquellos primeros enfrentamientos armados en la antigua Yugoslavia, acordamos apoyar la posición y los argumentos de Loncar.

Mis colegas embajadores del MNOAL me habían seleccionado esa mañana para acompañar a Loncar, quien, en vista de lo que ocurría en los Balcanes, sostenía que aquello era «una guerra de Yugoslavia consigo misma». Es decir, que las primeras confrontaciones armadas constituían un problema estrictamente interno, una guerra civil, y, en vista de ello, había convocado esa reunión para tratar de convencer a los ministros europeos de no caer en la tentación de tomar partido a favor o en contra de ninguna de las partes. Yo no estaba del todo convencido, pero apoyé la propuesta de Loncar porque tenía muy presente el legado de Tito como figura clave en los procesos políticos del tercer mundo, y porque consideré que era una manera de evitar que se internacionalizara la todavía incipiente crisis yugoslava.

En esa reunión comprobé, además, un hecho asombroso: como estos conflictos en la antigua Yugoslavia no afectaban directamente los intereses políticos o económicos de Europa, las palabras de Loncar cayeron en el más grande de los vacíos. En los años siguientes, sin embargo, las razones empleadas por gobiernos europeos para justificar su decisión de no actuar en defensa de la soberanía de Bosnia y de los derechos de su población musulmana me harían ver cómo, distorsionando el principio de no intervención en los asuntos internos de otras naciones, los miembros europeos del Consejo de Seguridad en realidad se valían del argumento de Loncar para no tener que denunciar la criminal agresión militar serbia a Croacia y Bosnia. La facilidad con la que esa tarde los ministros europeos escurrieron el bulto también me indujo a pensar que, cualquiera que fuera el rumbo definitivo que emprendieran esas naciones, la Yugoslavia que conocíamos tenía los días contados.

Esta suerte de cómodo distanciamiento europeo del problema yugoslavo se rompería a finales de ese mes de septiembre, cuando el primer ministro alemán, Helmut Kohl, solicitó de su Parlamento autorización para reconocer las repúblicas «rebeldes» de Eslovenia y Croacia como Estados independientes y soberanos. Tres meses después, el 23 de diciembre, Kohl recibió la autorización y, sin consultar a la Comunidad Europea ni a las Naciones Unidas, formalizó el reconocimiento unilateral de su gobierno a ambos Estados nacientes. Una decisión que, como era de esperar, provocó una rápida y dura respuesta del gobierno de Slobodan Milosevic. Las llamadas «guerras yugoslavas» se internacionalizaron en ese momento y no tardarían en pasar a ser una muy amarga manzana de la discordia universal, un suceso que me hizo recordar que otro mes de junio, el de 1914, en las mismas calles de Sarajevo sobre las que dentro de muy poco correrían ríos de sangre, se produjo el atentado que le costó la vida al archiduque Francisco Fernando, heredero del trono del Imperio Austrohúngaro, causa eficiente de la pavorosa Primera Guerra Mundial.

Venezuela ingresa al Consejo de Seguridad

El 8 de octubre de 1991, Venezuela fue elegida para remplazar a Cuba como miembro no permanente del Consejo de Seguridad para el período 1992-1993. Hasta ese día, los dos representantes de Latinoamérica y el Caribe eran Ecuador y Cuba, nación cuyo período concluía el 31 de diciembre. Para cubrir esa vacante a partir del primero de enero de 1992, el grupo de América Latina y el Caribe (Grulac) tenía dos candidatos, Bolivia y México. En ese entonces, sin embargo, México negociaba con Estados Unidos y Canadá su incorporación al muy importante Tratado de Libre Comercio de ambos, y en el seno del gobierno del presidente Carlos Salinas de Gortari se consideró que no era aquel un momento propicio para ingresar al Consejo de Seguridad, donde sería inevitable que surgieran contradicciones absolutamente inconvenientes entre México y su vecino del norte, diferencias que, a su vez, podrían poner en peligro el magnífico futuro comercial que le aguardaba al país si lograba formar parte del Tratado de Libre Comercio de Estados Unidos y Canadá.

Fue precisamente por esos días de junio de 1991 que mi buen amigo Jorge Montaño, embajador de México ante las Naciones Unidas, me informó de este cambio repentino en la estrategia internacional de su gobierno y de que Salinas de Gortari mandaba a decirme que México estaba dispuesto a darnos su apoyo si Venezuela optaba a ocupar el puesto que Cuba estaba a punto de dejar vacante. Por supuesto le dije que sí y, semanas después, orgulloso y feliz, seguí la votación voto a voto y, al anunciarse finalmente su resultado, experimenté una emoción solo comparable a la que sentiría semanas más tarde, el 2 de enero de 1992, cuando me senté por primera vez en el puesto que le corresponde a Venezuela en la mesa con forma de herradura del gran salón del Consejo de Seguridad.

La visión que a partir de entonces tendría del mundo no iba a ser, sin embargo, tan clara y grata como yo suponía. Durante los meses transcurridos desde la elección de Venezuela para remplazar a Cuba en la cumbre política del mundo, me había preguntado muchas veces cuál iba ser en verdad mi papel como representante de un país latinoamericano en un Consejo de Seguridad dominado por las más influyentes potencias del globo. Se decía, y con razón, que solo los representantes de esos gobiernos participaban activamente en las decisiones que se tomaban sobre los grandes temas de la agenda política internacional, pero me negué a creerlo, pues estaba resuelto a demostrar con hechos concretos que ser representante de una nación del tercer mundo, como Venezuela, no tenía por qué condenarme a ser un simple convidado de piedra en la más importante instancia de la ONU. Todo lo contrario. Pensaba que mi papel, precisamente por ser embajador de un país sin gran protagonismo internacional, me daba mucha más libertad e independencia para ofrecer en cada caso una visión objetiva, no contaminada por ningún interés nacional, comprometida exclusivamente con la tarea de preservar la paz y defender los derechos políticos y humanos de todas las naciones y de sus habitantes, tal como lo establece la Carta de las Naciones Unidas. Muy pronto, lamentablemente, iba a descubrir que con mucha más frecuencia de lo deseable esa ilusión tenía poco que ver con el funcionamiento real de las Naciones Unidas y de su Consejo de Seguridad.

El primer y quizá más revelador aspecto de esta contradicción fue constatar que las grandes decisiones de las Naciones Unidas no se toman en las sesiones formales del Consejo de Seguridad en ese gran salón con su gigantesca mesa en forma de herradura que conocemos gracias a la televisión, sino en otras reuniones que siempre se hacen a puerta cerrada, sin grabadoras, taquígrafos ni medios de comunicación, en una sala más pequeña y menos aparatosa, de apenas treinta metros de largo por veinte de ancho, ubicada a pocos metros del gran salón del Consejo. Es allí, alrededor de una ordinaria mesa en forma de 'U' a la que solo se sientan los representantes de sus quince miembros acompañados de cuatro funcionarios de sus embajadas, donde de verdad se toman las más importantes decisiones del organismo.

Esta sala, llamada de «consultas informales», quizá con la intención de encubrir su verdadera importancia, tiene un enorme ventanal con una magnífica vista del East River, pero un cortinaje la oculta por completo. Con el tiempo llegaría a entender que esa suerte de tapia simboliza, por una parte, la pretensión de ocultarle al mundo exterior cómo los cinco miembros permanentes del Consejo ejercen su dominante poder. Con el tiempo también llegaría a la conclusión de que no se trata sencillamente de ocultar de miradas extrañas las interioridades del Consejo, ni evitar que la grata visión del East River distraiga la atención de sus integrantes, sino de tomar distancia, la mayor y más esterilizada distancia posible, de los eventos que suceden en lugares del mundo donde esta cúpula está más o menos involucrada. Por eso, yo llamaba este salón «el cuarto sin vista». The room without a view.

Cuando uno se sienta a esa mesa, tiene la distinción de acceder a los documentos y los informes más sensibles y reservados sobre los temas a debatir ese día, aunque sin que en ninguno de ellos se mencione la naturaleza real de sus contenidos ni la crudeza de sus pormenores. Siempre transcritos en hojas de papel de un blanco inmaculado, en estos documentos se recogen las informaciones más estremecedoras, pero asépticamente. Lees, por ejemplo, que ayer, a las dieciséis horas, en Ruanda, cientos de tutsis fueron asesinados a machetazos en el interior de una iglesia, pero en ninguno de ellos se incluyen los alaridos de dolor de las víctimas ni la magnitud de los horrores que se describen. Un desapego que solo sirve para permanecer indiferentes ante las peores monstruosidades. Como se esperaba que yo reaccionara un año después, durante mi primera visita a la ciudad bosnia de Srebrenica, donde fui testigo presencial de crímenes inimaginables.

Otro aspecto detestable del funcionamiento del Consejo de Seguridad es que sus reuniones informales, o sea, las que más importan, concluyen exactamente a la una y quince de la tarde, independientemente del punto en que se encuentre la sesión, pues a esa hora termina el turno de trabajo de los traductores. O sea que la extensión de los debates en esas sesiones, por decisivas que sean, no la dictan los embajadores ni la urgencia del tema, sino los horarios del personal de apoyo. En la práctica, esta sala también funciona como un pequeño y muy discreto ring de boxeo, en el que los contrincantes resuelven a solas sus diferencias de cualquier forma, sin muchas normas ni miramientos, en confrontaciones que a menudo poco tienen que ver con las formalidades que adornan los debates y los acuerdos que se anuncian después en el gran salón del Consejo, ante los ojos de un mundo que tiene muy escasa o ninguna idea de lo que en verdad ha ocurrido antes en esa trastienda que es la sala de las sesiones informales.

Yo y el secreto juego de poderes

El primer y más dramático efecto que genera la existencia de estas dos caras del Consejo de Seguridad es la poca información que llega a manos de los representantes de gobiernos miembros de las Naciones Unidas que no forman parte de esa cúpula, porque ninguno de ellos goza del privilegio de asistir a esas sesiones informales. Quizá lo más destacable del funcionamiento del Consejo sea este secreto juego de poderes, ya que cada resolución oficial de este y cada decisión adoptada públicamente por sus quince miembros son producto de esos debates y negociaciones rigurosamente íntimos, en algunas ocasiones secretos. Peor aún, como estas discusiones y estos acuerdos son considerados «informales», tampoco están de ningún modo sujetos al escrutinio público. Gracias a este hermetismo casi absoluto, en esa sala sin vista al East River, esas cortinas solo sirven para desfigurar y ocultar las presiones, los prejuicios, las fortalezas y debilidades que definen la verdadera naturaleza del doble funcionamiento de las Naciones Unidas y de su Consejo de Seguridad. De ahí que muy pocos observadores, muy pocos gobiernos y muy pocos medios de comunicación estén al tanto de los laberínticos y no siempre bien iluminados senderos por los que este órgano llega a tomar esta o aquella decisión.

En el gran salón del reino, ante las cámaras de la televisión y los micrófonos, se anuncian las resoluciones que se aprueban y los discursos y declaraciones de los miembros del Consejo, previamente acordados por sus respectivas cancillerías. Discursos y resoluciones que no pasan de ser los registros públicos de la realidad, siempre en versión de las Naciones Unidas que, como veremos a lo largo de estas páginas, a menudo están espesamente maquillados por los intereses particulares de sus cinco miembros permanentes, habitualmente con el respaldo y la cooperación del secretario general, cuyo presente y porvenir en el cargo depende casi exclusivamente de la voluntad de ese quinteto.

Esta peculiaridad, a todas luces muy poco democrática, me hizo comprender que haber ingresado al Consejo, tener el privilegio de participar en sus «reuniones informales» y conocer en todos sus detalles los desencuentros, los enfrentamientos y las confabulaciones que constituyen su trastienda ejecutiva, me convirtieron de la noche a la mañana en un primus inter pares a los ojos de mis colegas latinoamericanos y caribeños, pendientes, como el resto de los embajadores de países no miembros de esta cúpula, de que alguno de nosotros compartiera con ellos informaciones privilegiadas que a su vez les permitieran contemplar el lado oscuro de la luna y transmitir a sus respectivas cancillerías informaciones que de otro modo serían difíciles o imposibles de obtener. Ahora bien, a pesar de estos desconcertantes hallazgos, debo resaltar que, cada vez que ingresaba al gran salón o a la sala de las sesiones informales del Consejo y me sentaba frente al cartel que me identificaba como embajador de Venezuela, sentía una formidable mezcla de orgullo y respeto por lo que significaba representar a mi país en esa cima del mundo. Circunstancia cuya trascendencia no era posible reducir ni eliminar a ningún precio.

Desde esta perspectiva, poco después de ingresar a este club superprivado que es el Consejo de Seguridad, comencé a darme cuenta de que, a pesar de ser representante de un país sin un peso político determinante en el mundo, tenía la posibilidad, si me lo proponía, de participar y hasta influir en el juego de las manipulaciones secretas de las Naciones Unidas, casi por definición arbitrado por los grandes poderes mundiales. También quedaba claro que para los miembros no permanentes del Consejo lo más cómodo era renunciar a esta opción. No olvido, por ejemplo, que recién llegado a las Naciones Unidas, a la hora de fijar mi posición en la discusión de cualquier iniciativa, algunas voces me sugerían prudentemente no abrir ninguna caja de Pandora. ¿Cuántas buenas iniciativas, me pregunto desde entonces, se habrán perdido en ese tenebroso túnel de la indiferencia y los olvidos? Precisamente, para facilitar el desarrollo de estos distanciamientos perfectamente calculados, en la ONU existen otras instancias, también de suma importancia, como los programas para la promoción del desarrollo, el desarme, la lucha contra la pobreza, la defensa del medioambiente o los derechos del niño y la mujer, pero que, principalmente, se utilizan para apartar a muchos embajadores y gobiernos de los grandes conflictos políticos, de las guerras y de los asuntos que las potencias mundiales prefieren manejar sin su interferencia.

Con la excusa de facilitar esta suerte de división del trabajo en las alturas del poder, los cinco miembros permanentes del Consejo y el secretario general de la ONU se ocupan de monopolizar la información sobre los principales temas a tratar en la Asamblea General y, sobre todo, en el Consejo de Seguridad. En favor de esta maniobra, se aprovechan de que las naciones con menos recursos materiales y sin capacidad para obtener información propia suficiente se vean condenadas a languidecer en esas otras instancias del organismo o a sumarse ciegamente a la posición adoptada por alguno de los cinco grandes, los llamados P5, Estados Unidos, Rusia, China, Francia y el Reino Unido. Es decir, condenadas a vegetar en el limbo de una triste orfandad. De este modo, la percepción que tienen los miembros no permanentes de lo que en verdad ocurre en el mundo es más bien menesterosa, quizás una visión de los asuntos como si fuesen demasiado intrincados, ajenos a sus intereses o sencillamente irrelevantes. Pongamos por caso las masacres que ocurrían en rincones tan distantes de Occidente, como Somalia o Ruanda.

Estas insuficiencias que sufren los países más débiles de las Naciones Unidas les hace muy difícil adoptar posiciones independientes de las presiones de los poderosos miembros permanentes del Consejo. De ahí que muchos busquen en los informes del secretario general argumentos válidos para alimentar la ilusión de que en verdad resisten la presión de alguna de esas potencias mundiales. Por esta razón, cuando yo asumía un papel protagónico en debates sobre problemas de gran importancia internacional, Bosnia, por ejemplo, o Somalia, expresaban su asombro porque yo me ocupaba de temas tan distantes de los supuestos intereses de Venezuela.

La bomba bosnia estalla en el Consejo

Meses después de la reunión del canciller Loncar con los ministros europeos de Relaciones Exteriores, el 2 de enero de 1992, primer día de Venezuela como miembro no permanente del Consejo de Seguridad, la crisis yugoslava adquirió un dramatismo explosivo al saberse que un misil disparado desde un avión de combate serbio había derribado un helicóptero civil en el que viajaban cinco observadores del Consejo de Europa, cuatro italianos y un francés, suceso que, a pesar de su gravedad, solo suscitó en el Consejo la retórica respuesta de un comunicado en el que se deploraba «el trágico incidente». Una semana más tarde, el 9 de enero, sin haberme recuperado del impacto de esa noticia ni del encubrimiento nada sutil del crimen, recibí otra información inquietante, también silenciada en las alturas de las Naciones Unidas: los dirigentes serbios en Bosnia y Herzegovina, encabezados por Radovan Karadzic, desquiciado psiquiatra serbio nacido en Montenegro, con pleno apoyo civil y militar del Gobierno de Serbia, anunciaba desde Belgrado la creación de una ilegal República Serbia de Bosnia, la Srpska, con Karadzic como su presidente.

De este modo imprevisto, mis primeros pasos en la «cima del mundo» coincidieron con el inicio de una nueva y feroz etapa del conflicto bélico en la antigua Yugoslavia, que modificaría sustancialmente mi visión del mundo y de sus principales protagonistas, pues con esta tendencia a mirar hacia otra parte, el Consejo les concedía a las autoridades militares serbias impunidad absoluta para violar a su antojo la integridad territorial de la república independiente de Bosnia. Impunidad que implícitamente les autorizaba a liquidar los derechos políticos y humanos de la mayoría musulmana de su población.

De esta manera, bajo la impávida mirada de buena parte de la comunidad internacional, el gobierno de Milosevic aprovechaba esta suerte de «permiso» para acometer en Bosnia una política de tierra arrasada y acelerar a sangre y fuego la creación de una Gran Serbia, étnicamente pura, a expensas de las otras cinco repúblicas que formaban lo que había sido la Federación Yugoslava. Una pasividad que no tardaría mucho en generar múltiples agresiones militares contra la población bosnia, «justificadas» por inadmisibles razones de discriminación racial y expansión política y territorial desde todo punto de vista ilegal, con la complicidad de poderosos miembros del Consejo de Seguridad, resueltos a no cumplir su obligación de proteger por igual a todas las naciones integrantes del organismo. Esta aberración, a su vez, le transmitió al Gobierno de Serbia el mensaje de que la comunidad internacional no recurriría al uso de la fuerza para frenar su intervención militar en naciones vecinas.

Gracias a esta repudiable y acomodaticia política de los miembros más poderosos del Consejo, los agresores serbios se sentían suficientemente apoyados por la comunidad internacional para continuar sumando a la geografía política de Serbia nuevos territorios conquistados por la fuerza de las armas. A partir de aquellas semanas cruciales, mientras Yugoslavia se transformaba en un auténtico infierno, los gobiernos europeos y el P5, amparados por una cínica interpretación del obligado respeto a la soberanía, renunciaban a «ver» los estragos que producía su distanciamiento del problema yugoslavo. Tuvieron que pasar casi seis años para que Kofi Annan, sustituto de

Boutros Boutros-Ghali en la Secretaría General, se atreviera a reconocer ante la Asamblea General el error de no haber percibido a tiempo «los alcances del mal que enfrentábamos, ni haber cumplido nuestro compromiso de proteger a ciudades como Srebrenica del programa serbio de asesinatos masivos de la población musulmana, errores silenciados por una supuesta política de neutralidad y no violencia totalmente inadecuada ante el conflicto en Bosnia».

Los miembros no permanentes del Consejo de Seguridad nos íbamos sintiendo cada día más alarmados e indignados. De la noche a la mañana, la República de Bosnia y Herzegovina pasó a ser en los documentos oficiales elaborados por la Secretaría General «la parte musulmana» del conflicto, lo que reducía la guerra a una mera pugna étnica y religiosa, de exclusiva incumbencia yugoslava. Manipulación particularmente infame de la historia, porque en mayo de 1992 la Asamblea General de las Naciones Unidas, a solicitud del Consejo de Seguridad, había reconocido a Bosnia como república independiente e indivisible, una legitimación que debía de haberles recordado a los miembros más poderosos de esa instancia su responsabilidad de «ver» que dos terceras partes del territorio bosnio estaban ocupadas por fuerzas militares y paramilitares serbias.

Esta realidad era mucho más inadmisible porque la persecución y el exterminio de la etnia bosnia se llevaba a cabo mientras ese mismo y «ciego» Consejo de Seguridad se jactaba del significativo y honroso papel que había desempeñado al lograr ponerle punto final al abominable régimen del apartheid en Sudáfrica. Por otra parte, el propio secretario general de las Naciones Unidas colaboraba con los miembros permanentes del Consejo en la tarea de manipular informaciones sobre lo que realmente ocurría en Croacia y en Bosnia, y preferían no darse por enterados de los múltiples y atroces crímenes que los serbios cometían en ambas repúblicas, al aceptar que la causa de las guerras yugoslavas eran el fruto amargo de muy antiguos desencuentros étnicos y religiosos internos, ante los cuales la comunidad internacional no debía intervenir sino para reiterar sus retóricas exhortaciones a la paz y enviar asistencia humanitaria destinada a las víctimas civiles del conflicto.

Hasta Margaret Thatcher resumió con contundencia su rechazo a esta política al declarar: «Bajo ningún concepto debemos limitarnos a alimentar a la gente, mientras que, por otra parte, dejamos que la masacren».

Esta perversa distorsión de la trágica realidad les permitió a los gobiernos europeos asumir a plenitud la ficción de que solo ellos estaban en condiciones de actuar para resolver la crisis, tal como lo había señalado en junio del año anterior Jacques Poos, ministro de Asuntos Exteriores de Luxemburgo, quien ocupaba entonces la Presidencia del Consejo de Europa. Desde esa alta posición, Poos había afirmado que, ante la urgencia con que se debían afrontar los conflictos que hacían pedazos la antigua Yugoslavia, era oportuno advertir que había llegado «la hora de Europa, no la hora de los norteamericanos», dando a entender que una cosa era la ONU, dominada según él por Estados Unidos, y otra cosa muy distinta la Comunidad Europea. Los agresores serbios interpretaron esta postura como que Europa impediría a toda costa la intervención de actores no europeos, sobre todo de Estados Unidos, y sintieron que tenían luz verde para continuar ejecutando en el corazón de Europa una implacable guerra de limpieza étnica. Una hora de Europa que, ciertamente, no había llegado, porque fueron sus gobiernos los que de repente olvidaron el compromiso de «nunca más» que habían contraído en 1945 como advertencia válida de los vencedores de la guerra a quienes, desde entonces, como hacían los serbios en ese momento, se sintieran inclinados a recaer en las mismas y execrables prácticas del régimen nazi.

En este punto vale la pena destacar que no fue casual que el primer plan de paz para la antigua Yugoslavia, elaborado por lord Peter Carrington, del Reino Unido, y José Cutileiro, de Portugal, a instancias de la Comunidad Europea, propusiera la división de la República de Bosnia y Herzegovina en tres territorios con fronteras trazadas por exclusivas razones étnicas-religiosas: un territorio bosnio musulmán, el más pequeño de los tres, a pesar de que la mayoría de la población bosnia era musulmana; otro croata católico, y un tercero, el más grande, asignado a la población cristiana ortodoxa de origen serbio. Sin pudor alguno, ambos mediadores declaraban continuamente que gracias a esta aberrante partición «los serbios quedarían satisfechos». Es decir, para justificar lo injustificable, repetían el cobarde razonamiento empleado en 1938 por los entonces primeros ministros del Reino Unido, Neville Chamberlain, y de Francia, Édouard Daladier, para aceptar y justificar en Múnich la invasión y ocupación nazi de los Sudetes, primer paso para la invasión de Checoslovaquia, y un año después la invasión a Polonia —detonante de la Segunda Guerra Mundial—, con el humillante argumento de que la Alemania de Adolf Hitler, después de recibir el obsequio que representaba el permiso franco-británico para recuperar esa región, perdida tras la derrota germánica en la Primera Guerra Mundial, se quedaría tranquila.

En su funesto desvarío, el dúo Carrington-Cutileiro estaba entonces a punto de refrendar aquel disparate, en detrimento de los derechos inalienables de la parte más débil del conflicto yugoslavo. No en balde, The New York Times y The Washing-ton Post destacaban por esos días la cruda posición adoptada por el ministro belga de Relaciones Exteriores, el vizconde Mark Eyskens, al resaltar con gran pesadumbre: «Europa es un gigante económico, un pigmeo político y un gusano militar».

Para sorpresa de muchos, esta suerte de europeísmo extremo también oscurecía la visión de la dirigencia política de los musulmanes en Bosnia. Incluso en marzo de 1992, a pesar de que ya no era un secreto para nadie la inminente agresión serbia a Bosnia, reivindicaban el carácter europeo de la república, aunque en las principales capitales del continente nadie compartía esa opinión, y alegaban que solo Europa estaba en condiciones de proteger sus derechos republicanos y evitar que en su territorio se reprodujera la guerra de «tierra arrasada» que ya practicaban las tropas serbias en Croacia desde julio del año anterior. Esta falta de visión de la clase política bosnia le impidió entender que a Europa le importaban muy poco los derechos bosnios, porque, a fin de cuentas, para ellos, tal como me confesó el representante británico en el Consejo de Seguridad, defender la soberanía de Bosnia equivalía a promover la riesgosa creación de una nación musulmana en el centro del continente.

Poco más de un año después, en Sarajevo, Ejup Ganic, vicepresidente de Bosnia, me reconoció que esta equivocada manera de interpretar la situación le había hecho cometer a su gobierno el costoso error de creer que, ante el ataque de un régimen fascista como el de Milosevic, Europa no dudaría en acudir en defensa de Bosnia, razón por la cual no vieron la necesidad de solicitar el apoyo de las Naciones Unidas desde el primer día de la agresión serbia. Cuando finalmente lo aceptaron, «ya era demasiado tarde» y las llamas de una guerra de brutal limpieza étnica consumían Bosnia, y a toda velocidad la convertían en un inmenso cementerio.

Embargo de armas a la antigua Yugoslavia

En el arsenal diplomático de sanciones con que cuenta el Consejo de Seguridad para hacer valer la fuerza de sus argumentos en favor de la paz, el embargo de armas ocupa un lugar preferente. Recurrir a esa medida es lo que habitualmente se hace para frenar la expansión de los conflictos bélicos. Debido a esta rutina operacional, el 25 de septiembre de 1991, el Consejo de Seguridad, en sesión oficial realizada entre ministros de Relaciones Exteriores, presidida por el canciller francés, Roland Dumas, les impuso un riguroso embargo de armas a las cinco naciones de la antigua República Federal Socialista de Yugoslavia.

Venezuela no era entonces miembro del Consejo, pero desde la Asamblea General había respaldado la opción del embargo, convencido de que, en efecto, si se lograba interrumpir el flujo de armas a Yugoslavia, estaríamos dándole una respuesta política adecuada al reto que nos presentaban los conflictos armados que estallaron el 25 de junio, provocados por la reacción violenta de Serbia a la declaración simultánea de independencia por Eslovenia y Croacia. Así que, para frenar el desarrollo de esos enfrentamientos, el Consejo de Seguridad, persuadidos sus miembros de que al hacerlo favorecían notablemente la causa de la paz en los Balcanes, aprobó la imposición del embargo «total de armas y equipo militar».

Pronto se comprobaría la gravedad de ese error. En aquel momento, sin embargo, solo James Baker, jefe de la diplomacia estadounidense, llamó la atención sobre el hecho de que Serbia había heredado la totalidad de los equipos y armamento adquiridos por la antigua Yugoslavia en la desaparecida Unión Soviética, una superioridad que dejaba a Eslovenia, Croacia, Macedonia y Bosnia en una situación de franca inferioridad militar. Según Baker, este desequilibrio entre las partes constituía un peligro evidente, pues ya no era un secreto la abierta participación de tropas regulares del antiguo Ejército Popular Yugoslavo, ahora de Serbia, en los combates de los últimos meses en Croacia, su presencia masiva y amenazadora en las fronteras bosnias y sus excesos en Kosovo. El secretario de Estado norteamericano llegó incluso a denunciar: «Belgrado pretende crear una Gran Serbia a expensas de sus vecinos, y esto no puede ser aceptado», pero de nada sirvió su advertencia, y el Consejo de Seguridad terminó aprobando por unanimidad la aplicación del embargo. La medida contó incluso con la tácita aprobación del Gobierno de Bosnia, convencido de que tan pronto la agonizante Federación Yugoslava dejara oficialmente de existir, también se extinguiría la vigencia del embargo. Una ilusión que, por supuesto, no llegó nunca a concretarse.

Pocos días después de lo que en un primer momento me parecía un auspicioso acuerdo, el 27 de noviembre, el Consejo de Seguridad aprobó su Resolución 721, mediante la cual se autorizó la creación de una misión de paz, la futura Fuerza de Protección de las Naciones Unidas en Yugoslavia (UNPROFOR, por sus siglas en inglés), con el objetivo específico de actuar en ese momento en Croacia, pero con la intención de incluir más tarde a Bosnia en su mandato, en respuesta a la denuncia formulada por de su presidente, el dirigente musulmán Alija Izetbegovic, de que existían sobradas razones para señalar que Serbia se preparaba para hacer en Bosnia lo que ya hacía en Croacia. Precisamente por esta razón, Cyrus Vance, ex secretario de Estado norteamericano y representante personal del secretario general Pérez de Cuellar en las primeras negociaciones entre representantes serbios y croatas celebradas en Ginebra a finales de 1992, fue ratificado en esa posición por el nuevo secretario general, Boutros Boutros-Ghali, y de inmediato convocó a dirigentes políticos y militares serbios y croatas a una reunión en Sarajevo el 2 de enero con la finalidad de aprobar para Bosnia un acuerdo similar al alcanzado por las partes en Croacia. No percibimos entonces la diferencia de ambos conflictos, porque en el caso de Bosnia existía tal palpable desigualdad material entre sus fuerzas militares y las de Serbia que debíamos haber anticipado la poquísima efectividad que tendrían esas gestiones de paz que entonces proponía Vance.

A pesar de ello, el 8 de enero de 1992, el Consejo de Seguridad aprobó su Resolución 727 con la intención de propiciar un alto el fuego entre las partes, aunque no incluía en su contenido indicio alguno de que el organismo intervendría colectivamente si Serbia no acataba el alto el fuego y aprovechaba la amplia superioridad de su equipamiento militar para continuar su violenta expansión territorial a expensas de Bosnia. No tardó mucho en hacerse evidente que ni el despliegue de cascos azules en Bosnia ni esta Resolución 727 impedirían que, al comenzar aquel año de 1992, la amenaza de intervención militar serbia en Bosnia se hiciera realidad. Un hecho que llevaría a calificados observadores de la situación a definir el no acatamiento serbio como auténtica «violación de Bosnia», sin que la comunidad internacional hiciera nada que impidiera que la nación agredida y su población musulmana cayeran en las voraces manos del Gobierno de Serbia, aliada histórica de Rusia, y, desde la Primera Guerra Mundial, aliada de Francia y el Reino Unido.

En este punto cabe destacar que, como en tantas otras ocasiones, ni la Secretaría General ni los cinco miembros permanentes del Consejo compartieron con el resto de sus integrantes la información de que, al iniciarse el proceso de disolución de la antigua Yugoslavia, Belgrado transfirió cien mil militares del antiguo Ejército Popular de Yugoslavia y gran parte de sus equipos y armamentos a la ilegal república Srpska creada por los serbobosnios en la ciudad ocupada de Pale, «la otra parte» del conflicto bosnio, como comenzaron a llamarla los cinco grandes. Por su parte, Croacia, si bien tenía un ejército más pequeño y peor equipado que el de Serbia, contaba con importantes puertos y muchos kilómetros de costa sobre el Adriático para recibir armas de contrabando, circunstancia que llevó a los agresores serbios a desatar feroces ataques a las ciudades croatas de la costa dálmata, incluida Duvrovnik, que la Unesco había catalogado como patrimonio de la humanidad. Bosnia, en cambio, sin ejército propio, sometida al embargo decretado por el Consejo de Seguridad y sin acceso a puertos marítimos que le permitieran obtener por vías irregulares al equipamiento militar que necesitaba para ejercer su derecho a la defensa, quedaba a merced de sus enemigos serbios. De haber tenido entonces esta información, Venezuela y otros integrantes no permanentes del Consejo de Seguridad nos habríamos opuesto a un embargo de armas que con tanta premeditación y alevosía sentenciaba a muerte a Bosnia.

Mientras tanto, y a pesar de su obligación de monitorear el cumplimiento de los acuerdos de Ginebra, la Comunidad Europea y el P5, con la solitaria excepción de los Estados Unidos, prefirieron pasar por alto esta monumental desigualdad y dejar a Bosnia, que en mayo de ese año sería admitida como Estado parte de las Naciones Unidas, como víctima propicia de los despiadados ataques de las unidades militares serbias que habían ingresado ilegalmente en su territorio. Todo ello con la activa colaboración de la propia Secretaría General, encargada de redactar, filtrar y reproducir la documentación que llegaba al Consejo. Un monopolio informativo que, en este caso, incluyó ocultar esa transferencia de soldados, artillería pesada, tanques y aviones de combate de Serbia a la ilegal república Srpska, dirigida por Radovan Karadzic, su presidente, y ejecutada por su comandante militar, el general Ratko Mladic.

Una vez puesto en marcha este proyecto serbio de expansión, de nada sirvieron las protestas bosnias. Ni siquiera dos decisiones en favor del eventual levantamiento del embargo, aprobadas en los meses de octubre y noviembre de 1991 por el Congreso de Estados Unidos, pudieron revertir el disparate, porque el presidente Bill Clinton, electo en los comicios de noviembre, si bien cuando era candidato se había expresado públicamente en contra del embargo en un discurso pronunciado en la Universidad de Georgetown, una vez instalado en la Casa Blanca vetó ambas resoluciones parlamentarias para «no contrariar a sus aliados europeos». En cambio, para remediar en lo posible las consecuencias de este cambio en la posición de Clinton ante el conflicto bosnio, la Casa Blanca presionó al nuevo secretario general, Boutros Boutros-Ghali, para que ratificara a Cyrus Vance como su enviado personal para Yugoslavia. Muy pronto se comprobaría, sin embargo, que las gestiones de Vance también estaban condenadas de antemano al fracaso. En Croacia, desde julio de 1991, la desigualdad militar entre las partes ya se medía en centenares de muertos y miles de heridos, sobre todo víctimas de los tres meses del implacable sitio serbio a la ciudad fronteriza de Vukovar y a los bombardeos que sufrió Duvrovnik en octubre. Un cuadro de des-trucción y desolación que no se le pudo ocultar a Vance, quien finalmente se vería obligado a admitir que «los acuerdos de paz y las condiciones del embargo de armas se violaban desde los cuatro puntos cardinales».

A estas alturas quedaba claro que, en el caso yugoslavo, sobre todo en Bosnia, el embargo de armas arrojó resultados muy desalentadores, pues al dejar indefensas a las víctimas, la guerra se prolongó en su territorio durante casi cuatro catastróficos años, al cabo de los cuales murieron más de doscientas mil personas, veinte mil mujeres fueron brutalmente violadas y más de un millón de personas tuvieron que abandonar sus hogares a la fuerza. A pesar de esta terrible e inocultable realidad, las numerosas resoluciones aprobadas por el Consejo desde septiembre sobre lo que ocurría en la antigua Yugoslavia continuarían siendo reclamos meramente retóricos, pues jamás incluyeron advertencias suficientemente fuertes para disuadir al Gobierno serbio de persistir en sus acciones militares contra Bosnia. Tampoco cabe la menor duda de que en la historia de las resoluciones del Consejo en materia de embargos de armas ninguna había costado más vidas ni más desgracias que el impuesto a Bosnia, república que, a pesar de haber sido admitida como miembro de las

Naciones Unidas, sufriría en su territorio los atroces efectos derivados de la aplicación de una auténtica política de exterminio étnico, nada menos que en el corazón de la Europa de Maastricht. Para colmo de males, la agresión era ejecutada por otra nación integrante de las Naciones Unidas ante la cínica indiferencia de la mayor parte del Consejo de Seguridad.

En la cima del mundo

El primero de marzo de 1992 asumí la Presidencia del Consejo de Seguridad y el primer asunto que llegó a mis manos fue la crisis que ya arrasaba Somalia. Para ese momento, el país sufría la mayor hambruna de su historia. Después de veintidós años de dictadura y guerra civil, el primero de enero de 1991, su presidente, el general Mohamed Siad Barre, fue violentamente derrocado por dos bandas armadas que luchaban entre sí por el control de Mogadiscio, la capital. Una facción, al mando de Ali Mahdi Mohamed, quien poco después asumiría de manera «interina» la Presidencia de Somalia hasta 1995; la otra, a las órdenes del general Mohamed Farrah Aidid. El derrocamiento de Mohamed Siad Barre había agravado muy seriamente la crisis y generó un estado de total anarquía social y política sin precedentes. Las tribus y clanes que dividían a la población también desconocían la existencia de un poder ejecutivo nacional y habían fraccionado el país en una serie de pequeños «estados» independientes. Esta circunstancia dio lugar a que muchos integrantes de sus fuerzas armadas se sumaran, con todos sus equipos y armamento, a las milicias organizadas por los líderes políticos y militares de esos miniestados. Una situación que a finales de 1991 ya había convertido Somalia en un país peligrosamente empobrecido, peligrosamente sobrearmado y peligrosamente subalimentado, y ante la cual resultaba prácticamente imposible prestarles ayuda a las víctimas de tan extraordinaria tragedia humanitaria.

La insondable tragedia de Somalia

Por su ubicación estratégica en el Cuerno de África, Somalia había sido durante muchos años pieza importante de las operaciones soviéticas durante una guerra fría que en esas regiones del planeta había sido muy caliente, hasta que en 1987 la Unión Soviética le dio la espalda para respaldar a Etiopía en la guerra entre ambos países. Estados Unidos aprovechó la ocasión para darle su apoyo al Gobierno somalí y lanzar desde su territorio una fallida invasión a Etiopía. Desde ese día, abandonada por unos y otros, Somalia se fue hundiendo en el abismo de un caos que luego, en marzo de 1992, con miles de muertos en medio de una violencia generalizada, se hizo por fin visible a los ojos de la comunidad internacional.

El problema era mayúsculo, porque lo cierto es que en términos reales Somalia había dejado de existir como Estado. No tenía gobierno ni instituciones, y ni siquiera sostenía relaciones diplomáticas con otros gobiernos. A esas alturas de su agonía, tampoco tenía representación en las Naciones Unidas, de modo que contábamos con muy escasa información de lo que ocurría en el país. Una realidad tan inaudita que lo único que se me ocurrió fue preguntar en el Departamento de Asuntos Africanos de la ONU si algún ciudadano somalí trabajaba en las Naciones Unidas. La suerte me acompañó, pues uno de sus funcionarios me informó que, en efecto, un ciudadano somalí trabajaba en el Departamento de Publicaciones, y este a su vez me indicó que una compatriota suya que había trabajado en la Embajada de Somalia ante las Naciones Unidas vivía entonces en el barrio neoyorquino de Queens. Al día siguiente pude hablar con ella por teléfono y dos días más tarde un asistente mío la recogió en su casa y nos entrevistamos en mi despacho.

Lo primero que le hice saber fue mi deseo de ayudar a Somalia a resolver sus gravísimos problemas sociales, pero le recordé que los procedimientos de la ONU sobre operaciones de paz y prestación de asistencia humanitaria requieren que el país afectado solicité formalmente la intervención de la comunidad internacional. Sin ese requisito nada podíamos hacer, porque, como Somalia no tenía gobierno ni relaciones con las Naciones Unidas, nadie estaba en condiciones de solicitar oficialmente nuestra asistencia. Luego le propuse eludir este obstáculo redactando una carta dirigida a mí como presidente del

Consejo y firmada por ella, como si todavía fuera funcionaria diplomática de su país, solicitando asistencia humanitaria de la ONU para la población civil de Somalia.

Su sorpresa fue mayúscula.

—No puedo hacer eso. Yo no represento legalmente a Somalia —me dijo.

—Eso no importa —le respondí—. En primer lugar, Somalia no existe como Estado y, por lo tanto, ninguna supuesta autoridad somalí puede denunciar nada. Por otra parte, lo que todos queremos es ayudar al pueblo somalí y usted, al firmar esta carta, estará contribuyendo decisivamente a que podamos hacerlo.

A pesar de su justificado temor, firmó la carta y yo les hice llegar copia a los otros miembros del Consejo. Aunque la iniciativa era desde todo punto de vista irregular, ningún embajador la objetó y pudo aprobarse nuestra intervención en Somalia, decisión que a su vez legitimó institucionalmente el envío de una primera unidad militar con el mandato de facilitar el ingreso y la distribución de la ayuda humanitaria internacional a los sectores más necesitados de la población somalí.

Lamentablemente, esta acción del Consejo se tropezó con la continua y feroz resistencia de las múltiples bandas armadas que se disputaban espacios y cuotas de poder local en Somalia. La situación se deterioraría hasta el extremo de que, pocos meses después, en diciembre de aquel año, el presidente George H. W. Bush anunció que Estados Unidos y otras veinticuatro naciones habían resuelto constituir y enviar un contingente militar capaz de garantizar la seguridad de quienes en Somalia tuvieran a su cargo tareas de carácter humanitario.

Todos sabemos cuál fue el trágico desenlace de esa operación. En junio de 1993, dos docenas de soldados voluntarios de Pakistán fueron masacradas en Mogadiscio por grupos armados, y meses después, en octubre, las bandas de Mohamed Farrah Aidid derribaron dos helicópteros Black Hawks que transportaban una pequeña unidad militar norteamericana. En los combates que se libraron ese día, dieciocho de esos soldados estadounidenses murieron y ochenta resultaron heridos.

Después, los hombres del general Aidid arrastraron el cadáver de uno de ellos por las calles de la ciudad. Las horribles escenas de aquella matanza le dieron la vuelta al mundo y el sucesor del presidente Bush en la Casa Blanca, Bill Clinton, canceló la participación de Estados Unidos en nuestra operación de paz en Somalia. Desde entonces, el Gobierno estadounidense trazó lo que llamaron en Washington la «línea Mogadiscio», decisión mediante la cual el país norteamericano dejó de participar en misiones de paz en las que sus militares pudieran correr peligro.

Libia y el terrorismo de Estado

Mientras el Consejo de Seguridad hacía lo posible para darle apoyo a la atormentada población somalí, ese mes de marzo tuvimos que afrontar los primeros efectos de la voladura de dos aviones de pasajeros, el vuelo 103 de Pan Am sobre la región de Lockerbie, Escocia, en 1988, y, en septiembre del año siguiente, otro de la aerolínea francesa UTA sobre Níger. Las investigaciones conjuntas realizadas a lo largo de varios años por las policías de Estados Unidos, Francia y el Reino Unido establecieron la responsabilidad de dos ciudadanos libios en el primer atentado, uno de ellos funcionario de los sistemas de seguridad del gobierno de Muamar Gadafi, y exigieron que las autoridades libias los entregaran para juzgarlos en Escocia.

Gadafi negó la solicitud con el argumento de que los culpables de aquellos monstruosos crímenes que les arrebataron la vida a más de cuatrocientos cuarenta ciudadanos de treinta y dos nacionalidades eran terroristas libios que ya habían sido encarcelados, y que por ser ciudadanos libios debían ser juzgados por un tribunal local. Esta reacción ahondó la sospecha de que los atentados fueran actos de terrorismo auspiciados por la dictadura de Gadafi. En todo caso, los gobiernos de Estados Unidos, Gran Bretaña y Francia rechazaron esa alternativa y plantearon en el Consejo de Seguridad la aplicación de duras sanciones al gobierno del coronel Gadafi. Boutros Boutros-Ghali intentó mediar en el conflicto y sugirió que Libia entregara a los acusados con la condición de que fueran juzgados por tribunales de un país que no estuviera directamente involucrado en los sucesos, pero Gadafi tampoco dio entonces su brazo a torcer.

En mi condición de presidente del Consejo, me reuní varias veces con Ahmed Elhouderi, embajador libio ante las Naciones Unidas, y con los representantes del grupo de países árabes miembros de la ONU, el bloque regional más interesado en resolver diplomáticamente un asunto que no tenía precedentes. También conversé acerca del caso con Andrés Aguilar, mi predecesor como jefe de la Misión de Venezuela en la ONU, quien para ese momento era magistrado de la Corte Internacional de Justicia, y consulté su opinión sobre la posibilidad de convertir el Consejo en un tribunal ad hoc, como proponían Estados Unidos, Francia y el Reino Unido, o si cabía la posibilidad, como pensaba yo, de que la Corte, máximo órgano judicial de las Naciones Unidas, asumiera esa tarea. No logré mi propósito y por eso el Consejo, bajo mi presidencia, se vio obligado a actuar por su cuenta, ya que la Corte Internacional de Justicia, CIJ, se pronunció a favor de esa opción, y un día después el Consejo asumió oficialmente el derecho, por primera vez en la historia de las Naciones Unidas, de juzgar y sancionar al gobierno de un país miembro acusado de participar como Estado en actos de terrorismo.

Yo había insistido hasta el último instante en lograr la intervención de la Corte, porque sostenía que las acciones que emprendiéramos para esclarecer y condenar aquellos abominables actos de terrorismo debían basarse en fundamentos jurídicos independientes, con el propósito de que los debates sobre un tema tan delicado no fueran contaminados por convicciones y prejuicios políticos. Sin embargo, de acuerdo con los principios de la justicia penal internacional, tampoco podía aceptar que un Estado miembro de las Naciones Unidas, como intentaba hacer entonces Libia, le impidiera a la ONU garantizar la administración imparcial de la justicia. Sobre todo, porque tenía la firme convicción de que la reacción del Consejo no debía responder a los intereses políticos de las Naciones Unidas ni de Libia, sino al esfuerzo de hacer justicia en el ámbito del derecho y de actuar eficazmente en la tarea de preservar la seguridad y la paz en todo el mundo.

A principios de ese mes de marzo de 1992, el ministro de Petróleo de Libia visitó en Caracas al presidente Carlos Andrés Pérez y trató de persuadirlo de que no votara en el Consejo contra su país. Días después, Gadafi convocó a nuestro embajador en Trípoli a su despacho, le expresó «su malestar por las declaraciones del embajador Arria, en las que afirmó que Libia patrocinaba el terrorismo de Estado», y le reiteró la solicitud que su gobierno le había hecho al presidente Pérez. Debo destacar que Pérez ni siquiera me llamó para mencionar su reunión con el ministro libio, pues entendía perfectamente la responsabilidad de Venezuela ante aquellos actos de terrorismo y la necesidad de ser solidarios con la aspiración universal de que hechos de esa naturaleza no quedaran impunes ni se repitieran.

También debo recordar que por esos días un embajador árabe me advirtió que, además de las sanciones a Libia que aprobáramos, no desalojásemos a Gadafi del poder: «Pues solo él es capaz de controlar a las más de cien tribus que conviven en Libia». Profética visión de la realidad que actualmente sufren ese país y su gente. Finalmente, el 31 de marzo de 1992, bajo la presidencia de Venezuela, el Consejo de Seguridad de las Naciones Unidas aprobó la Resolución 748, mediante la cual se le imponía al Gobierno de Libia un fuerte embargo comercial y la prohibición de adquirir armamentos hasta que se comprometiera a dejar de prestar asistencia a grupos terroristas.

A la mañana siguiente, el edificio sede de nuestra embajada en Trípoli fue incendiado por agentes del gobierno de Gadafi. Algunos políticos venezolanos de izquierda, viejos beneficiarios de la prodigalidad de Gadafi con grupos extremistas denunciaron el voto de Venezuela en favor de la resolución con el argumento de que Libia era socio de Venezuela en la OPEP. No prestamos la menor atención a estos reclamos. Todo lo contrario, pues de inmediato le dirigí una comunicación al Consejo de Seguridad en la que exigía que el organismo demandara al Gobierno libio y lo obligara a hacer las reparaciones correspondientes por los daños ocasionados por los dos atentados y por el incendio de nuestra embajada. En consecuencia, el Consejo reclamó las indemnizaciones pertinentes, un proceso que duró años, pero al fin, el 15 de agosto de 2002, el embajador de Libia ante las Naciones Unidas reconoció oficialmente la culpa de su gobierno en la voladura de los dos aviones y acordó el pago de diez millones de dólares como resarcimiento a cada familia de las víctimas.

Lo que no podía imaginarme entonces, y eso fue prueba contundente de las turbias andanzas internacionales de los poderes que desvirtuaban la razón de ser de las Naciones Unidas, era que los dos países que con más ardor habían propiciado la adopción de sanciones contra Gadafi, Francia y el Reino Unido, al cabo de muy pocos años olvidarían por completo la inmensa gravedad de los dos atentados. En diciembre de 2007, el presidente de Francia, Nicolas Sarkozy, recibió en París con todos los honores a Muamar Gadafi, en visita de Estado de cinco días a su país. Meses antes, varias empresas petroleras francesas habían firmado con el Gobierno libio contratos por más de quince mil millones de dólares. Años después, en marzo de 2011, Tony Blair, primer ministro del Reino Unido, se reunió con Gadafi en su lujosa tienda sahariana para anunciar con gran satisfacción que la empresa petrolera Shell acababa de suscribir con el Gobierno libio un contrato por quinientos cincuenta millones de libras. Todo, incluso los peores actos de terrorismo, podía ser olvidado y hasta condonado a punta de euros, dólares o libras esterlinas.

Irak de nuevo en el banquillo

Para terminar de darle una tonalidad árabe a aquel mes de marzo, fui informado de la visita inminente de Tariq Aziz, viceprimer ministro y canciller de Irak —quien además desde hacía años era la mano derecha de Saddam Hussein—, a Nueva York con la finalidad de reunirse con el Consejo de Seguridad.

Tras la invasión iraquí a Kuwait, las Naciones Unidas le habían impuesto al gobierno de Hussein sanciones que incluían el embargo de todas sus transacciones comerciales y financieras internacionales, excepto las relacionadas con la compra de alimentos y medicamentos. Al darse por terminada la guerra desencadenada por aquel desafortunado evento, con la rendición de Irak el 27 de febrero de 1991, en el Consejo de Seguridad se hicieron múltiples debates que concluyeron con la Resolución 682 del 3 de abril de 1991, que muchos, parafraseando a Hussein, calificaron como «la madre de todas las resoluciones». Con esta, el Consejo amplió las sanciones y ordenó un desarme total de las fuerzas armadas iraquíes, la repatriación de prisioneros kuwaitíes, importantes reparaciones económicas a Kuwait, la devolución de los bienes sustraídos durante la ocupación del Emirato y serias restricciones a la producción y la comercialización de petróleo que las limitaban a lo estrictamente imprescindible para atender el pago de las más urgentes necesidades humanitarias de Irak. También ordenó el despliegue a lo largo de la frontera entre Irak y Kuwait de una unidad de observación de las Naciones Unidas, la desmilitarización de un corredor de quince kilómetros entre ambos países, la destrucción de todas las armas químicas y biológicas y de todas las instalaciones y equipos que pudieran servirle a Irak para investigar, desarrollar y fabricar esas armas, así como de los misiles balísticos con alcance superior a ciento cincuenta kilómetros. Por último, le imponía al gobierno de Saddam Hussein la obligación de no adquirir en el futuro armas nucleares ni materiales y componentes necesarios para producirlas, y se instaba a la Agencia Internacional de Energía Atómica de las Naciones Unidas a comprobar sobre el terreno el potencial de Irak en materia de desarrollo nuclear. Con su visita al Consejo, Aziz deseaba protestar esta última y decisiva resolución.

Sin la menor duda, aquella iba a ser una reunión histórica, y como me correspondía a mí la responsabilidad de presidirla, tomé algunas previsiones que me permitieran impedir que el canciller iraquí convirtiera su presencia en las Naciones Unidas en un acto de propaganda política. En primer lugar, me reuní con el exministro de Relaciones Exteriores sueco, Hans Blix, director entonces de la Agencia Internacional de Energía de la ONU, y con el diplomático también sueco Rolf Ekeus, representante del secretario general para monitorear el cumplimiento de las sanciones. Ambos coincidieron en señalarme que, si bien no se estaba cumpliendo en su totalidad el previsto programa de inspecciones, las que se habían realizado no habían arrojado indicios de que Irak dispusiera de armas nucleares ni de que tuviera capacidad para fabricarlas. Ni siquiera un grupo de hombres rana enviados por el Gobierno de Francia encontraron en sus exploraciones submarinas a lo largo del río Tigris rastro alguno de radioactividad. También me reuní con los embajadores de países árabes para conocer la posición de sus gobiernos y explicarles la visión del Consejo de Seguridad sobre la situación en Irak.

Finalmente, el 9 de marzo, dos días antes de la sesión oficial del Consejo a la que asistiría Aziz, me reuní con el cuestionado personaje en mi despacho de presidente del Consejo. Él no acudió a la cita solo, sino acompañado por el representante de Irak ante las Naciones Unidas, Abdul Amir al-Anbari, pero después de intercambiar los saludos de rigor, para mi sorpresa, el canciller le pidió a su embajador que nos dejara a solas. A mí me acompañaba un consejero de nuestra misión, Víctor Manzanares, encargado de tomar nota de todas mis entrevistas bilaterales.

Mientras el embajador se retiraba y nosotros tomábamos asiento, tuve tiempo para observar detenidamente a mi interlocutor. Era un hombre maduro que había dejado en Bagdad su uniforme verde oliva y su pistola y vestía un elegante traje azul oscuro, tenía un gran habano marca Cohiba en la mano y se movía y hablaba con modales de gran señor bien alimentado. Me pregunté entonces por qué el ministro iraquí había despedido tan bruscamente a su embajador. ¿Qué querría decirme que no deseaba que aquel escuchara?

—Excelencia —fueron las primeras palabras de Aziz—, vengo como hermano, porque, como usted sabe, somos hermanos, hermanos en la OPEP y, en consecuencia, hemos actuado juntos durante muchos años, en muchas luchas. Recuerdo de manera muy especial la visita que nos hizo el presidente Pérez en 1974, cuando defendíamos la OPEP, así que creo saber exactamente cómo debe sentirse usted.

—¿A qué se refiere, excelencia? —le respondí.

—A cómo deben sentirse ustedes de presionados por las grandes potencias que dominan el Consejo, porque ustedes y nosotros somos países pequeños y las grandes potencias abusan de nosotros y…

—Excelencia —lo interrumpí—. No sé si lo he entendido correctamente, pero permítame decirle algo. En efecto, en el Consejo hay presiones, muchas presiones, pero en el caso que nos ocupa no son los países grandes los que las aplican. Créame, y quiero ser muy claro al decirle que somos nosotros, los países pequeños con representación en el Consejo, los que más presionamos a los países grandes, porque, en efecto, como pequeños que somos, debemos asegurarnos de que los más poderosos no abusen de nosotros de la misma manera que su gobierno abusó de Kuwait.

Mi duro e inesperado comentario hizo que el viceprimer ministro iraquí se pusiera rígido y dejara su Cohiba en el cenicero que tenía a mano. Estaba sonrojado, extremadamente sonrojado, pero, tras una brevísima pausa, recuperó la compostura.

«Su excelencia por aquí, su excelencia por allá», repetía, hasta que yo, impaciente y resuelto a dar la entrevista por terminada, volví a interrumpirlo con poco diplomática brusquedad.

—No creo que deba irse de aquí con una impresión equivocada —le advertí—. El Consejo de Seguridad está unánimemente unido en cuanto a las sanciones que hemos acordado aplicarle a Irak y al incumplimiento de esas sanciones por parte de su gobierno. El Consejo está bien informado de estas irregularidades por todas las organizaciones que monitorean la situación y, además, contamos con el apoyo de la inmensa mayoría de los países miembros de las Naciones Unidas para hacerlas cumplir cabalmente en los plazos establecidos. Usted comprobará mañana esta realidad que acabo de indicarle como representante de Venezuela y como presidente del Consejo de Seguridad.

Ya no había nada más de qué hablar y lo acompañé hasta la puerta, donde lo aguardaban su hija, a quien me presentó muy amablemente, y el embajador Al-Anbari. Al día siguiente, víspera de su reunión con el Consejo de Seguridad, volvimos a vernos las caras, pues también había solicitado reunirse con los seis embajadores de los países integrantes del Movimiento de los No Alineados que éramos parte del Consejo: Zimbabue, Cabo Verde, Ecuador, Marruecos, India y, por supuesto, Venezuela.

—Ministro —le informé al iniciar esa reunión, pues por esos días yo también coordinaba las actividades del grupo—, usted tiene la palabra y, tal como lo solicitó, aquí estamos los representantes del Movimiento de los No Alineados en el Consejo de Seguridad, dispuestos a escucharlo.

Aziz comenzó su intervención con las mismas palabras que había empleado en su entrevista conmigo el día anterior: «Sé cómo deben sentirse ustedes de presionados…», y yo, de nuevo tajantemente, lo interrumpí:

—Excelencia, permítame informarles a mis colegas que en nuestra reunión privada de ayer usted me recitó estas mismas palabras y yo le hice saber que no cometiera el error de pensar que estamos siendo presionados por miembros más poderosos que nosotros en el Consejo. Aprovecho esta ocasión para reiterarle que somos nosotros, los no alineados, los que presionamos.

La reunión, por supuesto, no duró mucho más, pero en cierto modo se prolongó hasta el día siguiente, cuando el canciller iraquí expuso la posición de su gobierno en el gran salón del Consejo de Seguridad. Yo había ocupado mi puesto a las diez en punto de la mañana y, después de saludar al secretario general, Boutros-Ghali, sentado a mi derecha, abrí la sesión dándole la palabra al representante de Saddam Hussein. Este reiteró que Irak no merecía padecer el enorme sacrificio que generaban las sanciones, y que «cualquier evaluación justa y profesional que se hiciera de la situación concluiría señalando que había llegado el momento de levantarlas».

En su edición de esa mañana, Los Ángeles Times había señalado que ningún miembro del Consejo estaba inclinado a darle su apoyo a la solicitud del Gobierno de Irak. Textualmente informaba: «Diego Arria, el embajador de Venezuela que ocupa la Presidencia del Consejo, abrirá la sesión de hoy con una declaración en nombre del organismo informándole a Irak de las graves consecuencias que acarrearía seguir incumpliendo sus obligaciones con las Naciones Unidas». Luego añadía: «Tras entrevistarse privadamente con Tariq Aziz, Arria declaró a la prensa que había sido muy claro al recordarle al visitante que Bagdad debía entender que el cumplimiento de sus obliga-ciones con las Naciones Unidas eran incondicionales. Y que solo después de haberlas cumplido en su totalidad se levantarían las sanciones».

En mi intervención de esa mañana reiteré esa posición: «La decisión que adoptemos sobre mantener o suspender las sanciones es responsabilidad casi exclusiva del Gobierno de Irak. Queremos insistir en que el reencuentro de Irak consigo mismo solo se producirá cuando sus gobernantes cumplan satisfactoriamente todas sus obligaciones internacionales. También es prioritario y urgente que Irak atienda todas las indemnizaciones y compensaciones debidas, especialmente a Kuwait, y que cumpla sus obligaciones en materia de desaparecidos, devolución de bienes apropiados durante la ocupación de Kuwait y la definitiva delimitación de la frontera que separa ambos territorios».

Esa mañana temprano le había pedido a nuestro agregado de prensa, Ramuncho Llerandi, que al concluir la sesión del Consejo convocara una conferencia de prensa en la sala de corresponsales de la ONU. Al rato vino a decirme que la Secretaría General me informaba que los presidentes del Consejo no dan conferencias de prensa. «Pues, avísales que los invito a ver la primera», fue mi categórica respuesta, y eso fue lo que hicimos. Celebramos la rueda de prensa, la primera de un presidente del Consejo, que utilicé para expresar mi rechazo al carácter hegemónico de la política informativa que practicaban la Secretaría General y los países que controlaban el funcionamiento del Consejo de Seguridad. Por esa razón, cuando uno de los periodistas me señaló que Aziz había denunciado que «el Consejo le seguía imponiendo sanciones a Irak porque su gobierno se negaba a revelar los nombres de los países amigos que desde hacía años les habían suministrado armamentos y productos químicos», mi respuesta fue terminante:

—No los revelan porque quienes se los han vendido son, precisamente, miembros permanentes del Consejo.

Las arenas movedizas del Consejo

A medida que me adentraba en ese espacio siempre inestable de las negociaciones y tejemanejes que tienen lugar en el Consejo de Seguridad, los medios de comunicación independientes comenzaron a cobrar para mí una importancia cada día mayor. Un ejemplo. En su editorial del 15 de mayo de 1992, el diario español El País resumía en muy pocas líneas, y sin el maquillaje que imponían en el Consejo los intereses nacionales de Rusia, Francia y el Reino Unido, la grave realidad de lo que claramente constituía una flagrante invasión militar serbia de Bosnia:

«Ayer se volvían a producir bombardeos de la artillería serbia en la ciudad de Sarajevo y en sus cercanías. Los combates continúan en otras partes de Bosnia. Todo lo que ocurre indica que Serbia, a pesar de las declaraciones pacifistas de su presidente Milosevic, sigue adelante con su plan de ocupar territorios que pertenecen a otras repúblicas. Para ello apoya a grupos irregulares que asesinan y aterrorizan a la población civil, y a la vez autoriza a su ejército a respaldar con las armas la ocupación de ciudades y zonas campesinas (…). Los combates no surgen por unos odios raciales que de pronto estallan entre personas que durante siglos han vivido en los mismos lugares. Son consecuencia del plan de crear una Gran Serbia conquistando territorios por las armas…».

Este editorial del diario español era un registro exacto de lo que ocurría en Bosnia, y no se mencionaba para nada en el Consejo de Seguridad. Era como si Serbia contara con apoyos suficientes en las Naciones Unidas para darse el lujo de ignorar los compromisos y obligaciones suscritos en Sarajevo el 4 de enero por los jefes militares serbios y bosnios, que incluían el alto el fuego promovido por Cyrus Vance como paso imprescindible para hacer realidad un acuerdo de paz duradero y efectivo. Se trataba de una extensión del cese del fuego también gestionado por Vance y firmado en Ginebra el 23 de noviembre del año anterior por los presidentes de Serbia y Croacia para ponerle fin a la guerra entre esas dos naciones. El hecho de que el gobierno de Milosevic ignorara abiertamente el alto el fuego incondicional acordado, también indicaba lo muy poco que iba a servir el despliegue, en Croacia primero y después en Bosnia, de trece mil militares de la Unprofor, creada por el Consejo de Seguridad en su resolución del 21 de febrero, con el preciso objetivo de garantizar que todas las partes respetaran los términos de esos acuerdos. Mediante esta resolución, el Consejo también ordenaba la desmilitarización de los puntos más conflictivos de la región, el cese de la depuración étnica y el retorno a sus hogares de las familias desplazadas por la fuerza, con el propósito de facilitar la creación de «las condiciones de paz y seguridad necesarias para la negociación de un arreglo global de la crisis yugoslava». Con idéntica intención designaba una misión de observadores militares que vigilara la frontera entre Bosnia y Crocia.

¿Qué ocurría realmente en Bosnia?

Durante esos primeros meses del año los hechos pusieron de manifiesto que Serbia no consideraba ni remotamente la alternativa de modificar su política de depuración étnica. En consecuencia, los cascos azules, limitados por el Consejo de Seguridad y la Secretaría General de las Naciones Unidas a ser simples observadores del conflicto, tampoco podrían ejercer suficiente presión para disuadir a los gobernantes serbios.

Este expreso y reiterado desconocimiento de Belgrado de los acuerdos negociados por las autoridades políticas y militares de ambos gobiernos dio lugar a que el Consejo aprobara una auténtica sarta de infructuosas resoluciones, todas ellas perfectamente ajustadas a la cómoda tesis de no intervenir en situaciones que no afectaran directamente los intereses de sus cinco miembros permanentes. La primera de esta serie interminable de resoluciones fue aprobada el 15 de mayo de 1992 para reafirmar la sugerencia del organismo a los dirigentes serbios, croatas y bosnios «a participar activa y constructivamente en las conversaciones que ha recomendado el secretario general Boutros-Ghali para que se aprueben y apliquen sin demoras las disposiciones acordadas en las negociaciones».

Téngase en cuenta que para esa fecha el aire en el Consejo de Seguridad ya se había hecho irrespirable. Tanto que el 16 de noviembre aprobamos la Resolución 787, en la que por primera vez se denunciaban las aberrantes violaciones de la Carta de las Naciones Unidas cometidas por los agresores serbios en Bosnia, que incluían la persecución y el exterminio de la población civil por razones étnicas y religiosas, la destrucción material de zonas habitadas por bosnios musulmanes, la instalación de campos de concentración, el sistemático atropello de los derechos humanos y la violación de la soberanía de Bosnia por la fuerza de las armas serbias. Los mismos execrables crímenes que galvanizaron la voluntad del mundo a la hora de crear en 1947 la Organización de las Naciones Unidas y que entonces, desaparecida la Unión Soviética y los peligros que generaba la Guerra Fría, creíamos equivocadamente haber dejado atrás para siempre.

Lo cierto es que quienes asumieron al finalizar la Segunda Guerra Mundial el ambicioso proyecto de construir un mundo libre y seguro para todos debían de haberse asombrado ante la crueldad sin límites con que las autoridades serbias estaban poniendo a prueba el temple y la voluntad de la comunidad internacional, pero ni siquiera las mismas naciones que condenaron en Núremberg y Tokio a numerosos criminales de guerra se mostraban entonces dispuestas a adoptar medidas concretas que detuvieran la matanza de civiles indefensos en Bosnia. Esta penosa situación no solo quedó puntualmente reseñada en esta resolución, sino que con ella la comunidad internacional también prohibió a partir de ese mismo día vuelos militares en los espacios aéreos de Bosnia, y dispuso que la artillería pesada serbia que bombardeaba a diario ciudades y pueblos en esa república quedara sometida al control absoluto de las Naciones Unidas. Inservibles advertencias, pues los serbios continuaron actuando en Bosnia con total impunidad. Peor todavía: esta rotunda resolución, en lugar de frenar la masacre de la población civil bosnia, mostró a la opinión pública mundial el creciente deterioro de la credibilidad del Consejo de Seguridad, hasta el extremo de que Radovan Karadzic, presidente de la ilegal república serbia de Srpska y líder de aquella abominable «depuración étnica», se atrevió a desafiar al mundo con una frase inaudita: «Tenemos a los bosnios musulmanes atrapados como ratas en una jaula».

La verdad es que Karadzic estaba convencido, y con razón, de que la comunidad internacional no iba a ponerle un solo dedo encima. El silencio y el distanciamiento del Consejo de Seguridad ante lo que ocurría en la antigua Yugoslavia eran resonantes. De ahí que yo, con el respaldo de algunos pocos embajadores, como los de Pakistán y Hungría, sostuve en los días siguientes que Bosnia no solo estaba siendo diezmada humana y territorialmente por tropas regulares y paramilitares serbias, sino que las recomendaciones y las exigencias del Consejo de Seguridad resultaban insustanciales y hasta contraproducentes, porque le hacían ver a Serbia y a sus secuaces en Bosnia que podían continuar aplicando su política de conquistas territoriales a sangre y fuego sin mayores contratiempos. Un hecho que contribuyó poderosamente a que Milosevic se sintiera con fuerza suficiente para extender muy pronto sus guerras imperiales a Kosovo, a Voivodina, a Macedonia, a sabiendas de que no corría peligro alguno.

Tampoco debemos olvidar que en esa sesión del 16 de noviembre intervino Cyrus Vance, quien ni siquiera se refirió a los crímenes que el Consejo de Seguridad por fin había denunciado, y en cierto modo se ubicó en el bando de los agresores al sostener que «la comunidad internacional no renunciaba a resolver el conflicto por medio de un acuerdo político negociado entre las partes», sin condenar en ningún momento los desplazamientos forzados de ciudadanos por motivos étnicos, las detenciones ilegales y la pretensión serbia de alterar la composición demográfica de la República de Bosnia vulnerando abiertamente su integridad territorial y su soberanía política.

Mi reacción fue inmediata.

—Sus palabras —le advertí ese día a Vance—, si bien son las mismas que repetimos a diario en el Consejo los embajadores de países miembros de los No Alineados, lo que en realidad hacen es maquillar el plan elaborado por Carrington y Cutileiro de condicionar la solución del conflicto al quiebre real y definitivo de Bosnia como república independiente y a la demolición de su composición demográfica. Con todo el respeto que merece el exsecretario Vance, me siento en la obligación de señalar que, con esta declaración, sencillamente, intenta influir en la opinión pública internacional en favor de la cantonización de Bosnia, sin resolver el problema.

En otras palabras, esa mañana denuncié que lo que en realidad Vance pretendía era imponerle a la comunidad internacional la aplicación en Bosnia de una versión más digerible del repugnante apartheid auspiciada por los gobiernos de Francia y el Reino Unido, con la colaboración del secretario general y el mutismo del gobierno de Bush. Por esta razón, declaré entonces que éramos testigos de una tragedia que nos hacía pensar en el título de una brillante novela corta de Gabriel García Márquez, Crónica de una muerte anunciada. Como quiera que se mirase, me quedaba claro que el Gobierno serbio, sin preocuparse a esas alturas por disimularlo, le hacía una guerra de exterminio étnico a la población bosnia musulmana que muy pronto se convertiría en la crónica de una muerte ya ejecutada.

Se me agota la paciencia

Debo confesar que había llegado a las Naciones Unidas animado por la convicción de que su simple existencia ponía de manifiesto el compromiso de todos de materializar el deseo universal de vivir en paz, con la seguridad de que ningún Estado atropellaría impunemente los derechos de otros. Y sentía que no era admisible que se le impusiera al mundo la obligación de convivir con una tragedia como la causada por el delirio nazi y los horrores de la Segunda Guerra Mundial. En todo caso, creía que, precisamente para evitar la repetición de aquellos abominables sucesos, se había creado la Organización de las Naciones Unidas. ¡Qué equivocado estaba! A medida que se acercaban los últimos días de 1992, una profunda decepción me embargaba, porque comprobaba con indignación que, en nombre de la misma depuración étnica proclamada por Hitler y sus lugartenientes para justificar las monstruosidades del Tercer Reich, el pueblo serbio, que tan heroicamente había combatido los desmanes nazis, repetía ahora aquellos crímenes con idéntica crueldad, ante los ojos de un mundo que nuevamente apartaba la vista para no tener que reaccionar a esas atrocidades que volvían a cometerse en Europa.

En otras palabras, los poderes que dominaban su funcionamiento habían dejado de lado la razón de ser de las Naciones Unidas y preferían ignorar que gran parte de su prestigio entonces era fruto de su exitosa lucha contra la discriminación y contra la segregación étnica. Era inexplicable que esas mismas Naciones Unidas, de pronto, no tuvieran en cuenta que la política del Gobierno de Serbia para exterminar a la población musulmana de la antigua Yugoslavia era la otra cara de aquella despreciable moneda nazi. Desde esta perspectiva, aceptar que Serbia continuara actuando en Bosnia como lo hacía desacreditaba por completo a las Naciones Unidas, al no reconocer el derecho de los ciudadanos bosnios a defender sin vacilación alguna sus derechos humanos y la preservación de la paz como «esencia de los valores sobre los que se asienta la ONU».

Pensaba entonces, y sigo pensando hoy en día, que la Asamblea General y el Consejo de Seguridad debían haber asumido con decisión la defensa del pueblo bosnio, y no me he cansado de insistir en la pasividad de las Naciones Unidas ante el catálogo de atrocidades y crímenes de guerra cometidos por los serbios, que incluyó la metódica violación de miles de mujeres y niñas y el asesinato de niños: «(Porque) si no los matamos ahora tendremos que hacerlo cuando sean mayores». Sin duda, como indica la escritora croata Slavenka Drakulic en su impactante libro They Would Never Hurt a Fly: War Criminals on Trial at The Hague (No matarían ni una mosca: Criminales de guerra en el banquillo), publicado en 2004, «el mundo está en deuda con estas mujeres y niños cuyas vidas han sido criminalmente destruidas. Los relatos de algunas de las víctimas y las declaraciones de soldados serbios describen una situación solo equiparable a los peores crímenes del nazismo».

De nada sirvieron las muchas voces que reclamaron justicia. A pesar de los esfuerzos que se hicieron para remediar esta situación, no se le pudo cerrar el paso a las más bajas pasiones serbias. De ahí que el 16 de noviembre de 1992 manifesté en el Consejo de Seguridad: «Debe quedar suficientemente claro para todos que resulta inadmisible que la fuerza se constituya en razón y derecho. Ningún arreglo de facto, derivado del empleo de las armas, es compatible con los propósitos de la Organización, y no debe ser aceptado por ninguno de sus miembros. Se impone, sin más excusas ni demoras, la necesidad de tomar medidas colectivas para suprimir, como indica la Carta, tales actos de agresión». En este sentido recordé esa mañana que, apenas seis meses después de iniciadas las operaciones de paz de Unprofor, el general egipcio Hussein Abdel-Razek, comandante de esa tropa en Sarajevo, y por lo tanto testigo excepcional de la crueldad del asedio serbio a la ciudad, declaró públicamente que su misión de paz había fracasado y que «solo la intervención militar podría frenar la agresión serbia».

También vale la pena recordar la respuesta que le dio el general serbio Momir Talic, comandante de las unidades que cercaban Sarajevo, al general Razek: «Los militares que vengan acá en son de guerra no saldrán vivos». Por si esto fuera poco, por esos mismos días el ministro de Defensa de la ilegal república serbia de Bosnia, Bogdan Subotic, añadiría con absoluto cinismo y sin temor alguno a las consecuencias que podrían provocar sus palabras: «No permitiremos la creación de una república musulmana en el corazón de Europa, y nosotros, con nuestras acciones, estamos realmente ayudando a Europa y a los Estados Unidos a garantizar este objetivo. No hay razón, pues, para que quieran intervenir».

Este cruce de declaraciones, amplificadas por los medios de comunicación internacionales, no hizo mella en la Secretaría General ni en el Consejo de Seguridad, dominado por los intereses políticos de sus miembros más poderosos. Por esa razón, ninguna acción se emprendió para detener los crímenes serbios en Bosnia, y la autoridad moral de las Naciones Unidas quedó en entredicho a partir de ese momento. A punto de cumplir mi primer año como miembro del Consejo de Seguridad, tuve que reconocer que mi paciencia ya no daba para más.

Asesinato del viceprimer ministro bosnio

La gota que me hizo perder la poca capacidad para el disimulo diplomático que me quedaba se produjo nada más iniciarse el nuevo año, exactamente el 8 de enero de 1993, cuando nos llegó la noticia de que Hakija Turajlic, viceprimer ministro bosnio para Asuntos Económicos había sido brutalmente asesinado de siete balazos por un soldado serbio en el interior de un vehículo blindado de las Naciones Unidas, a pesar de que estaba custodiado por militares franceses de Unprofor.

El vehículo transportaba al ministro desde el aeropuerto de Sarajevo a sus oficinas en el Palacio de Gobierno, un trayecto de apenas doce kilómetros a lo largo de la principal avenida de la ciudad. Ese mediodía, Turajlic había acompañado al aeropuerto a seis funcionarios turcos que el día anterior habían llevado un importante cargamento de ayuda humanitaria a la ciudad. El viaje de ida se realizó sin incidentes, pero pasadas las cuatro de la tarde, cuando regresaba a su despacho, el blindado en que viajaba fue detenido en un puesto de control instalado ilegalmente por un grupo de cuarenta paramilitares serbios, apoyados por un tanque, a solo trescientos metros del campamento del batallón francés en la ciudad.

Luego se supo que la tripulación francesa del vehículo accedió a mostrar sus documentos de identidad, pero el viceprimer ministro se negó a entregar los suyos porque se trataba de un acto ilegal que, además, afectaba su seguridad personal. Poco después, los escoltas franceses del funcionario, violando la norma de Unprofor que lo prohíbe expresamente, abrieron la puerta trasera del blindado y le permitieron a un militar serbio subir y tratar de convencerlo. El soldado salió del carro sin lograr su cometido y los franceses cerraron la puerta. Casi una hora después, a la cinco de la tarde, llegó al puesto de control el oficial serbio encargado de actuar como enlace con el comando de los cascos azules y, por segunda vez, se violó el protocolo de seguridad al abrirse de nuevo la puerta trasera del vehículo para dejarlo entrar. En esa ocasión, por razones desconocidas, Turajlic, que ya llevaba más de una hora detenido encerrado en el interior del blindado, entregó su pasaporte y el oficial serbio bajó, con el documento en la mano, se supone que para confirmar con sus superiores la identidad del pasajero, pero nadie se ocupó de cerrar la puerta. Otro error que tendría un trágico desenlace.

Mientras tanto, el coronel Patrice Sartre, comandante del batallón francés, había llegado al puesto de control, y casi al mismo tiempo también llegaron cuatro blindados de las fuerzas de protección de la ONU con tropas del Reino Unido y Ucrania, a las que los paramilitares serbios les impidieron el paso. El coronel Sartre, en lugar de aprovechar esa presencia militar inesperada para reforzar la débil posición del vehículo de Turajlic, tripulado por solo tres soldados franceses, se limitó inexplicablemente a gestionar con el mando serbio que se les permitiera el paso a los cuatro blindados. Luego, de acuerdo con su declaración, desde la portezuela, todavía inexplicablemente abierta, trató de calmar a los soldados serbios que, según relataría después, estaban «visiblemente agitados y trataban de entrar en el vehículo». Realmente inexcusable que no haya procurado obligarlos a retirarse, decisión que le facilitó a un soldado serbio meter la cabeza dentro del carro blindado y dispararle siete tiros de su fusil de asalto AK-47 al viceprimer ministro bosnio de economía, quien murió en el acto. Nadie se explica por qué el Gobierno de Francia, en lugar de condenar la conducta de Sartre, lo condecoró.

Cuando las primeras noticias del crimen llegaron a Estados Unidos, el presidente Alija Izetbegovic estaba reunido en Washington con un grupo de colaboradores de Bill Clinton, que había ganado las elecciones y estaba por asumir su mandato. Había costado mucho organizar este encuentro, ya que Vance y Owen sostenían que Izetbegovic se oponía al plan de paz que ellos proponían y demoraba su decisión a la espera de que el nuevo Gobierno de Estados Unidos fijara oficialmente su posición, con la esperanza de que favorecería una intervención militar de la comunidad internacional en Bosnia.

Por supuesto, la reunión tuvo que ser suspendida. Poco después, el embajador bosnio Muhamed Sacirbey me llamó para que yo solicitara al embajador Yoshio Hatano, de Japón, entonces presidente del Consejo de Seguridad, que convocara una reunión de emergencia con la finalidad de examinar la posibilidad de responder al crimen con alguna acción de fuerza, tal como lo establece la Carta de las Naciones Unidas en casos como este. Yo compartía su opinión y me comuniqué de inmediato con Hatano, pero el Consejo solo aprobó redactar una nota de condena y exigirle al secretario general que ordenara una investigación urgente de lo ocurrido.

Luego hablé con el presidente Izetbegovic, que estaba profundamente apesadumbrado por el asesinato de uno de sus colaboradores más cercanos, y me comentó que gracias a Turajlic su gobierno había podido bloquear fondos de empresas bosnias establecidas en el Distrito Federal de México, en Chicago y en otras ciudades de Estados Unidos. Según Izetbegovic, eso hizo que Milosevic y Karadzic consideraran a Turajlic un enemigo muy peligroso, causa probable de su asesinato.

La reacción del vicepresidente bosnio, Ejup Ganic, fue contundente: «Turajlic fue asesinado en un vehículo de las Naciones Unidas, en una carretera bajo control de las Naciones Unidas y protegido por militares de las Naciones Unidas. En consecuencia, las Naciones Unidas son responsables del asesinato». En un primer momento, hasta el general Philippe Morillon, en su condición de comandante de los cascos azules en Bosnia, coincidió con la afirmación de Ganic, al declarar que se trataba de «un fracaso de Unprofor que ponía en peligro la paz».

Recuerdo muy bien el impacto que produjo el suceso en las Naciones Unidas, pero también recuerdo que muy pronto se perdió interés en el asunto. Por otra parte, nadie ofreció una explicación razonable de cómo fue posible que el viceprimer ministro bosnio para Asuntos Económicos fuera asesinado en el interior de un vehículo blindado protegido por un grupo de cascos azules franceses, a solo trescientos metros de su campamento. Mucho menos, por qué, aunque desde allí podía verse a simple vista lo que sucedía en ese ilegal punto de control serbio, ninguna unidad francesa acudió en auxilio de sus compañeros de armas. El asesinato de Turajlic no era la repetición del asesinato del archiduque Francisco Fernando en Sarajevo, pero estoy seguro de que la reacción internacional habría sido muy diferente si la víctima hubiera sido un alto funcionario europeo o norteamericano.

Como años más tarde sostuve en el juicio contra Slobodan Milosevic, esta pasividad del Consejo de Seguridad le hizo ver al Gobierno serbio que podían salirse con la suya. Me atrevo a decir que este asesinato marcó el comportamiento criminal de los serbios de allí en adelante. Si la comunidad internacional no reaccionaba ante el asesinato de un viceprimer ministro bosnio custodiado por fuerzas militares de las Naciones Unidas, todo era posible. Nada iba a detener a los agresores. La ley era la impunidad.

LA NOCHE MÁS OSCURA

El 25 de diciembre de 1992, mientras el desarrollo de la crisis bosnia hacía pensar en lo peor, Boutros-Ghali visitó por sorpresa la bombardeada ciudad de Sarajevo. Meses antes, desde la sede de las Naciones Unidas en Nueva York, había formulado una desconcertante declaración sobre el asunto: «Si comparamos lo que ocurre en Bosnia con la hambruna que sufre la población de Somalia sin recibir más que una atención menor en los medios de comunicación, lo de Bosnia es una guerra de ricos». Al llegar entonces a Sarajevo, en medio del despiadado sitio de la ciudad por tropas irregulares serbobosnias, no se le ocurrió otra cosa que repetirle a un grupo de periodistas esa visión infeliz del conflicto bosnio. «Puedo darles —les dijo sin la menor vacilación— una lista de diez lugares en el mundo donde hay más problemas y donde la vida de sus habitantes es más difícil que en Sarajevo».

Esa mañana de Navidad, en compañía de Cyrus Vance, se dirigió directamente del aeropuerto al Palacio de Gobierno, donde se entrevistaría con el vicepresidente, Ejup Ganic. Allí también lo esperaba una multitud de ciudadanos que, en abierto desafío a los disparos de los francotiradores serbios, lo recibieron coreando gritos de «Ghali fascista» y «Ghali Hitler». En Belgrado, los imprudentes comentarios del secretario general de las Naciones Unidas contribuían a reforzar la convicción serbia de que la comunidad internacional no iría más allá de las retóricas denuncias y recomendaciones infructuosas.

Tres semanas antes del viaje de Boutros-Ghali a Sarajevo el 20 de diciembre de 1992, Slobodan Milosevic había sido reelegido en un proceso totalmente controlado por su gobierno.

Todas las encuestas coincidían en atribuirle la victoria a Milan Panic, candidato opositor independiente, pero los fraudes del oficialismo pudieron más que los votos reales. Según me señaló días después Douglas Schoen, estratega electoral estadounidense de Panic y viejo amigo personal porque había participado en varios eventos electorales en Venezuela, con ese fraude la democracia perdía «una oportunidad excepcional». Esta opinión la profundizaría en un artículo suyo titulado «Cómo se robó Milosevic la elección», publicado en The New York Times el 14 de febrero, en cuya terminante conclusión destacaba la gravedad de la crisis en la antigua Yugoslavia con la afirmación de que Serbia no solo había cometido un monumental fraude electoral, sino que la comunidad internacional, al convalidarlo con su silencio, «renunció a ponerle fin al conflicto bélico más atroz que ha sufrido Europa en los últimos cincuenta años».

Bill Clinton llega a la Casa Blanca

Un mes después de aquella farsa electoral, el 20 de enero, Bill Clinton se juramentó como nuevo presidente de Estados Unidos. Durante su campaña electoral había condenado en varias ocasiones la agresión serbia a Bosnia y, al asumir luego la Presidencia de Estados Unidos, declaró: «Si los horrores del Holocausto nazi nos enseñaron algo es el alto costo que se termina pagando si permanecemos impasibles y callados ante la comisión de crímenes contra la humanidad». Era su forma de denunciar el silencio de su antecesor, quien no había emprendido ninguna acción política para frenar por la fuerza la expansión ultranacionalista serbia a expensas de las naciones vecinas. Ni siquiera había hecho nada para obligar a Milosevic a cerrar sus campos de tortura y exterminio en Bosnia, pasividad que justificaba con el falso argumento de no disponer de suficiente información para confirmar las atrocidades denunciadas por reportajes como los de Roy Gutman y otros periodistas independientes.

Nada casualmente, esta posición de la Casa Blanca se correspondía con la cómoda política de «neutralidad» que esgrimía el Departamento de Estado para explicar por qué dejaba en manos europeas el manejo de la crisis bosnia. Política que le permitía al embajador norteamericano ante el Consejo de Seguridad, Thomas Pickering Jr., respaldar sin reservas la posición que sostenían el Reino Unido, Francia y Rusia en todo lo concerniente a Bosnia. Fue la misma posición que adoptó más tarde, aunque con algunos reparos, Madeleine Albright, designada para el cargo por el presidente Clinton y primera mujer que ocuparía luego la Secretaría de Estado de su país.

En todo caso, puede decirse que, al comenzar 1993, la contradicción entre estos reparos y la conducta del ya expresidente Bush ante la agresión serbia en Bosnia complicaba seriamente las negociaciones que, en nombre de la Comunidad Europea y del Consejo de Seguridad de la ONU, adelantaban Cyrus Vance y David Owen desde hacía meses, y cuyo propósito era presentar a las partes una versión acicalada del rechazado plan de paz que habían elaborado los mediadores Carrington y Cutileiro. Una exégesis que, en lugar de insistir en la partición de la naciente república en tres distritos étnicos independientes, planteaba la creación de diez comunidades semiautónomas coordinadas por un gobierno central compuesto por representantes de las tres etnias. Más o menos el mismo perro con diferente collar, razón por la cual Rusia mantuvo su apoyo a la Serbia de Milosevic y al plan Vance-Owen y, simultáneamente, rechazó con firmeza las reservas de Washington a cualquier forma de división territorial en pedazos étnicos. Por supuesto, el Reino Unido y Francia respaldaban la posición de Rusia en defensa del nuevo plan de paz, y China, como era su costumbre, se limitó a ser testigo distante de las negociaciones.

Por su parte, Boutros-Ghali, que no cesaba de pronunciarse públicamente en favor del plan, después de su visita sorpresa a Sarajevo llegó al extremo de criticar duramente al Gobierno bosnio y lo acusó de no definir su posición a la espera de que el nuevo presidente de Estados Unidos anunciara la suya. Según él, porque Izetbegovic alentaba la secreta esperanza de que Clinton se inclinaría a favor de una intervención militar internacional. En cuanto a los otros protagonistas de la crisis, los bosniocroatas manifestaron su acuerdo con el plan, pero los serbobosnios de Radovan Karadzic lo rechazaban porque, según los mapas trazados por los cartógrafos de la propuesta Vance-Owen, solo le reconocían a la ilegal Srpska cuarenta por ciento del territorio bosnio, cuando lo cierto era que sus tropas ya habían ocupado militarmente setenta por ciento. A esas diferencias se añadía el anuncio que hizo por esos días Haris Silajdzic, primer ministro bosnio, de que su gobierno solo firmaría el acuerdo propuesto por el dúo Owen-Vance si el Consejo de Seguridad se comprometía a asumir el control total de la artillería pesada serbia emplazada en territorio bosnio.

Las complejidades de estas discrepancias habían generado un clima de altísima tensión en los días previos a la juramentación de Bill Clinton como nuevo presidente de Estados Unidos. Entretanto, Vance, cansado de esperar, declaró de pronto que, si no se firmaba en breve el acuerdo propuesto, ellos renunciarían a sus gestiones de mediación y dejarían en manos del Consejo de Seguridad la tarea de llevarla a feliz término. Por su parte, Owen pidió una vez más a los gobernantes bosnios musulmanes no seguir alargando innecesariamente el fin de una guerra que para él carecía de sentido.

—Ya es hora de ponerle fin a la guerra —sostenía el diplomático inglés—. Nos queda muy poco tiempo y es necesario que Izetbegovic y Karadzic aprendan a negociar los límites de sus territorios y sus fronteras.

Presumo que ambos, sobre todo Owen, hijo de un imperio que había modificado y trazado muchos mapas y las fronteras de muchos territorios más allá de sus confines legítimos, entendían que poner de acuerdo a agresores y agredidos era un problema demasiado insignificante para justificar la prolongación indefinida de una guerra que él consideraba fútil. Precisamente con el propósito de eludir este problema y acelerar la aprobación de su plan de paz, en febrero de 1993, Vance y Owen solicitaron al Departamento de Estado norteamericano otorgarle visa a Karadzic, acusado ante un tribunal distrital de Nueva York de ser responsable de diversos crímenes de guerra cometidos en Bosnia, incluido en el lote el genocidio, para que pudiera trasladarse a Nueva York y participar, con el bosnio musulmán Alija Izetbegovic y el serbocroata Mate Boban, en una reunión que ellos esperaban que fuese el último capítulo de las negociaciones. Por supuesto, la visa le fue concedida, y en la gran ciudad pronto comenzaron las reuniones de los representantes de las partes, todas a puerta cerrada y en salones distintos del edificio de las Naciones Unidas, pues unos y otros se negaban a negociar directamente entre ellos y exigían hacerlo por intermedio de los promotores del plan. Por esa razón, Vance y Owen se reunieron conmigo para pedirme que, como coordinador del grupo de embajadores del Movimiento de Países No Alineados miembros del Consejo, intercediera ante estos y los representantes del Gobierno bosnio con la finalidad de que flexibilizaran sus posiciones y facilitar así la firma del acuerdo.

Accedí a hacerlo, pero, tal como me había advertido el embajador Sacirbey, con quien durante aquellos meses difíciles había desarrollado una estrecha relación personal y profesional, el presidente Izetbegovic se negaba categóricamente a reunirse con Karadzic, porque hacerlo, sostenía, equivalía a legitimar su mandato como presidente de la ilegal Srpska. Y porque, en definitiva, ellos estaban resueltos a no firmar un acuerdo que significara cederle al ilegal gobierno serbobosnio de Karadzic parte alguna del territorio de la república. Un par de días antes, el vicepresidente Al Gore se había presentado en el salón donde se reunía la delegación bosnia y, según me reveló Sacirbey, le expresó al presidente Izetbegovic que su gobierno no lo culpaba por negarse a firmar el acuerdo: «Yo tampoco lo haría». Luego me confió que, al escuchar este mensaje de Gore, el representante del Departamento de Estado encargado del asunto Bosnia casi se muere del susto.

La paz a cualquier precio

En vísperas de la juramentación de Bill Clinton como cuadragésimo segundo presidente de Estados Unidos, Boutros-Ghali y los miembros permanentes del Consejo de Seguridad, preocupados por la posibilidad de que la opinión pública de Estados Unidos terminara convirtiéndose en un vigoroso y muy molesto factor de perturbación, hacían todo lo posible para que los medios de comunicación redujeran sus informaciones sobre la naturaleza y la magnitud de la crisis bosnia y desestimaran el carácter irreductible de las posiciones adoptadas por Izetbegovic, Milosevic y Karadzic. Mucho menos deseaban que los medios amplificaran los argumentos que calificaban la división de Bosnia como una violación de principios éticos y políticos fundamentales. En esa dirección, el dúo Vance-Owen se empleaba a fondo para reducir al máximo el impacto que comenzaban a tener en la opinión pública las razones de los líderes musulmanes de Bosnia para oponerse a la división de su nación.

Entretanto, y a pesar de que las negociaciones de paz proseguían su camino sin avanzar significativamente hacia su objetivo, en las Naciones Unidas se tenía la certeza de que pronto se firmaría el acuerdo y finalizaría la guerra. En ese clima de infundado optimismo tuve la oportunidad de conocer al exdirector de The New York Times, Abraham M. Rosenthal, autor de una influyente columna semanal, en una cena a la que asistíamos en la residencia del embajador de Israel. En un punto de nuestra conversación alguien le mencionó que yo era miembro del Consejo de Seguridad y él me comentó entonces que en su columna del 5 de febrero le había brindado su más amplio respaldo al plan Vance-Owen.

Yo no había leído el artículo, así que esa misma noche, al llegar a mi casa, lo busqué con impaciencia.

«Todo el mundo grita —eran las primeras palabras del texto—, pero nadie escucha. Muy pocas veces tantos analistas y tantos editorialistas han alzado su voz para expresar su amargo malestar y su condena a diplomáticos occidentales que manifiesten su apoyo al plan de Cyrus Vance y lord Owen. Villanos ambos, según ellos, porque han propuesto un plan de paz para Bosnia, que implica la conformación de un Estado descentralizado (…) serbios, croatas cristianos y musulmanes, todos de la misma nacionalidad, pero enfrentados entre sí por odio feroz desde hace siglos, sin tener en cuenta que con este plan que se negocia ahora cada etnia sería mayoría en algunos distritos y todos compartirían la conducción del gobierno nacional».

Esta posición, expresada con rigidez por una personalidad mediática tan prestigiosa e influyente, me hizo comprender que estas opiniones, supuestamente en favor de la paz en Bosnia al precio que fuera, ocultaban la verdadera intención de sus promotores y las consecuencias que tendría su aplicación para la acosada población musulmana de Bosnia. En este sentido, vale la pena recordar otro artículo, también publicado en ese periódico y con idéntico despropósito, pero mucho más controversial, titulado «Achicar Bosnia para salvarla», firmado por John Mearsheimer, profesor de la Universidad de Chicago y muy reconocido especialista en temas de seguridad y política internacional.

«No hay otra alternativa que un acuerdo pacífico en Bosnia», señalaba, aunque no porque esa paz negociada les ahorraría a las partes las terribles consecuencias que tendría el hecho de prolongar en el tiempo lo que ya era una larga y sangrienta guerra sin ganadores a la vista, sino para resucitar sin adornos ni artificios la creación de un nuevo Estado bosnio que fuera, como habían planteado Carrington y Cutileiro meses antes, «un tercio de su tamaño actual, donde se concentraría a toda la población bosnia musulmana… y (dejando) el resto del territorio en manos de las poblaciones serbias y croatas». De acuerdo con los cálculos que hace en su artículo, la adopción de este plan implicaría la reubicación pacífica de unos seiscientos mil bosnios musulmanes, trescientos mil serbios y cien mil croatas, que tendrían que reconocer la legítima existencia de una Gran Serbia y comprometerse a ayudarla a consolidar sus nuevas fronteras.

Lo cierto es que Mearsheimer, como buen exponente del llamado «realismo ofensivo», teoría que señala como principal objetivo de un Estado la búsqueda o la maximización del poder sin limitaciones, otorgaba legitimidad a las execrables políticas que aplicaba Serbia en Bosnia, que, como era bien sabido, incluían la depuración étnica, la conquista por la fuerza de nuevos territorios y el reconocimiento de esa inadmisible Gran Serbia con que soñaba Milosevic.

De la Comisión de Expertos al Tribunal Penal Internacional

El fondo de la controversia era tremendamente complejo, y así lo señalé en mi primera intervención como miembro del Consejo de Seguridad, el 21 de enero de 1992, al poner el énfasis de mis palabras en que desde 1948 las Naciones Unidas consideraban necesario la creación de un tribunal penal internacional con poder para investigar, enjuiciar y castigar a los responsables de cualquier crimen contra la humanidad. «Pero —añadí aquel día—, después de cuarenta y cuatro años de deliberaciones y debates sobre el tema, lo cierto es que no hemos obtenido resultados reales, y pienso que ya va siendo hora de que lo hagamos, pues no podemos seguir limitándonos a considerar estos crímenes contra la humanidad en discusiones más o menos académicas, sino aprobar acciones capaces de castigar estos crímenes que afectan la seguridad internacional y van camino de afectar seriamente el futuro próximo. A fin de cuentas —afirmé para terminar—, la impunidad es una amenaza que no podemos tolerar».

Para completar esta visión de la crisis bosnia, debo señalar que entre la documentación que se fue acumulando en los archivos de la Comisión de Expertos que empezó investigaciones en noviembre de ese año destaca la fotografía de un policía serbio en el instante de asesinar en el campo de concentración de Brcko a un civil musulmán de un disparo en la nuca. El autor de este crimen brutal fue Goran Jelisic, un joven serbio de veintitrés años, que tiempo después sería condenado a cuarenta y cuatro años de prisión por el Tribunal Penal Internacional para la Antigua Yugoslavia, TPIY.

Conmovido por esta fotografía, había intervenido en la sesión pública del Consejo el 6 de octubre de 1992 para denunciar que ciertamente en Bosnia «los poderosos hacen lo que quieren y los débiles sufren como deben», según afirmaba Tucídides en su monumental historia de las guerras del Peloponeso, bárbara filosofía que los agresores serbios aplicaban sin piedad en Bosnia desde hacía casi un año, en flagrante transgresión de los valores sobre los que las Naciones Unidas y su Consejo de Seguridad fundamentan su existencia. Poco más podíamos hacer, dije entonces, excepto depositar nuestra confianza en la creación y funcionamiento de una Comisión con capacidad para investigar, juzgar y condenar a los responsables de estos crímenes de lesa humanidad, crímenes, por cierto, similares a los que llevaron al cadalso y a largas condenas de cárcel a muchos criminales de la Segunda Guerra Mundial. También sostuve en mi intervención de ese día: «El único crimen que no se ha cometido en Bosnia es el que Bertrand Russell calificó de "crímenes del silencio", porque gracias al extraordinario trabajo de los medios de comunicación el mundo ha podido ser testigo de la más terrible devastación de un Estado soberano por parte de otro, circunstancia que ha condenado a cientos de miles de ciudadanos inocentes a la muerte, el hambre, el miedo y la desesperación».

Los medios de comunicación internacionales habían comenzado a divulgar informaciones que mostraban el tamaño de aquella tragedia y en las Naciones Unidas nadie se oponía ya a que se descorrieran los velos que enmascaraban tan penosa realidad, y, por exigencia de un Consejo de Seguridad que no podía seguir ignorando la existencia de campos de concentración operados por las autoridades serbias en las zonas de Bosnia ocupadas militarmente, no le quedó a Boutros-Ghali otra opción que abordar el problema al Consejo ordenarle poner en claro si en efecto en esos «centros de detención» se aplicaban brutales torturas a sus prisioneros, asesinaban a algunos de ellos y violaban sistemáticamente a las mujeres musulmanas.

Por otra parte, a quienes se esforzaban por imponer la cantonización de Bosnia según el plan de paz Vance-Owen también les convenía propagar noticias sobre los elevados costos humanos que generaba la continuación de la guerra y que solo dejarían de ser una amenaza real con la firma de un acuerdo de paz. Ante el escándalo creciente generado por las monstruosidades que se cometían en la Bosnia ocupada por tropas serbias, también recurrían a esta aparente contradicción como válvula de escape mediante la cual aplacar la indignación de unos y la culpa de un Consejo de Seguridad que no cumplía en absoluto su obligación de defender los derechos soberanos de una nación independiente como Bosnia ni los derechos humanos de su población civil.

Por estas razones, durante las últimas semanas de 1992 y las primeras del nuevo año, había crecido considerablemente el número de países que acusaban al Consejo de aplicar un doble rasero a la hora de actuar ante conflictos que tuvieran que ver con naciones árabes y musulmanes en función de los intereses y los prejuicios políticos, étnicos y religiosos de sus miembros más poderosos. Y se ponía como ejemplo la decisión de organizar con gran celeridad una excepcional alianza político-militar de más de treinta países para neutralizar por la fuerza de las armas la invasión iraquí de Kuwait, y en cambio hacerse los locos ante la agresión de una Serbia cristiana que estaba a punto de borrar a Bosnia hasta de los mapas solo por ser una nación de mayoría musulmana, y conformarse con prestar una moderada asistencia humanitaria a sus habitantes, además de aprobar una serie interminable de resoluciones que en nada reducían la magnitud de hechos que, sin la menor duda, constituían crímenes de lesa humanidad.

En repetidas ocasiones me había hecho eco de esta denuncia en el Consejo de Seguridad y en ese momento manifestaba mi preocupación por las graves consecuencias que podría tener la aplicación de este inaceptable doble rasero, artificio que, en efecto, terminaría por fomentar la solidaridad de grupos musulmanes radicales al comprobar cómo la comunidad internacional abandonaba a su suerte a sus hermanos musulmanes de Bosnia. No creía ni creo que sea una simple coincidencia que los actos terroristas que desde hace años amenazan a Europa se iniciaran inmediatamente después de conocerse en todos sus detalles la abominable tragedia que la comunidad internacional le impuso a la población musulmana de Bosnia, y no antes. Por eso pienso que Occidente, con su decisión de no frenar la destrucción de Bosnia, también contribuyó más que significativamente a generar las acciones terroristas realizadas por musulmanes radicales en tantos países. Y nunca me cansé de repetirlo en el Consejo de Seguridad: «Por dejar indefensa a Bosnia, ustedes serán responsables de las consecuencias». A tantos años de aquella encrucijada, no me queda la menor duda de que esa conducta culposa, irresponsable y sectaria de la comunidad internacional estimuló desde entonces la explosiva expansión del fundamentalismo musulmán en todo el mundo.

Pues bien, en el marco de estas inquietantes circunstancias, el Consejo de Seguridad tuvo que tomar decisiones que fueran más allá de lo habitual. En este sentido, me parece oportuno destacar el imprevisto papel que desempeñó Francia al respaldar la creación, en octubre de 1992, de la Comisión de Expertos, presidida en sus primeros momentos por Frits Kalshoven, jurista holandés muy reconocido internacionalmente, y poco después por Cherif Bassiouni, y encargarle a un grupo de destacados especialistas franceses que desde hacía años venían estudiando a fondo el apremiante tema de los crímenes contra la humanidad la tarea de asesorar a la comisión. Un apoyo que influyó decisivamente en la creación del tribunal para la antigua Yugoslavia.

A lo largo de ese complejo proceso, y debido a que estaban muy integrados a la Comisión de Expertos, los representantes de los países no alineados que también éramos miembros del Consejo de Seguridad pudimos conocer de primera mano el resultado de los trabajos que realizaban sus investigadores sobre la violación de los derechos políticos y humanos en Bosnia. Gracias a ello, también pudimos definir con mayor precisión lo que debían ser las llamadas áreas seguras bajo protección de las Naciones Unidas en Bosnia, la primera de las cuales fue la ciudad de Srebrenica y sus inmediaciones, y el desarrollo de una mejor estrategia dirigida a facilitar el fin del embargo de armas a Yugoslavia, que, como hemos visto, solo servía para dejar a Bosnia sin capacidad de defenderse de la ininterrumpida agresión serbia.

Estas fueron las consecuencias de aquellas gestiones:

1. Los cinco miembros permanentes del Consejo no pensaron que el propuesto tribunal podría algún día enjuiciar a altos dirigentes serbios acusados de haber cometido en Bosnia crímenes contra la humanidad. Por eso no se opusieron a

la creación del tribunal. Sin embargo, el tiempo se encargaría de demostrar que la creación de esa instancia judicial ha sido uno de los logros más importantes alcanzados por el Consejo de Seguridad.

2. Tampoco calcularon los del P5 que la nueva institución, a pesar de estar bajo el control administrativo de las Naciones Unidas, es decir, dependiente material y financieramente de ella, podría superar los obstáculos previstos en el plan de paz Vance-Owen que se negociaba entonces, y promover la suscripción del Estatuto de Roma, mediante el cual se creó la Corte Penal Internacional de La Haya (CPI). Esta instancia judicial constituyó un hecho histórico, porque, a diferencia de otros tribunales de índole parecido, los de Núremberg, por ejemplo, y el de Tokio, que tuvieron un carácter militar y respondían a una decisión política tomada por los vencedores de la Segunda Guerra Mundial, se constituyó como un ente independiente de cualquier influencia no judicial, con la exclusiva finalidad de investigar con absoluta libertad la violación de derechos humanos y políticos cometidos en cualquier punto del planeta, sin restricción alguna, y enjuiciar y castigar a los culpable de esos actos.

3. A pesar de ser una iniciativa de la ONU, desde su creación, la Corte ha sido verdaderamente autónoma. En la actualidad, casi todos los países miembros de la ONU, con la excepción de Estados Unidos, Rusia y China, han suscrito el Estatuto de Roma.

4. Una última observación: no debe confundirse la Corte Penal Internacional con la Corte Internacional de Justicia (CIJ), que es el principal órgano judicial de las Naciones Unidas, encargada exclusivamente de atender y resolver las controversias jurídicas entre Estados miembros de la ONU. Con el paso del tiempo se ha hecho evidente que la decisión que tomamos en marzo de 1992 en el Consejo de Seguridad, de ejercer de hecho como un tribunal ad hoc capaz de condenar y ordenar sanciones a la Libia de Gadafi, facilitó la creación del Tribunal Penal para la Antigua Yugoslavia y, finalmente, de la Corte Penal Internacional. Decisiones basadas en el

artículo 41 de la Carta de las Naciones Unidas, que le confiere al Consejo de Seguridad autoridad para aplicar una serie de medidas que permitan actuar y condenar en tribunales internacionales a los responsables de delitos de esa envergadura.

El crudo invierno de 1993 en Sarajevo

Mientras estos hechos ocurrían en el seno del Consejo de Seguridad, el invierno de 1993 castigaba a Bosnia con rigor implacable. No solo porque las temperaturas descendieron a grados inusuales, sino porque a las principales ciudades de la república, como Sarajevo y Srebrenica, los agresores serbios les habían cortado los servicios de electricidad, calefacción y agua, y bloqueaban el ingreso y distribución de alimentos y medicinas. La situación se agravaba por los continuos bombardeos de la artillería pesada serbia, los disparos de francotiradores que asesinaban con absoluta impunidad a los civiles que se atrevían a salir a las calles y la sensación agobiante de que en aquel escenario de arbitrariedad y violencia podía ocurrir todo, incluso el crimen a sangre fría de altos jerarcas del gobierno. No hace mucho, el entonces vicepresidente de Bosnia, Ejup Ganic, me recordó el tamaño de aquel drama con una afirmación aterradora: «Los serbios contaban con el apoyo incondicional de Rusia y los croatas con el de Alemania, pero a nosotros nos abandonó a nuestra suerte una comunidad internacional que se limitó a ser observadora indiferente de nuestros sufrimientos».

Esta realidad se hizo tan asfixiante que en marzo de aquel año la alta comisionada de la Agencia de la ONU para los Refugiados, Sadako Ogata, le envió a Boutros-Ghali varios informes sobre el rápido deterioro de la situación, sobre todo en Srebrenica y las poblaciones vecinas. En la más importante de sus comunicaciones, fechada el 18 de marzo, le advirtió al secretario general de la tragedia que estaba a punto de producirse en esa ciudad: «Debo llamar su atención —escribió— sobre el desarrollo de los eventos en Srebrenica. Todo indica que muy pronto puede producirse en esa zona una masiva tragedia humanitaria y los países miembros de las Naciones Unidas y de su Consejo de Seguridad deben ser informados de la magnitud de este peligro. Los últimos informes de mis colaboradores muestran un cuadro de horror: miles de refugiados ingresan en la ciudad de Srebrenica procedentes de poblaciones vecinas, que son sistemáticamente arrasadas por los serbios, y entre treinta y cuarenta personas mueren a diario en la zona, víctimas de los ataques militares, del hambre y de la falta de atención médica. La única manera de detener esta matanza de civiles sería propiciando la presencia internacional en las áreas de alta conflictividad». Por último, Ogata le reiteró a Boutros-Ghali la urgente necesidad de llevar el asunto a la inmediata consideración del Consejo de Seguridad.

Sin duda, este mensaje debía de haber afectado profundamente a los miembros del Consejo, sobre todo a los menos poderosos, que a fin de cuentas éramos los peor informados, pero su contenido solo lo conocería yo diez años más tarde, durante el juicio a Slobodan Milosevic en el TPIY, en el que fui testigo de cargo, cuando el fiscal sir Geoffrey Nice me lo mostró y pidió mi opinión. Le dije entonces, y eso declaré después en el curso del juicio, que conocer estos informes con diez años de retraso me producía una «infinita indignación». ¿Cómo era posible, me preguntaba, que el secretario general le ocultara esta información al Consejo y no le convocara con urgencia a una sesión especial, como proponía una funcionaria de tan alta jerarquía como la señora Ogata? Esta decisión arbitraria e irresponsable de Boutros-Ghali demostraba, aunque muy tardíamente, la culposa política de ahondar la brecha que lo aislaban a él y a los principales funcionarios de la Secretaría General del Consejo de Seguridad y de los órganos de las Naciones Unidas, incomunicación que a su vez le permitía consolidar su poder unipersonal sobre toda la organización y poner claramente de manifiesto su irregular relación con el P5 para silenciar la gravedad del conflicto bélico desatado por Serbia en Bosnia, a pesar de que el objetivo esencial del organismo debía haber sido enfrentar y contener la execrable limpieza étnica que aplicaban las autoridades serbias en los territorios bosnios ocupados por sus militares.

Ahora bien, aunque no estábamos entonces al corriente de estos informes de Ogata al secretario general, algunos miembros del Consejo y yo sabíamos de las complicidades que hicieron posible ocultar la magnitud de la crisis bosnia desde la conferencia internacional sobre esta, celebrada en Londres los días 26 y 27 de agosto de 1992, en cuyas conclusiones se ratificaba el interés de la comunidad europea en el desarrollo del conflicto en Bosnia y repetía casi en su totalidad las posiciones acordadas por consenso en el Consejo de Seguridad y recogidas en múltiples resoluciones. Más allá de este hallazgo, lo más destacable del encuentro fue la oferta de la alianza europea a cooperar en un eventual esfuerzo humanitario internacional para la reconstrucción de Bosnia.

En esta conferencia participó Cornelio Sommaruga, diplomático suizo que a la sazón ocupaba la Presidencia del Comité Internacional de la Cruz Roja (CICR), quien planteó la conveniencia de crear en Bosnia zonas protegidas y áreas de seguridad para sus habitantes y evitar que muchos de ellos se vieran forzados a abandonar sus hogares y buscar refugio en otros lugares. Poco después, Tadeusz Mazowiecki, relator especial sobre la situación de los derechos humanos en la antigua Yugoslavia y ex primer ministro de Polonia, retomó la iniciativa de Sommaruga, pero con idéntica poca fortuna. Tanto que, tras la masacre de miles de musulmanes en Srebrenica en el mes de julio de 1995, Mazowiecki acusó amargamente a «las Naciones Unidas de haber permitido la caída de Srebrenica y Zepa, áreas que ya habían sido declaradas seguras por la ONU».

Aquel mismo mes de marzo, Boutros-Ghali nos hizo llegar, porque ya le resultaba imposible silenciarlo, un comunicado de Unprofor, firmado por su comandante, que daba cuenta de que la aviación militar serbia seguía violando impunemente el espacio aéreo de Bosnia y bombardeaba sin ninguna oposición ciudades y poblaciones, incluso Sarajevo, capital de la república. En vista de la gravedad de la situación, a partir de ese día se intensificaron en el Consejo de Seguridad los debates sobre Bosnia en las sesiones informales. Finalmente, el 31 de marzo aprobamos la Resolución 816, en la cual se autorizó por primera vez «a los Estados miembros y organizaciones nacionales o regionales tomar las medidas que fueran necesarias para impedir futuras violaciones del espacio aéreo de Bosnia». No obstante, esta suerte de viraje en el seno del Consejo, la autorización adoptada incluía dos condiciones que en la práctica impedían la ejecución del mandato. Una, la obligación de consultar y obtener antes de actuar el permiso expreso del Consejo y de la Secretaría General de la ONU para hacerlo, y dos, que la exigencia de la respuesta a cada acción autorizada tenía que ser proporcional a la gravedad de la violación. Un doble obstáculo que hacía de la Resolución 816 una auténtica farsa.

Se oscurece la noche bosnia

A raíz de esta trampa incorporada a la resolución, se hizo evidente que la intención del secretario general y de los miembros permanentes del Consejo no era resolver el problema, sino apaciguar los ánimos de algunos gobiernos indignados por la complicidad de las naciones más poderosas del planeta para no actuar en Bosnia con el falso argumento de «quiero, pero no puedo», triquiñuela cuyo objetivo era amortiguar el impacto de las denuncias que formulaban numerosos medios de comunicación internacionales de mucha credibilidad sobre el recrudecimiento espeluznante de los excesos serbios y la «extraña» pasividad del Consejo de Seguridad ante esos desafueros. De ahí que los embajadores de Pakistán, Marruecos y yo sostuvimos reuniones con representantes de los grupos árabe y africano para consultar sus opiniones sobre lo que en verdad ocurría en Bosnia y sobre el plan de paz de Vance y Owen. El resultado de estas gestiones resultó concluyente. Árabes y africanos coincidían en señalar que las Naciones Unidas habían abandonado a Bosnia, tal como denunciaba su gobierno, solo porque la joven república era una nación de mayoría musulmana.

En el Consejo de Seguridad y en mis encuentros con los medios de comunicación yo había asumido esta posición, y en ese momento, tras reconfirmar nuestras coincidencias, redactamos un documento, que finalmente adoptó la forma de una propuesta de resolución, en el que recogíamos los aspectos que considerábamos indispensables para alcanzar un necesario y viable plan de paz para Bosnia. Por supuesto, no fue una tarea sencilla. En primer lugar, porque para hacer aprobar cualquier resolución en el Consejo se requiere que por lo menos nueve países miembros la respalden con sus votos y que la propuesta no sea vetada por ninguno de sus cinco miembros permanentes. Y ese era un objetivo que presumíamos muy improbable, ya que la tendencia del P5 y de la Secretaría General era demorar indefinidamente la adopción de una posición firme del organismo sobre la guerra en Bosnia, con la intención de consumar la ocupación serbia de dos terceras partes de su territorio antes de que llegara el momento de suscribir el plan Vance-Owen y la fijación de los límites geográficos de los diez distritos étnicos propuestos.

Ante esta dificultad, y en mi condición de coordinador del grupo del MNOAL con representación en el Consejo, Cabo Verde, Djibouti, Marruecos, Pakistán y Venezuela, el 15 de abril me dirigí directamente al entonces presidente del Consejo, el embajador de Pakistán, Jamsheed Marker, con la solicitud de hacer llegar un proyecto de resolución elaborado por la mayoría de los países miembros de las Naciones Unidas como documento del Consejo de Seguridad.

El propósito central de nuestra propuesta era destacar la responsabilidad individual y colectiva que teníamos los integrantes de la ONU, y por lo tanto del Consejo, de pronunciarnos y actuar en una materia tan apremiante como la defensa de los principios y objetivos de la Carta de las Naciones Unidas ante cualquier violación de derechos políticos y humanos, ineludible compromiso que le imponía a la comunidad internacional la obligación política y ética de detener por todos los medios la inaceptable agresión serbia a la república independiente y soberana de Bosnia y Herzegovina. En este sentido, sosteníamos, resultaba extremadamente peligroso seguir aplazando una intervención internacional para lograr una paz duradera en la región. De manera muy especial, porque para nadie era un secreto que los serbios propiciaban la profundización del conflicto militar, y eso, lamentablemente, no nos dejaba otra alternativa que apoyar el plan de paz Vance-Owen, pues, por otra parte, y esto para nosotros tenía una relevancia capital, el plan contaba con la conformidad de bosnios musulmanes y bosniocroatas.

En otras palabras: sabíamos que solo si el Consejo de Seguridad terminaba por aceptar el empleo de todos los medios a su alcance, incluida la opción de recurrir a la fuerza de las armas, se podría presionar a las autoridades serbias a firmar el plan de paz como recurso para evitar las consecuencias de una eventual acción militar colectiva. Mientras se llegaba a ese punto del proceso, proponíamos aplicar de inmediato, tal como lo señalaba el plan Vance-Owen, sanciones económicas a Serbia, la inmovilización real de su artillería pesada emplazada en territorio bosnio y la urgencia de levantar el embargo de armas que hasta entonces les impedía al Gobierno y al pueblo bosnio armarse y defenderse de la agresión serbia.

Llegados a este punto, debo resaltar que los no alineados también asumimos esta nueva posición sobre el plan Vance-Owen, porque el gobierno del presidente Izetbegovic había resuelto firmarlo por considerarlo un mal menor necesario para prevenir una definitiva desintegración territorial de Bosnia, como se deseaba en Belgrado. En todas nuestras discusiones sobre el asunto siempre tuvimos presente que no podíamos ser más exigentes que el Gobierno bosnio, principal víctima de la limpieza étnica puesta en marcha por Serbia. Por otra parte, le exigíamos al Consejo ponerle máxima atención a la Orden Provisional dictada el 8 de abril de 1993 por la Corte Internacional de Justicia (CIJ), en la que se exhortaba a Serbia a «adoptar de inmediato todas las medidas a su alcance para evitar que se cometa un crimen de genocidio en Bosnia y Herzegovina». Dirigirnos entonces al Consejo en estos términos respondía a la necesidad de advertirles a todos sus miembros y al resto del mundo de los peligros que se corrían si no lográbamos frenar de inmediato el rápido deterioro de la situación.

La justicia internacional se ocupa de Serbia

Hasta el viernes 16 y el sábado 17 de abril de 1993, «los fines de semana», escribiría meses más tarde Stanley Meisler en su influyente columna para Los Ángeles Times, si bien «las Naciones Unidas solían estar tan inactivas como un gato gordo después de una comida completa», en esa ocasión ocurrió todo lo contrario, porque en la sala de las reuniones informales, a puerta cerrada a cal y canto, los quince embajadores miembros del Consejo nos enfrascamos en un áspero debate sobre la conveniencia o no de imponer de inmediato nuevas y más duras sanciones a Serbia y designar Srebrenica y sus inmediaciones zonas seguras, libres de ataques armados y otros actos hostiles. Por último, sosteníamos entonces la urgencia de determinar, sin la menor demora, cómo proceder ante la providencia aprobada por la CIJ, y enviada al Consejo de Seguridad, en la que se nos advertía del riesgo, si no actuábamos antes, de que las autoridades serbias y serbobosnias cometieran un verdadero genocidio con la turbia finalidad de hacer desaparecer Bosnia como Estado independiente, crimen perfectamente tipificado por la Convención para la Prevención del Delito de Genocidio de las Naciones Unidas.

El debate sobre esta decisión de la Corte bastó para incendiar la pradera. De acuerdo con el artículo 41 del Estatuto de la Corte Interamericana de Justicia, mientras sus magistrados debatían este o cualquier caso y dictaban sentencia, la Corte estaba facultada para requerir del Consejo de Seguridad la aplicación de medidas que entretanto resguardaran por igual los derechos de todas las partes involucradas en el litigio. Era evidente que con esta decisión la Corte reconocía la urgente necesidad de atender de inmediato la demanda bosnia sobre esa amenaza. Y lo que era más importante: de ningún modo podía el Consejo de Seguridad pasar por alto esta decisión del máximo órgano judicial de la ONU. Es decir, hasta los miembros más opuestos a endurecer la respuesta del organismo a la situación estaban obligados a tomar en cuenta que la simple introducción del crimen de genocidio como agravante de la presunta culpa de Milosevic y compañía en un alegato de la CIJ constituía un acto sin precedentes. Desde ese instante, a los miembros del Consejo les resultaba imposible ignorar la presión que ejercíamos los países no alineados, con el respaldo creciente de los principales medios de comunicación internacionales, que en definitiva fueron nuestros más formidables aliados a lo largo de esta penosa crisis.

La inclusión del genocidio en la agenda de las Naciones Unidas elevó dramáticamente el perfil del debate sobre Bosnia y forzó al Consejo a actuar en consecuencia. Esta circunstancia me brindó la oportunidad, al intervenir en la sesión pública del 12 de abril, de sostener: «Si la comunidad internacional representada por el Consejo de Seguridad no es capaz de responder a la preocupación expresada inequívocamente por la Corte Internacional de Justicia, la credibilidad y legitimidad política y judicial de las Naciones Unidas se vería profunda y gravemente comprometida. Un nuevo orden mundial no puede tener su fundamento en un Consejo de Seguridad que no sea capaz de estar a la altura de este desafío».

Al sumarse la CIJ a las voces que reclamábamos el derecho de la nación bosnia a ejercer su soberanía, conservar su integridad territorial y defender contra viento y marea su independencia política, nuestros continuos argumentos cobraron una fuerza y un valor incalculables, y nos sirvió de trampolín para dar dos saltos cualitativos que hasta ese momento parecían imposibles: aprobar sanciones contra Serbia y designar Srebrenica y sus alrededores «área segura» bajo protección de las Naciones Unidas. De ahí que nuestro proyecto de resolución, si bien admitía la partición según el plan Vance-Owen, reafirmaba los derechos básicos de la República de Bosnia y reiteraba categóricamente la condena a la «limpieza étnica» que aplicaba Serbia en los territorios bosnios ocupados, al bloqueo sistemático del ingreso de asistencia humanitaria a zonas afectadas por la guerra y a los frecuentes ataques de paramilitares serbios a efectivos de Unprofor. En este sentido, y esta era una novedad que sería decisiva, la resolución concluía manifestando «ser consciente de que las acciones brutales de los paramilitares serbios habían forzado el desplazamiento en masa de civiles, incluidos niños, mujeres y personas de la tercera edad».

Por supuesto, calificar de «desplazamiento» lo que en verdad era depuración étnica suavizaba la condena a Serbia y nos hacía recordar la Resolución 815, en la que se exigía por igual a «todas las partes y demás interesados» considerar Srebrenica y sus inmediaciones «zonas seguras, libres de ataques armados y actos hostiles», como si no se supiera que solo una parte, la serbia, era responsable de esos ataques. Así que, cuando en ese momento volvía a hablarse de «todas las partes», otra vez se intentaba desconocer que los agresores eran exclusivamente serbios y que las víctimas del conflicto eran los ciudadanos bosnios, perversa interpretación de la realidad que les permitía igualar a los victimarios y a sus víctimas.

A pesar de esta visión tergiversada de la realidad, los párrafos decisivos de la resolución contradecían de manera expresa la tesis de la neutralidad y los argumentos en favor del apaciguamiento, al afirmar: «Se rechazan y se condenan las acciones serbias encaminadas a poner en práctica una ilícita, inaceptable y abominable limpieza étnica en Bosnia». Párrafos en los que también se notificaba que quienes ordenaran y/o cometieran crímenes de esta naturaleza serían responsables a título personal ante la justicia internacional, una consideración que años más tarde permitiría enjuiciar en el tribunal para la antigua Yugoslavia a presuntos criminales de guerra, como Milosevic, Karadzic, Mladic y otros.

Por último, vale la pena destacar que la resolución recoge la decisión del Consejo de Seguridad de enviar, a la brevedad posible, una misión de miembros del Consejo a Bosnia con el mandato de evaluar sobre el terreno y redactar un informe sobre lo que en verdad ocurría allí, una decisión que resultó histórica, porque nunca el Consejo había enviado a un grupo de sus embajadores al teatro de una guerra en pleno desarrollo.

La conflictiva reunión del Consejo de Seguridad el 16 de abril

Estados Unidos, Francia y el Reino Unido habían informado que estaban inclinados a aprobar este proyecto de resolución, pero no ese fin de semana, porque temían que Rusia, donde el 25 de abril se celebraría un referendo consultivo sobre la gestión de Boris Yeltsin, terminara vetando el proyecto de sancionar a Serbia, ya que Moscú entendía que aprobar antes de esa fecha sanciones a un aliado tradicional, como era Serbia, inclinaría la balanza electoral en contra de la permanencia de Yeltsin en el poder. Con la finalidad de convencernos de posponerla para después del referéndum, los embajadores ante las Naciones Unidas de esos tres gobiernos nos visitaron en la pequeña sala que ocupábamos los no alineados, contigua al «santuario interior» de las sesiones informales del Consejo, donde, según decía Meisler, mi insistencia sobre el tema no dejaba de irritar a los representantes de Rusia, Francia y el Reino Unido: «Se lamentan en voz baja de que Arria permita que sus emociones guíen el rumbo de su diplomacia». Desde hacía más de un año, denunciaba las vacilaciones de las Naciones Unidas a la hora de encarar el desafío que representaba la guerra en Bosnia, y en esta oportunidad, con el apoyo de los embajadores africanos y musulmanes, reiteré mi negativa a rendirme y apremié al Consejo a aprobar la resolución ese fin de semana, sin más demoras.

Dos días antes habíamos recibido con gran regocijo el respaldo del embajador francés, Jean-Bernard Mérimée, quien en horas de esa tarde nos sorprendió al anunciar que si se mantenían firmes los votos de apoyo que teníamos, Francia, Estados Unidos y el Reino Unido no se opondrían a nuestra propuesta, siempre y cuando encontráramos antes la manera de convencer al embajador ruso de renunciar a su amenaza de vetar el proyecto de resolución, pues eso no solo liquidaría tal proyecto, sino que muy probablemente condenaría a muerte el plan de paz.

En la reunión informal de ese viernes 16 de abril, que duró hasta bien pasada la medianoche, yo le pedí al embajador Yuli Vorontsov entender que la situación de la población musulmana de Srebrenica era idéntica a la sufrida por los habitantes de Leningrado durante la Segunda Guerra Mundial. Una vez más, Vorontsov se mostró impasible y nos repitió que la aprobación de la resolución debía esperar hasta que se conociera el resultado de la votación del referendo del 25 de abril. En esa ocasión, sin embargo, hizo una pregunta muy significativa: «¿Qué ocurre realmente en Srebrenica para que no podamos esperar una semana más?».

Gracias al canal de información que teníamos por gestión del embajador Sacirbey, en mi condición de coordinador del grupo del MNOAL, le hice una descripción detallada de la situación desesperada que vivía la población civil de Bosnia, pero Vorontsov no cedía terreno. Finalmente, sin duda para interrumpir un debate que no parecía conducirnos a ninguna parte, señaló que, aunque la instrucción que había recibido de Moscú era de oponerse a la aplicación de sanciones a Serbia antes del 25 de abril, en vista de nuestra insistencia y de las consecuencias que a fin de cuentas acarrearía para Bosnia no alcanzar un acuerdo de paz, pensaba que tal vez lo mejor sería llamar al presidente Yeltsin y consultarle directamente. Con una salvedad, nos dijo, en aquel momento eran las cuatro de la madrugada en Moscú, además de que al día siguiente Rusia celebraría el Domingo de Pascua, en vista de lo cual nos pedía tener un poco de paciencia y que al menos esperáramos hasta el lunes.

—Estoy seguro —nos dijo— de que ustedes no quieren que a esta hora y en vísperas del Domingo de Pascua despierte al presidente Yeltsin.

—Yuli —le respondí sonriente—, eso es precisamente lo que queremos que hagas.

Mi respuesta lo tomó por sorpresa, pero enseguida admitió que estaba de acuerdo.

—Eso haré —dijo, y se marchó a llamar a Moscú. Media hora después regresó al salón y nos informó que había hablado con Yeltsin y que, a pesar de que este seguía pensando que aprobar ese fin de semana una resolución contra Serbia era una decisión peligrosamente apresurada, sus nuevas instrucciones eran no vetar la resolución sino abstenerse. Los otros cuatro miembros permanentes del Consejo, que estaban de acuerdo en aprobar de inmediato las sanciones a Serbia, pero compartían la rígida posición rusa para evitar las consecuencias de un veto que realmente nadie deseaba, no salían de su asombro. ¿Cómo diablos los embajadores de los No Alineados habían conseguido hacer cambiar a Rusia de parecer?

En todo caso, esa misma noche el Consejo de Seguridad aprobó la Resolución 819, que incluía muy duras sanciones económicas al gobierno de Milosevic. No eran suficientes para contener por completo la criminal agresión serbia a Bosnia, pero constituían un evidente cambio en el tratamiento del caso y le hacían ver a los gobernantes serbios que la tolerancia de la comunidad internacional también tenía un límite. Belgrado tendría a partir de entonces que medir muy bien sus pasos para evitar que la OTAN, bajo fuerte presión del gobierno de Bill Clinton, hiciera realidad su amenaza de bombardear las posiciones ocupadas ilegalmente por las tropas de Karadzic en Bosnia si no se interrumpía la aplicación de su brutal política de limpieza étnica. No obstante, la satisfacción que sentíamos, el grupo de los No Alineados insistíamos, con renovada intensidad, en la urgencia de designar Srebrenica área segura bajo protección de las Naciones Unidas, porque, según las noticias que teníamos, la ciudad estaba a punto de caer en manos de las tropas de Karadzic y del general Mladic.

En el curso de esa sesión informal del Consejo se incorporó el embajador Chinmaya Gharekhan, consejero político y hombre de la mayor confianza de Boutros-Ghali, quien nos comunicó que acababa de recibir una llamada del general sueco Lars-Eric Wahlgren, comandante de Unprofor en la zona, que en ese momento estaba en Sarajevo, y le había advertido que, si en efecto el Consejo aprobaba sanciones a Serbia y designaba Srebrenica y sus alrededores área segura, «la reacción de los serbios podría provocar un auténtico baño de sangre».

Esta intervención de Gharekhan me indignó.

—Con todo mi respeto —le dije, y lo señalé con un dedo acusador— le digo que a estas alturas del debate no podemos aceptar que usted nos venga con ese argumento.

A pesar de la tensión generada por esta maniobra de la Secretaría General para torpedear en el último momento la aprobación de lo que sería la Resolución 819, recibimos un respaldo mayoritario del organismo, con las excepciones previstas de Rusia y China, que se abstuvieron. Ahora bien, mientras en Nueva York coronamos nuestros esfuerzos con esta decisiva votación, en Sarajevo, sin que nosotros tuviéramos ninguna información, Wahlgren negociaba la capitulación de Srebrenica, cuyo primer paso era el desarme unilateral de los civiles bosnios musulmanes que todavía la defendían. Con esta decisión, en lugar de hacer de Srebrenica un área segura, la dejaba a merced de las autoridades militares de la Srpska, circunstancia que exponía al Consejo de Seguridad al mayor de los ridículos, porque ¿cómo se explicaba que mientras el Consejo de Seguridad aprobaba una resolución tan decisiva como la 819, el comandante de las fuerzas de protección, por su cuenta y sin nuestro consentimiento, validaba en Sarajevo exactamente lo contrario? O sea que a manos de los jefes militares de las Naciones Unidas en Bosnia el Consejo de Seguridad era objeto de una burla particularmente cruel orquestada por la Secretaría General, el Reino Unido, Francia y Rusia, con Unprofor en papel de brazo ejecutor de la felonía que representaba la «capitulación» de Srebrenica, validada por las firmas del propio comandante de los cascos azules, el general Wahlgren, y de un criminal de guerra como Ratko Mladic, general y comandante militar de la ilegal república serbia en Bosnia. Peor aún: los generales Wahlgren y Morillon, con motivo de esta rendición de Srebrenica, declararon que, al darle su apoyo a la «capitulación», ayudaban a las partes a llegar a un alto el fuego destinado a «salvar vidas». Morillon llegó más lejos todavía al calificar ese día la rendición de Srebrenica como «primer paso hacia el cumplimiento de la Resolución 819».

Un punto adicional y perentorio que se incorporó a la resolución en el último momento fue el nombramiento de una delegación integrada por seis embajadores para trasladarse lo antes posible a Bosnia con el mandato expreso de confirmar sobre el terreno cuál era la situación real del conflicto en esa república de la antigua Yugoslavia, y a su regreso a Nueva York presentar al Consejo un informe detallado de la visita.

La iniciativa de mandar esta misión a Bosnia, presentada sin previo aviso por el embajador Marker, presidente entonces del Consejo, habíamos acordado ponerla en marcha esa misma tarde del 16 de abril, y los del P5 no tuvieron tiempo de armar una maniobra para impedirlo. Al hecho de haber logrado este objetivo, debí añadir esa noche, o más bien en la madrugada del sábado 17 de abril, que fue cuando se aprobó, el privilegio de ser designado por unanimidad para encabezar la delegación, que completarían los embajadores de Francia, Nueva Zelanda, Hungría, Pakistán y Rusia.

GUERRA Y
TERRORISMO EN BOSNIA

El 23 de abril de 1993, a las seis de la tarde, llegamos a Zagreb los embajadores Hervé Ladsous de Francia, Vasily Sidorov de Rusia, André Erdos de Hungría, Terence O'Brien de Nueva Zelanda, el embajador alterno de Pakistán, Sher Afgan Khan, y yo. Era la primera escala de nuestra misión a Bosnia, porque en la capital de Croacia estaba instalada la Comandancia General de Unprofor para las repúblicas de la antigua Yugoslavia.

De acuerdo con su Resolución 819, aprobada por unanimidad una semana antes, el Consejo de Seguridad denunciaba «enérgicamente» la agresión serbia a Bosnia y la ayuda política y militar de Belgrado a las tropas de Karadzic. Esa fue la primera vez que el Consejo calificó de «ilegal e inadmisible» la ocupación serbia de territorios bosnios por la fuerza de las armas y la aplicación allí de una política de «depuración étnica», y la razón por la que, a pesar de la resistencia de algunos de los integrantes de la cúpula de la ONU, se tomó la decisión de «enviar, a la brevedad posible, una misión de sus embajadores a Bosnia para evaluar sobre el terreno las circunstancias reales del conflicto e informar al Consejo». Tan a la «brevedad posible» que apenas siete días más tarde embarcamos en el aeropuerto John F. Kennedy de Nueva York rumbo a la guerra en Bosnia.

Después de aquel agitado fin de semana en que se aprobó nuestro viaje de inspección a la antigua Yugoslavia, convoqué a mis colegas del MNOAL en el Consejo de Seguridad para evaluar los alcances reales de la resolución. Todos coincidimos en reconocer que, si bien habíamos influido decisivamente en la adopción de un conjunto de fuertes sanciones al comercio, el transporte y el sistema financiero de Serbia, ese resultado no bastaba para frenar la política genocida de Slobodan Milosevic en la república independiente de Bosnia. Entre otras razones, porque el Consejo, bajo presión de sus cinco miembros permanentes, no había modificado en absoluto su decisión de aplicarles a las repúblicas yugoslavas un embargo de armas que afectaba dramáticamente el legítimo derecho del Gobierno y el pueblo bosnios a defenderse de la criminal agresión serbia.

Los días previos a nuestro viaje a los Balcanes

Durante los intensos debates que culminaron con la designación de nuestra delegación, algunos de los representantes del MNOAL en el Consejo llegamos a plantearnos la opción de no apoyar la resolución a menos que en ella también se decretara el levantamiento de un embargo que, a fin de cuentas, solo beneficiaba a Serbia. No obstante, terminamos por respaldarla, porque también entendimos que no hacerlo significaba no aprobar las acordadas sanciones a Serbia. Resultó ser, pues, una decisión forzada por las circunstancias, algo que a su vez nos obligaba a insistir, con más energía si era posible, en la urgencia de levantar el injusto embargo de armas y poner todas las piezas de artillería pesada serbia emplazadas en Bosnia bajo el control directo de Unprofor. Con ese objetivo aprovechamos los días previos a nuestro viaje para reunirnos con representantes de otros países, sobre todo árabes y musulmanes, comprometidos en la búsqueda común de una solución justa a la crisis bosnia.

En estas gestiones se destacó de manera muy especial Nabil Elaraby, embajador de Egipto, quien tiempo después sería designado ministro de Relaciones Exteriores de su país. En nuestros encuentros, Elaraby hizo un resumen de lo que se pensaba y decía en las calles de las principales ciudades árabes, una información sumamente valiosa, porque, sin la asistencia que en la actualidad prestan internet y las redes sociales, resultó vital para afinar nuestra visión de una realidad que se nos escamoteaba sistemáticamente en el Consejo de Seguridad.

Precisamente por esos días, el 20 de abril al final de la tarde, me visitó el embajador de Bosnia, Muhamed Sacirbey, y me dio una noticia de gran importancia que acababa de transmitirle el presidente Izetbegovic: el 17 de abril por la mañana, mientras nosotros estábamos enfrascados en el debate final sobre la decisiva Resolución 819, el comandante general de las fuerzas militares de Bosnia, general Sefer Halilovic, se había reunido con el general serbobosnio Ratko Mladic en el aeropuerto de Sarajevo. En su mensaje, el presidente bosnio mandaba a informarme que durante las dos últimas semanas los mandos de Unprofor lo habían presionado para que firmara un acuerdo de alto el fuego con los mandos militares serbios, cuyo punto esencial era el desarme unilateral de los pocos defensores musulmanes de Srebrenica, condición que exigía Serbia para que sus tropas que sitiaban ese enclave no lo invadieran y ocuparan de inmediato.

El presidente Izetbegovic añadía en su mensaje que, según los mandos de la fuerza de protección de la ONU, este condicionamiento era en definitiva un ultimátum. El Gobierno bosnio debía aceptarla porque nadie, ni siquiera Unprofor, acudiría en su ayuda. Ante semejante dilema, y teniendo muy en cuenta la desesperada situación de los habitantes de Srebrenica y sus alrededores, el presidente bosnio deseaba explicarme que no tenía otra alternativa que aceptar la exigencia serbia. Esta noticia, de la que por supuesto la Secretaría General no nos había dicho ni media palabra, era alarmante y se la comuniqué de inmediato al embajador de Pakistán, Jamsheed Marker, entonces presidente del Consejo de Seguridad, quien en ese mismo momento convocó a una sesión de consulta urgente para el 21 de abril por la mañana, con el propósito de determinar la veracidad de la información y solicitar explicaciones a la Secretaría General sobre por qué Unprofor tomó una decisión de esa envergadura sin antes consultarla con el Consejo.

Boutros-Ghali, como ya era su costumbre, tampoco asistió a esta importantísima reunión y, una vez más, mandó a su consejero político, el embajador Gharekhan, quien escurrió el bulto y se limitó a informar que los cascos azules no habían logrado acordar todavía con las autoridades serbias y bosnias los límites exactos del área que sería desmilitarizada en Srebrenica y sus alrededores. De esta circunstancia nosotros tampoco teníamos noticia alguna. Mucho menos de que, como nos planteaba en ese momento Gharekhan, para cumplir ese mandato específico del Consejo primero era necesario aumentar el número de militares de la ONU en la zona, incremento que las autoridades serbias sencillamente no aceptaban. Por último, nos informó que el comandante del batallón canadiense de Unprofor en Srebrenica le había comunicado que estaba a la espera de la autorización serbia para destruir el armamento y las municiones «recuperados» de los defensores bosnios de Srebrenica. No lo indicaba en su informe, pero resultaba fácil presumir que el armamento se reducía a unas pocas armas ligeras con sus municiones, pues los bosnios, a juzgar por lo que sabíamos, no disponían de armamento pesado. Tampoco explicó el representante de Boutros-Ghali las razones que justificaban el haber desarmado unilateralmente a los defensores bosnios en la zona.

En ese punto de altísima tensión tomé la palabra para expresar mi perplejidad, porque en ninguna de sus resoluciones el Consejo de Seguridad había autorizado a los comandantes de las fuerzas de protección a realizar operaciones de recolección y destrucción de armas pertenecientes a los bosnios en Srebrenica, hecho que para la delegación venezolana constituía una flagrante violación de las instrucciones que se les habían impartido. También señalé que esa acción solo podía ser interpretada como un acto de inadmisible cooperación con los agresores serbios que, por supuesto, pasaba por encima de la decisión del Consejo de Seguridad de designar Srebrenica y sus alrededores área segura. Los embajadores de Francia y el Reino Unido, incómodos por mi planteamiento, propusieron entonces posponer la discusión hasta que regresara nuestra misión de Bosnia y presentara su informe sobre la situación real del conflicto. Después, a sabiendas de que mentían, sostuvieron con firmeza que entretanto podíamos estar tranquilos, ya que Srebrenica «no había caído ni había sido rendida».

Por supuesto, los gobiernos del P5 estaban perfectamente informados de todos los pormenores de la situación y por eso prefirieron ponerle un fin anticipado al debate. Para completar la inquietante descripción de lo que en los próximos días comprobaríamos en Bosnia, Gharekhan nos notificó que durante los últimos tres meses la población de Srebrenica había pasado de siete mil habitantes a cerca de cuarenta mil, consecuencia directa de las operaciones de «limpieza étnica» adelantada por los serbios en las áreas vecinas a la ciudad. Este éxodo forzado hacia Srebrenica elevaba muy peligrosamente la desmejora de las condiciones de vida de sus habitantes, pues las tropas serbias, si bien habían interrumpido sus ataques por el momento, mantenían cortado el suministro de electricidad, agua y gas a la ciudad, y no permitían el acceso de los convoyes de las Naciones Unidas con asistencia humanitaria.

Ese mismo 21 de abril por la tarde, finalizada esa sesión de consulta, volvimos a reunirnos los miembros de la delegación para unificar criterios y acordar la apretada agenda del viaje. En primer lugar, decidimos no vernos con Milosevic en Belgrado, pues Vance y Owen seguían negociando esos días con él y, aunque estábamos convencidos de la mala fe con que Milosevic simulaba aceptar esas negociaciones solo para ganar tiempo mientras sus hombres continuaban avanzando dentro de Bosnia y consolidaban su proyecto de crear una Gran Serbia a sangre y fuego, pensamos que lo más indicado sería no interferir en las actividades de los dos negociadores de las Naciones Unidas. Sí acordamos encontrarnos con Radovan Karadzic, pero en el aeropuerto de Belgrado, ciudad donde él pasaba más tiempo que en Pale, la «capital» de su inventada república de Srpska. En cuanto a Mate Boban, líder de la población croata en Bosnia, resolvimos verle en Split y no en Mostar, que para él era la capital de su ilegítima república bosniocroata. Con los presidentes de Croacia y Bosnia nos reuniríamos en Zagreb y Sarajevo, respectivamente.

Surgen los primeros contratiempos

El día antes de nuestro viaje nos preocupaba otra extraña circunstancia: durante toda la semana ningún alto funcionario de la ONU se nos había acercado para intercambiar opiniones sobre los alcances de la misión. Ni siquiera Kofi Annan, buen amigo nuestro y a la sazón subsecretario general de las Naciones Unidas para las operaciones de paz, un cargo que lo vinculaba directamente a nuestro viaje a Bosnia, mostró interés en reunirse con nosotros. Este hecho nos hizo tomar plena conciencia de que, como la decisión de enviarnos a Bosnia había sido el resultado de las múltiples presiones que hicimos los embajadores de los No Alineados miembros no permanentes del Consejo de Seguridad, ese desinterés era efecto del gran rechazo de los factores de poder en las Naciones Unidas a nuestra no deseada intervención en el manejo de una situación que desde hacía un año ellos manipulaban con exclusividad y a su antojo. Por esta razón, al abordar el vuelo de Lufthansa que nos llevaría a Zagreb vía Frankfurt, lo hicimos convencidos del verdadero significado de este «distanciamiento».

En el aeropuerto de Zagreb nos esperaban algunos funcionarios del Ministerio de Relaciones Exteriores de Croacia, representantes de la Secretaría General de la ONU y un grupo de cascos azules, quienes nos informaron que el general Lars-Eric Wahlgren, su comandante general, había sufrido un accidente vial camino del aeropuerto y nos esperaba en el hotel Hilton de la ciudad.

Yo fui el primero en llegar al hotel y aproveché la oportunidad de estar a solas con el general Wahlgren, que nos aguardaba frente al mostrador de la recepción, para despejar una duda que desde hacía una semana me daba vueltas en la cabeza.

—¿Por qué —le pregunté—, pasada la medianoche del 16 de abril, mientras estábamos en pleno debate sobre la versión final de la Resolución 819, llamó al embajador Chinmaya Gharekhan y lo instó a impedir que designáramos Srebrenica área segura con el argumento de que si lo hacíamos podríamos desatar un baño de sangre en la ciudad?

—Yo no llamé al embajador Gharekhan —respondió Wahlgren con cara de asombro—. Fui yo quien recibí una llamada de un joven indio que trabaja en el departamento encargado de las operaciones de paz que dirige Kofi Annan.

Luego supimos que se refería a Shashi Tharoor.

Con su respuesta, el general confirmaba mi presunción de que los factores de poder vinculados al secretario general que manejaban el funcionamiento de las Naciones Unidas estaban empeñados en obstaculizar, o al menos modificar substancialmente, los alcances de la resolución. Una certeza que se hizo mucho más evidente cuando el general me reveló que un par de días antes su servicio de inteligencia había interceptado una comunicación privada entre militares de Estados Unidos y el general Philippe Morillon, su segundo al mando, un hecho que no vaciló en calificar como «intervención peligrosa en Srebrenica», pero cuyos pormenores no pude conocer porque en ese momento comenzaron a llegar al hotel mis compañeros de viaje y nuestra conversación se cortó, por lo que no logré dilucidar el sentido exacto de aquella irregular entrevista a espaldas suyas entre su segundo al mando y militares estadounidenses, ajenos por completo a la operación de Unprofor en Bosnia.

Esta sorprendente novedad revestía muchísima importancia, pues aclaraba las razones por las que el general Wahlgren, comandante general de los cascos azules, oficial de Suecia, una nación que no tenía interés político o económico en la antigua Yugoslavia, permanecía en Croacia, donde el alto el fuego era respetado por las partes desde hacía meses, y no se hubiera trasladado a Bosnia, donde la crisis política y militar no cesaba de agravarse. Una ausencia que, a su vez, dejaba el mando de las tropas de la ONU desplegadas en Bosnia en manos del general Morillon, francés, y de su segundo, el general británico Vere Hayes. Es decir, los jefes de Unprofor en Bosnia eran oficiales de Francia y el Reino Unido, que además eran los gobiernos que contaban con más alto número de efectivos actuando en Bosnia como fuerza de paz. Precisamente, los gobiernos que dentro del Consejo de Seguridad encabezaban la resistencia a respaldar los objetivos de nuestra misión. Por otra parte, este incidente también esclarecía la razón por la cual el asesinato a sangre fría del viceprimer ministro bosnio Hakija Turajlic, ante los ojos impasibles de militares franceses en las afueras de Sarajevo, no fuera debidamente investigado por Unprofor ni por la Secretaría General de las Naciones Unidas.

Poco después de este inconcluso diálogo con el general Wahlgren nos trasladamos al comando general de las fuerzas de protección en Zagreb, donde él y el general Morillon nos hicieron una presentación formal de la situación militar y humanitaria en Bosnia, en el curso de la cual fuimos sorprendidos por la confirmación de una noticia perturbadora. El 6 de abril representantes de las fuerzas de protección de la ONU, sin la correspondiente autorización del Consejo de Seguridad, habían completado sus negociaciones con las autoridades militares serbias y bosnias para llevar a buen término el desarme unilateral de Srebrenica, mecanismo según ellos imprescindible para lograr un alto el fuego real en la ciudad y sus alrededores. Este razonamiento lo completó Wahlgren con una opinión desconcertante: «Los serbios actúan de manera irracional, así que lo mejor era no presionarlos demasiado».

Las palabras del general me alarmaron sobremanera, pues no aclaraban la inaudita pasividad de la fuerza militar de la ONU ante la brutal agresión serbia, y, en cambio, pretendían hacer ver como conveniente el acuerdo al que habían llegado con los mandos militares serbios de desarmar a los defensores bosnios de la ciudad. En este controversial punto intervino el general Morillon, quien había permanecido prudentemente callado, y reiteró que precisamente gracias a esta estrategia se había podido contener a los efectivos del general serbio Ratko Mladic, el tristemente célebre «Carnicero de los Balcanes», que insistían en tomar Srebrenica por asalto. Una revelación que ponía de manifiesto que Unprofor no tomaba en cuenta para nada la resolución del Consejo de Seguridad sobre la urgente necesidad de garantizar la soberanía bosnia en Srebrenica.

En vista de esta gravísima irregularidad no pude contenerme:

—¿Cómo es posible, señores generales —les reclamé a Wahlgren y a Morillon—, que ustedes hayan colaborado con los agresores serbios en la tarea de desarmar unilateralmente a los defensores bosnios de la ciudad, dejando a su población indefensa por completo, cuando el mandato del Consejo de Seguridad los obliga a todo lo contrario? ¿Con qué autoridad se embarcaron ustedes en una acción ostensiblemente opuesta a las decisiones de las Naciones Unidas? A no ser, se me ocurre pensar, que a partir de ahora Unprofor asumirá por su cuenta la responsabilidad de lo que ocurra en Srebrenica y en el resto de Bosnia.

La respuesta de Wahlgren resultó aún más sorprendente:

—Cuando el Consejo de Seguridad designó Srebrenica área segura de acuerdo con la Convención de Ginebra, omitieron lo más importante, fijar con precisión los límites del área a proteger.

Desde mi punto de vista, el general Wahlgren le enmendaba públicamente la plana al Consejo de Seguridad, algo que sin la menor duda constituía un acto de insubordinación. Por esta razón les hice entonces una segunda y a mi entender determinante pregunta a los dos generales:

—Y díganme, ¿cómo consiguieron ustedes que las autoridades civiles y militares bosnias aceptaran que Unprofor los desarmara a ellos y a los serbios no?

Wahlgren respondió sin titubear:

—Porque esa era la única opción que tenían para evitar ser masacrados.

Como dato a tener en cuenta, vale la pena añadir que el general Morillon, desafiando el cerco serbio, había ingresado a Srebrenica el 14 de marzo al frente de un convoy con asistencia humanitaria de las Naciones Unidas. En esa ocasión reunió a una buena cantidad de habitantes de la ciudad y a los periodistas que cubrían el suceso, y les declaró: «Me quedaré aquí, con ustedes, hasta el día que cesen los ataques serbios y se abra permanentemente un corredor humanitario». Mi primera reacción al conocer esta actitud del general francés fue de sincera admiración, pero muy poco duró mi entusiasmo, pues apenas tres días más tarde, entre la noche del 17 de marzo y la madrugada siguiente, amparado en la oscuridad, Morillon escapó de Srebrenica. Incumplir su compromiso, sin embargo, subrayó la enormidad del drama que vivían los habitantes de Srebrenica. Años más tarde, en julio de 2010, asistí a un acto religioso en el cementerio de la ciudad para recordar a los ocho mil hombres y niños asesinados a sangre fría en julio de 1995 por paramilitares serbios al mando del general Mladic. Allí también se hizo presente Morillon, pero, tan pronto como lo vieron, indignadas madres y viudas de las víctimas que no perdonaban su conducta de entonces lo obligaron a marcharse del cementerio.

En mi tensa reunión con los dos generales me sentí tentado a recordar el triste episodio de su furtiva partida de Srebrenica el mes anterior, marzo de 1993, pero guardé silencio durante la hora y media que emplearon ambos jefes militares para ofrecernos su visión particular de un conflicto, según ellos, perfectamente controlado por las fuerzas de la ONU, con solo dos excepciones, el implacable sitio de Srebrenica y la matanza de bosnios musulmanes residentes en la ciudad de Ahmici, en Bosnia central, el 16 de abril.

Esa era la verdadera y despiadada realidad que íbamos a encontrar en Bosnia a partir del día siguiente.

Mi primer viaje a Sarajevo

A las ocho de la mañana del 24 de abril, una unidad de paracaidistas de Unprofor nos recogió en el hotel Hilton para llevarnos al aeropuerto. El oficial al mando, medio en serio medio en broma nos recomendó hacer un buen desayuno, pues esa sería la última comida completa que disfrutaríamos hasta regresar de nuestra misión en Bosnia. Tomamos muy en cuenta su advertencia y desayunamos copiosamente. Después partimos rumbo al aeropuerto de Zagreb, en compañía de un grupo de destacados periodistas internacionales: Paul Lewis, corresponsal de The New York Times en las Naciones Unidas;

Harry Smith, analista de asuntos internacionales de la cadena de televisión CBS; Anthony Goodman, de la agencia de noticias Reuters; Allan Ferguson, del Toronto Globe & Mail; John Lyons, de la británica BBC, y Luis Torres, de la agencia France Press. Un cuarto de hora más tarde llegamos a la rampa del aeropuerto reservada para uso militar y, tal como estaba previsto, despegamos rumbo a Sarajevo a tiempo para cumplir puntualmente nuestra primera reunión del día, con el presidente Alija Izetbegovic, en el Palacio de Gobierno.

Al abordar el enorme avión que nos trasladaría al infierno bosnio, los paracaidistas suecos de nuestra escolta nos instaron a ponernos los chalecos antibalas que nos entregaron la noche anterior al concluir nuestra reunión con los generales Wahlgren y Morillon, y a que en todo momento tuviéramos a mano nuestros cascos, azules como los de las fuerzas de la ONU encargadas del mantenimiento de la paz. Una vez dentro del enorme aparato me llamó la atención la distribución de su cabina. Diseñado para el transporte de personal militar, no tenía ventanillas y, en lugar de los asientos regulares de los aviones de uso comercial, solo disponía de espartanas bancadas metálicas que corrían de punta a punta a ambos lados de la cabina. Nunca había viajado en condiciones tan austeras, pero este no era un viaje de placer. Sentado entre el norteamericano Harry Smith y el español José María Mendiluce, representante de Acnur, la Agencia de la ONU para los Refugiados, no pudimos casi hablarnos porque durante los cuarenta minutos que duró el vuelo el ruido de los motores fue atronador. Se trató de una suerte de breve pero intensa preparación física y mental para lo que nos aguardaba, que incluyó quitarnos los chalecos antibalas al ingresar al espacio aéreo de Bosnia para sentarnos sobre ellos, ya que, según nos advirtieron, a los soldados serbios a veces les daba por hacer prácticas de tiro disparándole desde tierra a la barriga de los aviones que pasaban sobre sus cabezas. La última indicación de que no andábamos de paseo nos la ofreció el hecho de que, al aproximarnos al aeropuerto de Sarajevo, sin aviso previo, el piloto lanzó el avión en violenta picada hacia la pista para permanecer el menor tiempo posible al alcance de esos posibles disparos.

El avión se posó sobre la pista con la rudeza de un aterrizaje casi forzoso, con el fuselaje estremecido por las altas revoluciones de sus cuatro turbinas, pero sin sufrir ningún percance. Una experiencia que se hizo aún más inolvidable cuando los paracaidistas nos apremiaron a abandonar el avión a toda carrera y nos llevaron al interior del edificio del aeropuerto por un túnel construido con sacos de arena. Rápidamente recorrimos los desolados salones y, al salir, sin protocolo alguno, nos metieron en una docena de vehículos blindados de las Naciones Unidas.

La travesía desde el aeropuerto hasta el palacio presidencial apenas duró quince minutos, pero no la olvidaré jamás. Dentro del carro que me asignaron íbamos el general británico Vere Hayes, uno de sus oficiales, el chofer y Ramuncho Llerandi, encargado de las relaciones de nuestra embajada ante las Naciones Unidas con los medios de comunicación. Yo ocupé el asiento delantero, junto al conductor del vehículo, y eso me permitió observar a mis anchas el impresionante espectáculo de una ciudad sitiada desde hacía un año y sometida al inclemente bombardeo de la artillería pesada que las tropas serbias habían emplazado en las colinas que rodean Sarajevo. Calles solitarias en las que reposaban los despojos, muchos de ellos todavía humeantes, de automóviles, camiones y hasta tranvías, edificios en ruinas, incendios por aquí y por allá, columnas de denso humo negro ascendiendo hacia el cielo azul y transparente de la primavera centroeuropea. En ese impresionante recorrido por el paisaje de una ciudad en plena guerra, me llamó poderosamente la atención pasar frente al hotel Holiday Inn, misteriosamente intacto, y a pocos metros cruzar por una calle que el general Hayes me dijo que llamaban Sniper Alley, «callejón de los francotiradores», donde nada se interponía entre los disparos de los francotiradores apostados en la ladera de una colina adonde iba a dar la calle y los transeúntes que se atrevieran a caminar por ella.

Finalmente, llegamos a las puertas del Palacio de Gobierno, un magnífico edificio de clara arquitectura austrohúngara situado en el centro de Sarajevo, próximo a la calle Titova, la principal de la ciudad que apenas nueve años antes había sido la hermosa sede de los Juegos Olímpicos de Invierno, para muchos la Jerusalén de Europa, porque desde hacía siglos en ella convivían en santa paz musulmanes, cristianos ortodoxos, católicos y judíos, convertida en ese momento a cañonazos en el devastado escenario de una guerra a muerte.

Para mi sorpresa, frente a la espléndida fachada de grandes bloques de piedra del edificio, nos esperaba un pequeño grupo de niños que enarbolaban carteles pintados a mano con el nombre de los países que integrábamos la misión. Fue un recibimiento tan cargado de emoción que me acerqué a saludarles, pero de inmediato, por razones de seguridad, dos paracaidistas corrieron a ponerse a mi lado y hacerme dar la vuelta y unirme al resto de los embajadores, que en ese momento ya entraban al palacio, en cuyo vestíbulo nos recibieron el vicepresidente Ejup Ganic, algunos ministros del gabinete ejecutivo y el comandante general del ejército bosnio, el general Sefer Halilovic.

La primera información que nos brindó Ganic después de saludarnos fue que el día anterior los serbios habían cortado el suministro de agua al palacio.

—Seguramente —añadió con una sonrisa burlona—, para darles a ustedes la bienvenida que se merecen por venir a visitarnos.

En nombre de la delegación le resumí entonces nuestro objetivo, las consideraciones que llevaron al Consejo de Seguridad a enviarnos a Bosnia y la razón de nuestro especial interés en Srebrenica, donde el conflicto amenazaba con convertir el cerco de la ciudad en una tragedia de proporciones bíblicas.

La reunión con el presidente Alija Izetbegovic

Después de nuestro rápido intercambio de saludos, Ganic nos guío al salón ceremonial del palacio, donde nos aguardaba el presidente Izetbegovic, sentado a una larga mesa de madera labrada, con sillas tapizadas de piel muy desgastada por el uso. El salón estaba pobremente iluminado, con todas las ventanas tapiadas por razones de seguridad y medio disimuladas por cortinajes de un rojo apagado. Las paredes, pintadas de un color marrón café con leche, le daban a la estancia un aspecto más sombrío. Sobre la mesa habían dispuesto en nuestro honor unas bandejas con vasos y botellas de refrescos, ninguna de agua, testimonio de que en el Palacio de Gobierno también se padecían las consecuencias del asedio serbio. En este sentido, Ganic me había informado que él vivía en el sótano del edificio y el presidente en la bóveda blindada de un banco próximo al palacio.

Yo era el único miembro del grupo que conocía personalmente a Izetbegovic. Nos habíamos reunido en Nueva York dos meses antes gracias a la amabilidad de su embajador, Muhamed Sacirbey, y lo encontraba con su mismo aspecto serio y retraído pero amable de entonces; era de hablar pausado, sin estridencias ni precipitaciones, y medía con mucho cuidado las palabras que pronunciaba, virtudes que me transmitieron la sensación de hallarme ante un hombre que tenía gran confianza en sí mismo. Temía que ahora, acosado por una guerra atroz, sería otro. Me equivoque por completo. Izetbegovic seguía siendo el mismo interlocutor de dos meses atrás, aunque visiblemente más delgado. También temía que nuestra reunión sería muy difícil, porque sabía cuál era la posición de los miembros más poderosos del Consejo de Seguridad, de la Secretaría General y de los mandos de Unprofor, todos contrarios a respaldar al Gobierno bosnio y a la población mayoritariamente musulmana del país.

Esta penosa realidad se agravaba porque la esperanza que en un primer momento generó Clinton había comenzado a desvanecerse al asumir la Presidencia de Estados Unidos y dejar el plan de paz Vance-Owen como único camino para sofocar la crisis bosnia. Estas circunstancias nos obligaban a posponer cualquier análisis de fondo del conflicto para después de nuestra visita a Srebrenica y de las reuniones con Mate Boban en Split, con Radovan Karadzic en Belgrado y con Franjo Tudjman, presidente de Croacia, en Zagreb. Izetbegovic era perfectamente consciente de esta compleja realidad y por eso sus primeras palabras fueron para agradecer nuestra presencia en Bosnia y entrar en el tema que más le preocupaba.

—Ustedes constituyen una gran esperanza para todos nosotros. —Fue lo primero que dijo mientras paseaba la mirada por los ministros de su gobierno que lo acompañaban—. Sobre todo, para quienes sufren en Srebrenica los ataques continuos de las tropas de Karadzic y temen, presas de la desesperación, que el sanguinario general Mladic, con el apoyo de las armas pesadas que le ha suministrado Belgrado, cumpla su amenaza de ocupar la ciudad en cualquier momento.

Pero el presidente bosnio, conocedor de la oposición de Rusia, el Reino Unido y Francia a la causa de su país, también sabía que los miembros de nuestro grupo estábamos resueltos a hacer hasta lo imposible para frenar la invasión serbia y la persecución étnico-religiosa de su población musulmana.

Observaba a Izetbegovic y no podía dejar de pensar en Edvard Benes, el presidente de Checoslovaquia que cincuenta y cuatro años antes había sido forzado, precisamente por los gobiernos del Reino Unido y Francia, a cederle la región de los Sudetes a Hitler, con la ilusión de apaciguar los anhelos imperiales del monstruo nazi. Izetbegovic, acosado por gobiernos europeos que permitían y hasta propiciaban los planes de Milosevic para Bosnia, debía sentirse ahora víctima de la misma pesadilla. Quizá por eso, como consuelo o resignación, al darnos la bienvenida también nos reiteró su esperanza de que el Gobierno de Serbia acataría finalmente las resoluciones del Consejo y reconocería a Srebrenica como área segura.

En todo caso, yo estaba seguro de que ni él creía en sus propias palabras, pero que esa era su opción para no sentirse acorralado del todo. Precisamente, por esa razón nos informó enseguida que a la mañana siguiente viajaría a Zagreb a reunirse con el presidente Tudjman, con quien nos dijo que mantenía una relación muy difícil, pero que, ante la nueva realidad generada por la Resolución 819, tal vez estaría dispuesto a intentar convencer a Milosevic de interrumpir la ofensiva de sus tropas en Srebrenica. Eso sí, añadió para cubrirse las espaldas, aunque él no consideraba a Tudjman amigo confiable de los musulmanes, esperaba que, gracias a la deuda contraída por Croacia con Alemania por su respaldo a la independencia de la república, tal vez podría cambiar de parecer y adoptar una posición hasta cierto punto conciliadora. Sin embargo, enseguida nos advirtió que no se hacía excesivas ilusiones. En ese punto de la conversación, Ganic, sentado a mi lado, me dijo en voz baja que ellos no pasaban por alto el hecho de que Tudjman era «un dictador», pero también admitió que Bosnia, acorralada por una Serbia violenta y agresiva, sentía la necesidad de ser tolerante y realista con los demás.

Entretanto, Izetbegovic había comenzado a referirse al brutal asesinato de ciento dieciséis musulmanes bosnios en la población de Ahmici, seleccionada por los mandos militares bosniocroatas más extremistas porque era una comunidad particularmente religiosa, con dos mezquitas y varios imanes que las atendían, considerada por muchos fieles musulmanes como un lugar sagrado. Nosotros ya estábamos al tanto del abominable suceso y en nombre del grupo señalé que nos habíamos propuesto referirnos a este terrible asunto en nuestras entrevistas con Boban y Karadzic. Nos lo agradeció y luego afirmó que se trataba de «un acto aberrante motivado por el fanatismo antimusulmán».

Varios miembros de nuestra delegación intervinieron entonces para admitir nuestro desconcierto porque su gobierno había aceptado el desarme unilateral de los defensores musulmanes de Srebrenica. Izetbegovic nos dijo que esa decisión la habían dejado en manos del general Halilovic, comandante de los efectivos bosnios, porque estaba en mejores condiciones profesionales que él para evaluar la situación desde un punto de vista militar y, en función de ello, determinar si en efecto el desarme unilateral de los defensores de la ciudad era la única alternativa que tenían para evitar la tragedia de una ocupación por la fuerza y el exterminio de su población musulmana. Halilovic completó el comentario de su presidente señalando que los propios comandantes de Unprofor le habían «recomendado» aceptar las condiciones de Belgrado, pues ni ellos podían prestarle el apoyo necesario para garantizar la defensa militar de Srebrenica.

El embajador de Nueva Zelanda, Terence O'Brien, le preguntó entonces a Izetbegovic si la matanza de Ahmici y la forzada aceptación del desarme musulmán en Srebrenica modificaría en algo su posición con respecto al plan de paz de Vance y Owen.

Su respuesta no se hizo esperar.

—Seguimos creyendo —sostuvo— que, a pesar de todo, el plan Vance-Owen conserva su viabilidad, y por eso mantenemos nuestro compromiso de aceptarlo. En gran medida esa es una de mis razones para viajar mañana a Zagreb y reiterarle a Tudjman que el plan es la única fórmula capaz de lograr la paz para Bosnia, aunque ello no sea la opción más deseable porque implica aceptar la división de la república en pedazos. Estoy convencido de que una paz duradera en Bosnia sería inalcanzable si no se aprueba el proyecto Vance-Owen, con todas sus ingratas consecuencias. En otras palabras, si decidimos rechazarlo y lo hacemos colapsar, significaría no tener paz en Bosnia quién sabe hasta cuándo.

Por último, Izetbegovic señaló que para alcanzar el objetivo de una paz duradera no bastaba el apoyo del Gobierno bosnio, se necesitaba que los gobiernos de Serbia y Croacia también lo aceptaran y, sobre todo, que se comprometieran a cumplirlo en su totalidad.

—En este sentido —añadió—, el Consejo de Seguridad tendría que aprobar una resolución que realmente limite el uso de la fuerza por parte de todos en los diez distritos autónomos de la nueva Bosnia, o que levante el embargo de armas, que tanto daño y desgracias le ha causado a la población civil bosnia. Es decir, el Consejo de Seguridad tendría que comprometerse a defender los derechos de las minorías en cada futuro distrito de la república o permitir que nosotros nos armemos y nos defendamos.

El embajador Hervé Ladsous, de Francia, nos sorprendió a todos de repente al manifestar que este dilema que nos presentaba el presidente bosnio realmente metía el dedo en la llaga. Por eso formuló una pregunta de gran importancia: «¿Creen ustedes que el Consejo de Seguridad tiene músculo y voluntad suficientes para hacer cumplir esta y otras resoluciones?».

Según Ladsous, el endurecimiento de las sanciones a Serbia obligaría a Belgrado a entrar en razones, pero mucho temía que no bastarían, por ejemplo, para garantizar el paso de ayuda humanitaria internacional a las poblaciones que la necesitaran, ni un mínimo de seguridad para el personal militar y civil encargado de transportarla y distribuirla. Ante esa pregunta y esta reflexión, Izetbegovic respondió que, si nosotros nos referíamos a las posibles acciones de Unprofor en Bosnia, lo cierto era que el mandato de esa fuerza era extremadamente insuficiente para contener la agresión serbia. Por eso nos urgía, y lo dijo con mucha firmeza y convicción, a revisar a fondo sus términos si de veras se deseaba que los cascos azules dejaran de ser simples e inofensivos observadores del drama de su país. Fue una terrible pero muy ajustada caracterización de la llamada fuerza de protección de las Naciones Unidas.

—En primer lugar —insistió Izetbegovic—, porque el número de sus efectivos en Bosnia es muy bajo y porque su mandato actual resulta insuficiente para garantizar el cumplimiento de este o de cualquier otro plan de paz para Bosnia. Y créanme cuando les digo que por esa razón la población civil bosnia, sencillamente, le ha venido perdiendo el respeto a la posible ayuda de las fuerzas militares de las Naciones Unidas. Una situación que me obliga a preguntar hasta cuándo el Consejo de Seguridad va a continuar castigándonos con un embargo de armas cuya única finalidad es impedirnos ejercer nuestro derecho a la legítima defensa de nuestra nación.

Quedaba claro que este aspecto de la crisis era el más importante para su gobierno y, como supuse que en realidad deseaba conocer mi opinión sobre el asunto, le dije que Venezuela, unida a los demás del Movimiento de Países No Alineados, apoyábamos el levantamiento del embargo y no dejaríamos de señalar en las Naciones Unidas que esa era una decisión fundamental y justa que debía acordarse con urgencia. Luego, para no propiciar un debate sobre este controversial punto entre quienes componíamos la misión del Consejo, sugerí que nuestro viaje quizá nos proporcionaría nuevos elementos para poder asumir una posición de consenso.

Llegó la hora de marcharnos y, al levantarme de la mesa, me sentí culpable de no haber dicho cosas que hubiera querido decir, pero, por ser el coordinador del grupo, estaba obligado a actuar y pronunciarme con moderación. Tal vez, en la reunión privada que esperábamos sostener con el presidente bosnio antes de regresar a Nueva York, podría expresarme con más franqueza.

En el comando de los cascos azules

Del palacio presidencial nuestra caravana de vehículos blindados se dirigió al Comando General de las fuerzas de la ONU en Bosnia, situado en las afueras de Sarajevo. Durante los minutos que demoramos en cruzar la ciudad, zigzagueando entre edificios y viviendas en ruinas, no vimos circular un solo vehículo; apenas a no más de diez peatones. Ni siquiera se veían perros en las calles. Un escenario que, en medio de la inquietante situación en Sarajevo, al pasar por un costado del puente donde el 28 de junio de 1914 el heredero del trono austríaco, el archiduque Francisco Fernando, y su esposa Sofía fueron asesinados por Gavrilo Princip, joven activista de un movimiento independista serbio, me hizo recordar que la sangre derramada entonces en estas mismas calles originó la catástrofe de la Primera Guerra Mundial.

De este mal pensamiento me rescató el general británico Vere Hayes, tercero al mando de los cascos azules en Bosnia, encargado de acompañarnos durante todo nuestro recorrido, para indicarme que el campamento de sus fuerzas estaba en lo que algún día fue una gran residencia familiar. Una vez allí nos condujo a un amplio salón sin ventanas, una de cuyas paredes estaba completamente cubierta por mapas militares de diferentes zonas del país y abundantes fotos del armamento empleado por los serbios, incluida su artillería pesada y sus tanques. Era un auténtico comando de operaciones militares que nada tenía que ver con el modesto puesto de mando que visitamos la noche anterior en Zagreb, y allí nos esperaban unos diez oficiales del Estado Mayor de Unprofor, Víctor Andreyev, de nacionalidad rusa que, según las presentaciones, era un funcionario civil de las Naciones Unidas asignado al comando, y unas tres docenas de sillas alineadas como en una escuela. Después, con gestos y palabras de fría y mecánica expresión protocolar, Hayes nos invitó a tomar asiento y se dirigió directa y groseramente a mí:

—Embajador Arria, señor. Lo veo con frecuencia en los noticieros internacionales, sobre todo en los de la BBC, declarando sobre el conflicto en esta parte del mundo, pero cuando le oigo proponer soluciones confusas y totalmente ilusorias (whooly headed resolutions, dijo) me provoca decirle que lo que usted opina no tiene nada que ver con la realidad.

Me sentí tan agredido por sus palabras y por el tono de su voz que me puse en pie de un salto. Si yo permitía que este arrogante oficial británico me hablara de esa manera el primer día de nuestra visita a Bosnia, la misión que yo encabezaba perdería su autoridad y el respeto que se merecía, así que, muy consciente de la situación, fui categórico al hacerle ver que de ningún modo estaba dispuesto a aceptar sus palabras.

—Como coordinador de esta delegación del Consejo de Seguridad —le respondí—, le participo que estamos muy complacidos de estar estos días con ustedes, que tienen una responsabilidad sumamente importante en circunstancias muy difíciles, así que en nombre del Consejo les informo que nosotros respetamos y valoramos altamente la tarea que cumplen en Bosnia. Ahora bien, general Hayes, déjeme que le explique por qué usted no debía de haberme recibido con esas palabras. En primer lugar, deseo recordarle que usted es parte de una cadena de mando que pasa por los generales Wahlgren y Morillon, y ni ellos ni sus superiores en Londres jamás le habrían autorizado a decirle al embajador de un país miembro del Consejo de Seguridad de las Naciones Unidas que él y el Consejo de Seguridad están totalmente equivocados al aprobar esas resoluciones.

El general Hayes no esperaba esta respuesta y ensayó un par de chistes para eludir la confrontación, pero yo continué fijando nuestra autoridad con firmeza. Le aseguré que visitábamos el comando para oír y aprender de ellos sobre la realidad del conflicto entonces y sobre sus perspectivas futuras, muy en especial sobre lo que en verdad ocurría en Srebrenica. Y le recordé: «Las resoluciones del Consejo de Seguridad, incluida por supuesto la 819 del 16 de abril, obliga a todos los integrantes de Unprofor, sin excepciones, general Hayes, a cumplirlas al pie de la letra. Por otra parte, quiero que sepa que nunca he creído que mis opiniones sean las de un idealista confundido, como usted se permite sugerir, y que descalificar mis opiniones sobre la guerra en Bosnia simplemente demuestra que es usted, ilustre general Hayes, quien está confundido».

No me había paseado por la posibilidad de que nuestra misión tuviera un inicio tan desagradable. Como si, al darnos este recibimiento, el general Hayes estuviera tratando de medir nuestra capacidad de respuesta a sus pretensiones de imponernos su voluntad. Por fortuna, no sabía entonces lo que he sabido hace poco.

Las culpas de la ONU

El ingrato encontronazo con el general Hayes generó en el salón donde estábamos reunidos un momento de alta tensión, pero la oportuna aparición de un grupo de ordenanzas que nos traían café y refrescos nos permitió hacer una pausa y reducir el malestar. Sin embargo, a todos los embajadores de la delegación les quedó claro después de este lamentable episodio que sería imposible contar con el apoyo de Unprofor, una anomalía que no se reconocería hasta noviembre de 1999, cuando Kofi Annan, sucesor de Boutros-Ghali en la Secretaría General de la Naciones Unidas, le presentó a la Asamblea General dos informes demoledores. Uno sobre el genocidio ocurrido en Ruanda en 1994 y el segundo sobre el de Srebrenica, un año más tarde. Annan admitiría entonces la culpa de la ONU como organización y la suya propia, porque cuando se produjeron esos espeluznantes crímenes de lesa humanidad él era jefe del Departamento de Operaciones de Paz del organismo. En aquella ocasión Annan también acusó a la comunidad internacional por su indiferencia a la hora de afrontar el desafío que representaron esas matanzas, sobre todo la de Srebrenica, porque ya se sabía lo sucedido en Ruanda.

En este sentido, vale la pena mencionar que durante nuestra visita a Bosnia ignorábamos que el Departamento de Operaciones de Paz le había advertido a Unprofor que la Resolución 819 «no incluía obligaciones militares especiales». De haber estado al tanto de esta notificación de Annan, nos habríamos indignado aún más por el inaceptable comportamiento de Hayes. Sobre todo, porque después del refrigerio varios de los oficiales del Comando General continuaron presentándonos su visión sobre los hechos que perturbaban puntualmente la paz en varias zonas de Bosnia y de Croacia. En esa segunda tanda de comentarios volvió a intervenir Hayes, quien finalmente admitió que en Srebrenica no se había interrumpido la limpieza étnica, y que los efectos de la ejecución de esta implacable política se habían venido agudizando en la zona durante las últimas semanas y provocado el desplazamiento forzoso hacia Srebrenica de miles de ciudadanos residentes en las poblaciones vecinas, en busca de refugio y protección, a pesar de que la ciudad no estaba ni remotamente en condiciones de recibirlos ni atenderlos. Desbordada por esta imprevista circunstancia, Srebrenica se había convertido en «el ojo de un huracán, entonces en calma, pero a punto de estallar y arrasar con todo en cualquier momento».

Inmediatamente después de Hayes, intervino un oficial de su Estado Mayor y nos informó que también en Sarajevo, donde los serbios tenían desplegados cerca de diez mil militares y cientos de piezas de artillería pesada, y donde además sus francotiradores hacían de las suyas disparando a los pocos civiles que se arriesgaban a salir a las calles, cualquier día podría suceder lo que ya había comenzado a ocurrir en Srebrenica. El general Hayes interrumpió a su subordinado para advertirnos: «Con toda franqueza, nuestros soldados no están equipados para defendernos, nuestras bases de operaciones están al alcance de la artillería serbia y nuestro mandato es estrictamente humanitario, circunstancias que deben tomarse en cuenta si el Consejo de Seguridad decide modificar los parámetros de nuestro mandato».

Estas consideraciones del general Hayes sí me parecieron acertadas. El Consejo de Seguridad no le asignaba a la guerra en Bosnia la importancia que merecía y dejaba a sus fuerzas indefensas ante la poderosa maquinaria bélica serbia. O sea que, por culpa de quienes manejaban en Nueva York el funcionamiento de las Naciones Unidas, lo que debía haber sido una fuerza militar capaz de imponer la paz y hacerla duradera, en la práctica tenía que limitar sus tareas a observar y registrar las múltiples violaciones de los derechos humanos que se cometían en torno suyo.

—Por esta razón —concluyó Hayes—, tememos que los bosniacos se atrevan algún día a atacarnos para culpar a los serbios de la agresión y provocar una reacción violenta de Unprofor.

Esta suposición nos hizo recordar el despropósito de Lewis MacKenzie, el general canadiense que en julio de 1992, siendo segundo comandante de las fuerzas de protección en Bosnia, se aventuró a declarar que los disparos de mortero que mataron a veintidós personas en Sarajevo podrían haber sido disparados por efectivos bosnios con la maligna intención de simular un atentado serbio. El recuerdo de aquella infame declaración de MacKenzie me impulsó a exigir que se nos aclarara en qué hechos y razones se basaba el temor de Hayes de que los bosnios podrían escenificar ese falso ataque serbio, pero no obtuve ninguna explicación convincente. Fue, una vez más, prueba de los prejuicios raciales y parcialidades políticas que distorsionaban la visión de los mandos europeos en Bosnia, y quizá por eso O'Brien cambió el curso de la conversación al preguntar qué información tenía el comando sobre la intervención directa del Gobierno de Serbia en apoyo de las fuerzas militares de los serbobosnios de Karadzic.

El general Hayes le encargó darnos la respuesta a otro de sus oficiales, quien de manera categórica sostuvo: «Esa intervención la han confirmado las autoridades bosnias y miembros de nuestro propio comando». Acto seguido, el adjunto del general Hayes retomó el tema de las sanciones aprobadas contra Serbia por el Consejo de Seguridad y aseguró que, en el mejor de los casos, estas solo tendrían un efecto a muy corto plazo, pues los serbios le asignaban a la anexión de la ciudad y sus alrededores una importancia excepcional dada su ubicación geográfica limítrofe con Serbia. Según él, Belgrado no se detendría ante nada para alcanzar ese objetivo. En ese momento intervino el asesor político ruso para señalar que «no debíamos olvidar que los acuerdos alcanzados por las partes en Sarajevo la mañana del 17 de abril formaban parte de una negociación mucho más amplia, cuyo objetivo fundamental era ponerle fin a la guerra y salvar muchas vidas».

En nombre de la misión le respondí que «nuestra posición sobre sobre la designación por parte del Consejo de Seguridad de Srebrenica y sus alrededores como zona segura, precisamente, apuntaba en esa misma dirección de alcanzar un alto el fuego duradero y salvar innumerables vidas». Luego aclaré que no culpábamos a Unprofor por no informarnos en su momento del desarrollo de esas negociaciones, porque esta obligación no le correspondía al comando sino a la Secretaría General, que nada nos había dicho a los miembros no permanentes del Consejo. Por último, para dar por terminada la reunión, pregunté: «¿Qué medidas tomarán ustedes como fuerza de paz de las Naciones Unidas para hacer cumplir la resolución del Consejo que ordena proteger Srebrenica y a sus indefensos y desarmados habitantes?»

Mi pregunta, por supuesto, quedó sin respuesta.

La brutal masacre de Ahmici

A las dos de esa tarde salimos rumbo a Ahmici, población situada en la región central de Bosnia y escenario de la matanza a sangre fría de ciento dieciséis bosnios. El vehículo blindado en el que yo viajaba era el segundo de la caravana. Al abordarlo se me había acercado Paul Lewis, periodista de The New York Times que viajaba con nosotros, quien me preguntó si tenía alguna información adicional sobre la situación de Srebrenica. Le dije lo poco que sabía. De acuerdo con lo escuchado la noche anterior en Zagreb y lo que nos había dicho esa mañana el presidente bosnio, tenía la impresión de que ni Unprofor ni ninguna otra fuerza internacional estaba en condiciones de proteger Srebrenica.

—¿Puedo citarlo, embajador? —me preguntó.

—Por supuesto —le respondí. Subí enseguida al vehículo y ocupé el asiento junto al conductor, el único con espacio suficiente para no tener que flexionar la pierna izquierda, seriamente lesionada en un accidente que sufrí años antes. Conmigo viajaban el general Hayes, su adjunto, una traductora bosnia y Ramuncho Llerandi, y al ponernos en marcha Hayes me informó que llegaríamos a Ahmici en menos de una hora y que luego seguiríamos a Vitez y después continuaríamos rumbo a Kiseljak, donde pasaríamos la noche. Pocos minutos más tarde, en una curva cerrada del camino, nos topamos con un tanque T-55 de fabricación rusa y con cinco paramilitares serbios, armados hasta los dientes, que con gestos innecesariamente amenazantes nos ordenaron detener la marcha de nuestra caravana.

El general Hayes se apresuró a decirme: «Nuestra escolta se encargará de resolver la situación».

Desde mi asiento le tomé varias fotos al paramilitar serbio que con gestos violentos nos ordenaba bajar del vehículo, pero no le hicimos el menor caso. Nuestra reacción lo enfureció hasta el extremo de apuntarnos con su fusil de asalto Kalashnikov. La traductora que nos acompañaba nos indicó que el serbio nos gritaba que no estaba permitido tomarle fotos al personal militar serbio ni a su armamento, y no dejó de exigirnos que bajáramos del vehículo y que yo le entregara mi cámara fotográfica.

El general Hayes y su adjunto nos sorprendieron al abrir de pronto irresponsablemente la puerta trasera del blindado, la misma violación de las normas de seguridad de Unprofor que en enero le había costado la vida al viceprimer ministro Hakija Turajlic. ¿Por qué Hayes repetía aquel error que le permitió a un soldado serbio matar al alto funcionario bosnio de siete balazos disparados a quemarropa? Mientras yo me preguntaba si nosotros estábamos a punto de ser víctimas de un crimen como aquel cometido a la vista de efectivos de la ONU, los paramilitares serbios se arremolinaron frente a la portezuela que permanecía inexplicablemente abierta dejándonos a los tres ocupantes civiles del vehículo a merced de los fusiles que los serbios agitaban en nuestras narices.

Entretanto, el tanque había girado la torreta con su cañón de 105 mm para apuntarnos directamente. Desde mi posición no pude ver la maniobra, pero luego me informaron que no provocó la menor reacción de los militares que nos escoltaban, que se limitaron a comunicar a su comando general en Sarajevo que «un tanque serbio amenazaba el vehículo donde viajaba el embajador Arria, coordinador de la misión enviada por el Consejo de Seguridad a Bosnia». A los pocos minutos llegaron tres tanquetas danesas de las fuerzas de protección de la ONU que rodearon el tanque de los serbios y lo obligaron a cambiar la dirección de su cañón.

Hayes y su adjunto, apoyados ahora por los refuerzos daneses, trataron de aprovechar esa superioridad numérica para imponer su autoridad, pero los serbios no daban su brazo a torcer y seguían cerrándonos el paso. Uno de ellos, enfundado como sus compañeros en un mono azul oscuro de mecánico con una bandera serbia cosida en la manga, llegó a poner un pie en el interior del vehículo y apuntó con su fusil Kalashnikov a la cabeza de Llerandi. El incidente solo duró segundos, pero fue suficiente. Esa noche me confesó Llerandi que un paralizante escalofrío le recorrió la espalda. No era para menos. Unprofor no contaba con los medios materiales ni jurídicos necesarios para intervenir militarmente, ni siquiera para proteger a cinco embajadores que representaban, nada más y nada menos, que al Consejo de Seguridad de las Naciones Unidas.

Casi una hora después, con dos de las tanquetas danesas incorporadas a la caravana en la punta de la vanguardia, llegamos a las afueras de Ahmici, población que según el censo de 1991 tenía entonces alrededor de mil doscientos habitantes, la mayoría bosnios y croatas, y una minoría serbia. Mientras recorríamos el trayecto desde la ilegal barrera serbia y nos adentrábamos en la región central de Bosnia, pudimos comprobar el grado de devastación que mostraban los pequeños pueblos que se sucedían a lo largo de la ruta. Un recorrido que, en medio de un paraje de impresionante belleza natural, kilómetro a kilómetro nos dio a conocer cómo entendían los serbios, y en esta zona también los bosniocroatas, el aborrecible concepto de depuración étnica. Mezquitas incendiadas y viviendas casi idénticas, todas de dos pisos, con sus ventanas, puertas y techos de tejas completamente destruidos a cañonazos.

De lo ocurrido en Ahmici solo sabíamos lo que se nos había informado en el cuartel general de Unprofor en Zagreb y los comentarios que nos hizo esa misma mañana el presidente Izetbegovic: que ciento dieciséis hombres, mujeres y niños bosnios habían sido brutalmente masacrados por las fuerzas del llamado Consejo Croata de Defensa el 16 de abril. Solo eso. Es decir que mientras en Nueva York el Consejo de Seguridad discutía el texto final de la Resolución 819 y en Sarajevo los cascos azules cooperaban con los serbios para presionar a los bosnios a rendir Srebrenica, en Ahmici paramilitares bosniocroatas cometían uno de los más execrables crímenes de lesa humanidad de la guerra. Sí sabíamos, sin embargo, que estas fuerzas, que inicialmente habían sido aliadas de los bosnios musulmanes en su lucha contra los invasores serbios, se habían unido recientemente a estos para participar en una auténtica orgía de sangre.

El batallón británico desplegado en la zona, al mando del coronel Robert Stewart, nos aguardaba en las afueras del pueblo. Yo le había preguntado al general Hayes qué había ocurrido realmente en Ahmici y su respuesta fue que ese 16 de abril los paramilitares bosniocroatas habían incendiado y destruido simultáneamente numerosas viviendas en los pueblos de Vitez y Ahmici, donde, además, asesinaron a sangre fría a familias musulmanas enteras. Luego añadió que él prefería que el coronel Stewart, destacado en ese lugar, nos lo contara con precisión. En ese punto le pregunté por qué ni él ni sus superiores en Zagreb nos habían informado en su momento de tan repugnante acto criminal, pero Hayes se limitó simplemente a encogerse de hombros.

Al llegar a las afueras de Ahmici, se nos unieron vehículos artillados, de uno de los cuales descendió el coronel Bob Stewart, comandante del batallón, quien en la actualidad es miembro del Parlamento británico. Después de presentarse, Stewart nos informó que la situación en la zona era de altísimo riesgo, así que sus hombres nos acompañarían durante toda nuestra visita. Inmediatamente después nos pusimos en marcha, a pie, por la suave ladera de una colina boscosa. A medida que avanzábamos se escuchaba más próximo el tableteo de armas automáticas, aunque no podíamos precisar desde dónde se hacían los disparos ni contra quién. Según el coronel Stewart, las unidades bosniocroatas trataban de amedrentarnos para que desistiéramos de visitar el escenario de la matanza. Luego, a una orden suya, las dos tanquetas se dirigieron a lo más alto de la colina y él nos pidió esperar hasta que volvieran. Cuando diez minutos más tarde cesaron los disparos y regresaron, reanudamos la marcha, en todo momento rodeados por los soldados del coronel Stewart.

Desde la cima de la colina habíamos visto lo que quedaba del pueblo, una larga hilera de viviendas incendiadas casi por completo. Todos, incluido al coronel Stewart, estábamos francamente perturbados por el espectáculo. Después nos preguntó si creíamos ser capaces de ver la escena del crimen. Sin poder siquiera imaginarnos lo que veríamos, les dijimos que sí y nos encaminamos a las casas. Nada más entrar en una de ellas nos tropezamos con el cuerpo carbonizado de lo que debía haber sido un hombre. Pocos pasos más allá había otros tres cuerpos carbonizados, al parecer de una mujer y dos niños. Las paredes y el piso de la vivienda estaban cubiertas de sangre reseca. El coronel Stewart nos informó entonces que los atacantes croatas «primero los habían ametrallado y después quemaron los cadáveres con el fuego de sus lanzallamas».

Escribo estas líneas y todavía siento que se me hiela la sangre en las venas. Nunca, lo que se dice nunca, había visto algo semejante. Salimos de la vivienda y continuamos inspeccionando el interior de otras casas. El mismo monstruoso espectáculo en todas. Según Stewart, sus explosivistas habían revisado todas las casas en busca de bombas cazabobos ocultas entre los cadáveres, una práctica habitual de las unidades militares bosniocroatas, pero no encontraron nada. Lo que sí descubrieron, en el jardín trasero de una de las casas, fueron los restos de otros ciudadanos bosnios que, al parecer, habían intentado escapar de la masacre y fueron asesinados por los disparos de francotiradores. Sentí una profunda mezcla de indignación y dolor por un acto de crueldad que nunca me había siquiera imaginado. Un pueblo sacrificado a sangre fría, donde el único ser vivo presente era un caballo que daba vueltas, lentamente, entre las viviendas abandonadas y destruidas por la mente criminal de los paramilitares de Mate Boban.

Rumbo a la noche en Kiseljak

Al oscurecer, en el más sombrío de los silencios, nos pusimos en marcha rumbo a Vitez. En una de aquellas viviendas, que llamaban «célula de inteligencia», nos habíamos reunido con el coronel Stewart y su Estado Mayor, quienes nos ofrecieron un informe detallado de la situación en la zona. Nos dimos cuenta entonces de lo muy desinformados que estábamos. Según Stewart, paramilitares croatas aplicaban la política de depuración étnica con la misma intensidad y crueldad que sus socios serbobosnios. A mi pregunta de cuándo supo de la masacre del 16 de abril, el coronel británico me respondió que muy temprano en la mañana del mismo día habían escuchado muchísimos disparos. Horas más tarde, al llegar al vecino pueblo de Zenica, fue informado de la matanza, pero no conoció sus sinestros detalles hasta el 22 de abril, cuando por fin ingresó en Ahmici.

—Jamás lo olvidaré —nos dijo, sin poder ocultar su rabia. Luego me confesó que lo peor de aquella experiencia fue saber que vecinos croatas de las víctimas habían sido sus delatores. También se enteró ese día de que Dario Kordic, comandante croata de la operación, había instado a las familias de origen croata que residían en Ahmici a abandonar sus casas antes de que la tropa de irregulares croatas iniciara su criminal limpieza étnica de la zona. Según le informaron, Kordic le ordenó a su tropa asesinar primero a los hombres, después a sus hijos varones y por último al resto de las familias. Actualmente, Kordic cumple prisión de veinticuatro años en una cárcel de La Haya.

Antes de salir hacia el comando del general Morillon, en Kiseljak, nos sirvieron una cena ligera y tuve oportunidad de observar detenidamente al coronel Stewart, pues su reacción ante aquel crimen era muy distinta a las de los otros oficiales de Unprofor que habíamos tratado durante el viaje. Era evidente el impacto que le había producido ese suceso, tal como lo describiría años después, al retirarse del ejército, en Broken Lives: Personal View of the Bosnian Conflict, penetrante libro de memorias sobre los meses que pasó en la antigua Yugoslavia.

Cerca de la medianoche llegamos a Kiseljak y nos instalamos en el alojamiento que nos habían preparado, típicamente militar, de catres de campaña apiñados en un salón sin ventanas, con un único servicio sanitario al final de un pasillo que tampoco tenía ventanas. Por encabezar la misión, Hayes me ofreció ocupar la habitación privada del general Morillon, que esos días había viajado a Zagreb, pero en lugar de aceptar su gentileza propuse sortear el privilegio entre los embajadores, y el ganador de la rifa fue Sidorov, el representante de Rusia. Premio que aceptó con mucho gusto. Luego apagaron las luces y todos, física y mentalmente agotados, nos rendimos al sueño, a los sones de un intenso tableteo de armas automáticas. Como si los paramilitares del llamado Consejo Croata de Defensa no quisieran dejar de recordarnos las atrocidades que cometían con impunidad en esas localidades con población de mayoría bosnia.

El tiroteo se prolongó hasta las cinco de la mañana del 25 de abril. Estaba previsto que después abordaríamos el helicóptero de las Naciones Unidas para trasladarnos a Srebrenica, destino principal de nuestra misión en territorio bosnio. Mientras desayunaba con mis compañeros embajadores y los periodistas que nos acompañaban, compartimos el horror que nos había embargado al verificar lo que vimos pocas horas antes en Ahmici. Y, como es natural, coincidíamos en que nunca habíamos pensado que algún día seríamos testigos de un horror parecido.

A nuestra mesa se había incorporado José María Mendiluce, de Acnur, quien nos acompañaría a Srebrenica, y de pronto apareció en escena el general Hayes, que nos informó que nuestra agenda había sido modificada, pues se suspendía nuestra ida a Srebrenica. No daba crédito a la imprevista noticia del general, así que me puse en pie de inmediato y le pregunté, de manera muy tajante, por qué se había cancelado la visita. Hayes trató de irse por la tangente con respuestas que nada tenían que ver con mi pregunta, pero yo insistí.

Los miembros de mi grupo observaban estupefactos cómo mi conversación con el general adquiría un alto grado de tirantez. Sobre todo, porque pronto comprendí que la decisión que nos anunciaba Hayes no era suya, sino de la Secretaría General, o del Gobierno del Reino Unido, ya que los mandos militares de las Naciones Unidas responden más a los intereses particulares de sus gobiernos que a los del Consejo de Seguridad. De ahí en adelante, aun sin estar al tanto de la complicidad Hayes-Boegli, no volví a dudar de que nuestro viaje había sido orquestado por el Departamento de Operaciones de Paz de la ONU pensando que bastaría darnos un paseo por Bosnia para satisfacer nuestras expectativas. A todas luces, un gran error de la Secretaría General.

En todo caso, esta nueva escaramuza con el general se tornó demasiado áspera y yo hice un aparte con los otros embajadores para analizar entre todos la mejor forma de resolver la situación. Nuestra conclusión fue expresarle que de ninguna manera aceptaríamos que se cancelara nuestra visita a Srebrenica. El sorprendido fue entonces Hayes, un desconcierto que aproveché para notificarle que esa misma noche prepararíamos un informe al Consejo de Seguridad y la Secretaría General denunciando que él se negaba a reconocer la Resolución 819.

Hayes soportó el chaparrón en silencio y después pidió permiso para ausentarse. Media hora después regresó y, sin darnos ninguna explicación, nos informó que ya podíamos abordar un enorme helicóptero de fabricación rusa para trasladarnos a Srebrenica, pero al cabo de cuarenta y cinco minutos, en lugar de aterrizar en la ciudad sitiada, lo hicimos en el campo de fútbol de un pueblo llamado Zvornik, donde nos aguardaba la desagradable sorpresa de ser recibidos por un uniformado coronel serbio, de apellido Rodic, quien se dirigió a nosotros en su lengua para darnos la bienvenida a la república Srpska.

117

—¿Y qué república es esa —le contesté por intermedio de nuestra traductora—. No recuerdo que esa sea una nación reconocida por las Naciones Unidas.

Rodic nos dio la espalda sin respondernos y en compañía de Hayes se marchó a un cafetín ubicado a un costado de la cancha. Durante un buen rato los observamos conversar amigablemente, supusimos que para ver cuál sería nuestra reacción ante lo que a todas luces constituía un obstáculo para mantenernos lejos de Srebrenica. Inquieto por esta nueva demora, muy parecida a la maniobra que habían intentado nada más salir de Sarajevo rumbo a Ahmici, terminé por dirigirme al cafetín y preguntarle a Hayes cuál era el problema.

—Las autoridades serbias no autorizan el ingreso de la misión a Srebrenica —me respondió con indiferencia burocrática y sin ningún pudor, afirmación que por otra parte también era demostración de que, tal como nos lo había denunciado Izetbegovic, Srebrenica y sus alrededores ya estaban bajo control serbio. Esa respuesta también ponía de manifiesto que Unprofor y el general Hayes, en lugar de facilitar nuestra tarea, trataban de impedirla. De ahí, precisamente, la cordialidad con se trataban él y el coronel Rodic, de quien pronto supimos que era el comandante militar serbio en la zona.

Los embajadores de Rusia y Francia intentaron bajar la temperatura de la confrontación, pero los de Nueva Zelanda, Hungría y Pakistán me respaldaron sin ninguna vacilación. Hayes y Rodic hicieron entonces otro aparte y luego el general británico nos notificó que podríamos viajar a Srebrenica, pero con dos condiciones. Una, que los periodistas no podrían acompañarnos y debían permanecer en Zvornik hasta nuestro regreso; dos, que solo yo, como coordinador del grupo, podría viajar en el primero de los dos vuelos que haría el helicóptero. En un segundo vuelo llevarían a los demás embajadores y a los funcionarios de las Naciones Unidas presentes, pero que ni ellos ni yo podíamos llevar cámaras fotográficas o de video. Por supuesto, llevé mi cámara y la utilicé hasta cansarme. Las fotos que tomé en Srebrenica se las entregué a Anthony Goodman, el reportero de Reuters que nos acompañaba, y así logramos burlar la pretensión serbia de ocultar a los ojos del mundo imágenes de la brutal ocupación de la ciudad y del acoso criminal a su población musulmana. Recuerdo bien que un oficial de los cascos azules nos acompañó durante toda la visita con una cámara de video en mano, pero no vi el resultado de su trabajo hasta diciembre de 2005 en el juicio en La Haya del comandante bosnio musulmán Naser Oric, en el que yo era testigo de la defensa, cuando la Fiscalía mostró la parte de esos videos que recogía nuestra llegada a Srebrenica.

Antes de la hora estimada para ponernos en marcha rumbo a Srebrenica sostuve una breve reunión con los otros miembros de la misión y luego hablé con Hayes. En primer lugar, le informé, íbamos todos a Srebrenica o ninguno iría; en segundo lugar, insistíamos también en que los periodistas viajaran con nosotros. La discusión con el coronel serbio sobre estos dos puntos se prolongó durante un ingrato cuarto de hora, hasta que el embajador O'Brien, de Nueva Zelanda, nos recordó que el tiempo previsto para nuestra visita a la ciudad bosnia se acortaba excesivamente con estas demoras, pues al final de la tarde tendríamos que volar a Split, en la vecina Croacia, para reunirnos con Mate Boban. Su sugerencia era que yo aceptara ir en el primer vuelo, pero con la garantía de que ellos lo harían después, en compañía de los periodistas. Hayes asumió la responsabilidad de hacer respetar nuestra doble exigencia y luego le pidió al coronel francés encargado de las operaciones aéreas de Unprofor aprestar el helicóptero para partir de inmediato. Cuando finalmente pude abordar el aparato, me llevé otra ingrata sorpresa: el coronel Rodic ya ocupaba un asiento en la cabina del aparato. Quince minutos después, mi indeseable compañero de viaje y yo llegábamos a Srebrenica.

GENOCIDIO EN CÁMARA LENTA

La tarde del 16 de abril, a punto de entrar al «salón sin vista» donde se celebran las consultas informales del Consejo de Seguridad, me llamó la atención la presencia de varios funcionarios agrupados en torno a un televisor instalado en la antesala del salón. Me acerqué y quedé horrorizado. CNN retransmitía en ese momento un reportaje de la cadena ABC realizado en Srebrenica por el periodista independiente Tony Birtley, que mostraba con crudeza imágenes impresionantes de mujeres, ancianos y niños con evidentes signos de avanzada desnutrición y miradas de terror, reunidos alrededor de fogatas improvisadas con basuras y desperdicios en plena calle para protegerse del frío; seres fantasmales, muchos sin zapatos, ninguno con ropas de abrigo, que deambulaban sin rumbo por las calles devastadas de la ciudad, incluidas madres que apretaban a sus hijos menores contra el pecho para darles algo de calor.

Me quedé clavado delante del televisor. Era imposible no sentirse profundamente conmovido por los horrores que recogía el reportaje de Birtley, sobre todo porque eran escenas en tiempo presente de los monstruosos efectos de una brutal agresión extranjera a una república independiente en el corazón de Europa. Birtley había ingresado a Srebrenica a pie, infiltrándose sigilosamente entre los soldados serbios que sitiaban la ciudad desde hacía once meses, y gracias a su proeza el mundo pudo ser testigo de la espeluznante tragedia que sus habitantes sufrían a diario. Situación cuya gravedad había hecho exclamar al general Morillon a su salida de Srebrenica que «era infinitamente peor que lo que había anticipado».

Confieso que desde aquel 16 de abril hasta hoy me persiguen esas imágenes terribles. Incluso me atrevería a afirmar que de no haberse divulgado masivamente ese reportaje, muy probablemente el Consejo de Seguridad no habría designado Srebrenica área segura y los miembros del MNOAL en el Consejo no nos hubiéramos planteado intentar algo tan imposible como lograr que en la madrugada siguiente se aprobara la Resolución 819. Con esto quiero destacar el hecho de que esa importante decisión no fue producto de un informe del secretario general ni de una iniciativa de los integrantes del P5, dos de los cuales, Francia y el Reino Unido, ejercían funciones de comando en las fuerzas de paz de las Naciones Unidas en Bosnia, sino del trabajo de periodistas independientes como Birtley. Y ello a pesar de que esos gobiernos y la Secretaría General estaban perfectamente informados por la propia Unprofor y por altos funcionarios de la Agencia de la ONU para los Refugiados de las condiciones en las que a duras penas sobrevivía la población civil de la zona, especialmente los refugiados. Indiferencia y complicidades que en gran medida explican por qué se había reducido el mandato de las fuerzas de protección a la simple observación de lo que ocurría y al traslado y distribución de la asistencia humanitaria permitida por las autoridades serbias.

Días antes, en su edición del 14 de abril, The New York Times publicó una nota firmada por John Burns con el título United Nations Aides Denounce Serbs for Shellings («Funcionarios de Naciones Unidas denuncian bombardeos de los serbios»), en la que recoge declaraciones de funcionarios de Acnur que desmentían los informes de Unprofor y de la propia Secretaría General, y daban cuenta del criminal ataque de los morteros serbios contra una escuela en Srebrenica que causó la muerte de cincuenta y seis personas, incluidos varios niños que jugaban en el patio. Larry Hollingworth, funcionario británico y jefe de operaciones de Agencia de la ONU para los Refugiados en Bosnia, le confesó a Burns que al recibir los detalles de la noticia deseó «que la persona que había ordenado el ataque y quienes lo llevaron a cabo no pudieran silenciar jamás los alaridos de esos niños y de sus madres en el rincón más caliente del infierno». Por su parte, otro funcionario de Acnur, John McMillan, atribuyó la crueldad del suceso a que «los serbios, impulsados por la patológica ambición de apoderarse de nuevos territorios, estaban dispuestos a matar a quien fuera».

Gracias a estos testimonios, también supimos de otros hechos igualmente execrables, como la hambruna provocada en Srebrenica por el bloqueo serbio a la ciudad, que obligaba a sus habitantes a alimentarse de frutas silvestres y de una sopa que hacían con harina de avellana. Y como si estas no fueran razones suficientes para que se dispararan todas las alarmas, a la descripción de estas graves miserias se sumaba que los habitantes de la ciudad contaban con el auxilio de un único médico que, además, carecía de instrumental médico-quirúrgico y de medicinas.

Llegamos a Srebrenica

Mientras volaba en el helicóptero rumbo a Srebrenica y me repetía una y otra vez que estas pavorosas noticias me preparaban para digerir los horrores que muy pronto tendría que presenciar personalmente, el coronel francés encargado de nuestro traslado a la ciudad se inclinó hacia mí y, por encima del ruido de los motores del helicóptero, me comunicó que antes de aterrizar volaríamos a muy baja altura sobre sus alrededores y sobre Potocari, pequeña comunidad vecina, sede del batallón canadiense responsable de los cascos azules en la zona.

—Así podrá —me dijo— observar de cerca las piezas de la artillería serbia emplazadas en las colinas alrededor de Srebrenica.

Horas antes, cuando aterrizamos por sorpresa en Zvornik, me asaltó la sospecha de que en realidad éramos rehenes de Unprofor, del coronel Rodic o de los dos. Al dar esas vueltas innecesarias en lugar de aterrizar, y comprobar el alto grado de camaradería que existía entre el coronel francés y Rodic, tuve la certeza de que la verdadera tarea de ambos era demorar lo más posible mi llegada a Srebrenica. Esfuerzo igual de grosero que la intentona de cerrarnos el paso la tarde anterior en un puesto de control arbitrariamente instalado en las afueras de Sarajevo, y que la improvisada escala de ese mismo mediodía en el campo de fútbol de Zvornik. ¿Cuál o cuáles de los poderes que compartían el control real del presente y el futuro de Bosnia, la Secretaría General, los mandos de las fuerzas de protección o los comandos militares en Londres y París, eran los responsables de esta turbia alianza de los agresores serbios y algunos gobiernos supuestamente aliados para desconocer los términos de la Resolución 819 del Consejo de Seguridad? ¿Sería posible que esos poderosos intereses, sencillamente, estuviesen tratando de impedir que la designación de Srebrenica y sus inmediaciones como área segura se hiciera realidad y que nuestra misión pudiera cumplir el mandato de comprobar sobre el terreno lo que en verdad sucedía en Bosnia? ¿Era por eso por lo que el coronel Rodic daba en todo momento la impresión de sentirse y actuar como si él fuera el verdadero dueño y señor de la situación?

Tras ese lento sobrevuelo de las ruinas de la ciudad y el campamento de Unprofor en Potocari, edificio que en otros tiempos había sido fábrica de baterías para vehículos automotores, dimos dos vueltas adicionales alrededor del campo de fútbol de Srebrenica y, finalmente, al iniciarse la tercera vuelta por la cancha deportiva, aterrizamos en un costado del campo. Cerca de ese punto habían depositado a varias docenas de heridos en camillas alineadas sobre el césped. Una veintena de hombres con batas blancas de personal sanitario los atendían y algunos cascos azules los ayudaban a mover a los heridos. Un poco más allá, una multitud de lugareños, sentados en un muro de piedra, contemplaban el espectáculo en profundo silencio. Me dirigí entonces hacia el oficial de Unprofor que parecía dirigir la asistencia a los heridos y le pregunté si el personal sanitario era de Médicos Sin Fronteras. Me respondió que no, que eran paramédicos serbios encargados de determinar cuáles de los heridos serían trasladados por las fuerzas de protección de la ONU a un hospital en la ciudad de Tuzla y cuáles no.

Esta información me dejó atónito, porque demostraba que la rendición de la ciudad y sus alrededores acordada días atrás

en Sarajevo por mandos militares serbios y bosnios con la mediación de los cascos azules dejaba a los hombres del general
Mladic al mando de la zona, y porque, además de propiciar un
no autorizado desarme unilateral de los defensores musulmanes de la ciudad, Unprofor también contribuía a negarles a algunos civiles musulmanes el derecho de abandonar la ciudad
sin necesidad de una previa autorización serbia, todo lo contrario a lo que establecía categóricamente nuestra Resolución
819. O sea que la capitulación del enclave era total y que tanto
los agresores serbios como los mandos militares de las Naciones Unidas se negaban a reconocer el valor y los contenidos de
esa decisiva resolución. En otras palabras, nuestras fuerzas de
paz, en lugar de garantizar, como era su categórica obligación,
la seguridad de la población musulmana del área, cooperaban
con sus ilegales agresores en la tarea del también ilegal control
ciudadano.

Por supuesto, me resultaba imposible aprobar esta conducta,
pero no podía siquiera imaginarme lo que me faltaba por ver.
Hasta ese momento yo creía que, a pesar de los irregulares manejos que caracterizaban la actuación del Consejo y de la Secretaría General, nosotros habíamos conseguido que se aprobara el envío de nuestra delegación con el mandato de recabar
sobre el terreno información que no tenían los miembros del
Consejo ni Boutros-Ghali, secretario general de las Naciones
Unidas. Ahora me daba cuenta de que el verdadero sentido
que ellos le asignaban a nuestra misión era distraer la atención
de la opinión pública internacional. Es decir que, a partir de
ese momento, se me hizo más evidente que la decisión de enviarnos a Bosnia estaba perversamente contaminada de antemano como estratagema diseñada para disimular la culpa de
haber abandonado y entregado Srebrenica a los invasores serbios y, de paso, hacerse los locos ante la ejecución de una atroz
política de limpieza étnica no vista en Europa desde los tiempos del Holocausto nazi y la Segunda Guerra Mundial. O sea
que por fin me daba cuenta de por qué el Consejo de Seguridad, en lugar de actuar con la firmeza institucional que se le
atribuía en el mundo a la hora de defender los derechos políticos y civiles de la humanidad, lo que se hacía en la antigua

Yugoslavia era tender sobre la realidad un manto de oscuras simulaciones para enmascarar la aplicación de una perversa política de exterminio étnico.

Minutos después de mi preocupante desembarco en el campo de fútbol de Srebrenica, llegó el resto de los embajadores, quienes a su vez profundizaron mis convicciones al darme la noticia de que Unprofor, atendiendo las exigencias serbias, les había impedido a los periodistas que nos acompañaban trasladarse a Srebrenica. Detalle que ponía aún más de manifiesto la complicidad de las fuerzas de la ONU en la tarea de evitar que los medios de comunicación internacionales informaran de la magnitud de la tragedia que teníamos a la vista. Sin embargo, nuestra presencia en Bosnia también era prueba irrefutable de que no lo conseguirían, pues, a pesar de todos los obstáculos, nada imposibilitaría que reveláramos lo que en verdad ocurría en Bosnia.

Primera visión de la masacre serbia

Salimos del campo de fútbol en la ya habitual caravana de vehículos blindados, esta vez rumbo a las colinas donde estaban emplazadas las piezas serbias de artillería pesada, y después continuamos el recorrido a pie hacia el centro de la ciudad, en su mayor parte devastada por los continuos bombardeos. Al final de esta caminata, pasamos frente a la principal mezquita de la ciudad, totalmente en ruinas, y allí abordamos varias tanquetas de Unprofor, como si en medio de la ruina de la ciudad, y a pesar de la muy poderosa demostración del poder de fuego serbio, corriéramos peligro de ser atacados por ocultos y sanguinarios enemigos. Durante ese tramo motorizado de la visita a Srebrenica, nos tropezamos con un grupo de civiles, en su mayoría mujeres, que, como los niños que nos habían recibido el día anterior a las puertas del palacio presidencial en Sarajevo, nos aguardaban en el centro de ciudad portando carteles pintados a mano con los nombres de nuestros países. Me bajé del blindado a saludarlas, pero tuve que hacerlo con sumo cuidado, pues estaban al otro lado de una cerca de alambre de púas. No entendía, y nadie me explicó entonces ni después, las razones de los cascos azules para encerrar a esas mujeres musulmanas en lo que más bien parecía un campo de concentración.

De regreso a la tanqueta, José María Mendiluce, que era mi compañero en ese trayecto del recorrido, me sugirió hablar con el general Hayes y solicitarle que nos llevaran a esa escuela que dos días antes había sido atacada por los morteros serbios. Por la radio del vehículo militar me comuniqué con Hayes y, como era de esperar, el militar se negó a mi solicitud con el argumento de que no disponíamos de tiempo suficiente para desviarnos de nuestra ruta, pues debíamos visitar el comando canadiense de Unprofor antes de marcharnos de la zona, esa misma tarde, rumbo a Split. Le insistí, con cierta agresividad, y, aunque a regañadientes, no le quedó más remedio que llevarnos.

¡Qué terrorífico espectáculo nos esperaba en la escuela! Lo primero que vimos al traspasar la puerta fueron restos ensangrentados de niños despedazados por disparos de morteros esparcidos por el jardín. Atroz muestra de la capacidad de los agresores serbios para hacer el mal, pues, además de aquel repugnante espectáculo, se añadía la vergüenza de que quien guiaba nuestros pasos por aquella materialización de la maldad humana era nada menos que el coronel Rodic, responsable directo de la matanza. Dos minutos más tarde, al pasar ante un grupo de unas cien mujeres que habían buscado precario refugio entre los escombros de la escuela, algunas de ellas madres de niños asesinados, comprobé que nos miraron con una mezcla de perplejidad, tristeza y dolor, aun después de que nuestra intérprete les hizo saber quiénes éramos. Al notar la presencia de Rodic a mis espaldas comprendí que el motivo de aquel lúgubre desdén ciudadano era que su indeseada compañía les daba la impresión de que nosotros y los agresores serbios éramos una misma y nauseabunda cosa. Enfermas, hambrientas y desesperadas, a estas pobres víctimas de la violencia serbia solo les quedaba la opción de repudiarnos con su silencio y hundirse en la más profunda y penosa resignación.

De la escuela nos dirigimos finalmente a Potocari, donde nos esperaba el comandante del batallón canadiense, teniente coronel Thomas Geburt, quien llevaba muy pocos días en el lugar. Días antes, Brian Mulroney, primer ministro de Canadá, había visitado el Consejo de Seguridad en Nueva York y nos propuso como alternativa para enfrentar la agresión serbia en Bosnia una inmediata intervención armada en la antigua Yugoslavia. Yo conocía muy bien su posición, porque durante su visita se lamentó de que algunos miembros del Consejo rechazaran de plano esa opción, y fundamentaba su tesis en el argumento de que ciertos principios, como el de la soberanía, lo manoseaban muchos para desvirtuar el verdadero sentido de la autodeterminación. Con este razonamiento, sin saberlo, Mulroney sembró el germen de lo que luego se conocería como la Responsabilidad de Proteger (R2P), recurso que se suscribió en la Cumbre Mundial de las Naciones Unidas celebrada en 2005, como compromiso universal para proteger, sin necesidad de validación alguna, a toda población del planeta que estuviera bajo amenaza de cualquier política de limpieza étnica y de crímenes de lesa humanidad. En esa ocasión también se aprobó el uso de la fuerza armada si no se lograba ese objetivo por medios pacíficos.

El teniente coronel Geburt, a quien le resumí mi conversación con Mulroney en el Consejo de Seguridad, no se figuraba que apenas dos años después Potocari sería un lugar dolorosamente muy conocido por todo el mundo, porque en sus calles, en julio de 1995, ocho mil ciudadanos musulmanes bosnios fueron brutalmente masacrados por la tropa del general Mladic, a pesar de que para esa fecha allí estaba acantonado un batallón holandés, cuyo comandante, en lugar de oponer resistencia a los asesinos serbios, entregó a los indefensos ciudadanos musulmanes bajo su protección al criminal Mladic, quien actualmente cumple condena de cadena perpetua en una cárcel de La Haya.

En esa ocasión, Geburt nos informó que desde el 18 de aquel mes de abril no se habían registrado disparos en la zona debido al «acuerdo» firmado el 17 de abril en Sarajevo y que, por eso, el principal problema de sus habitantes en ese momento ya no era la guerra en sí, sino algunos de sus efectos, como el desabastecimiento de agua potable, asunto que no había sido incorporado al acuerdo de capitulación.

—Este es un problema muy serio —sostuvo—, porque cuando los musulmanes controlaban el agua no se la facilitaban a los serbios, y ahora los serbios creen que tienen el mismo derecho y no le prestan ese servicio a la población musulmana.

El embajador O'Brien aprovechó este comentario para plantear un tema que nos inquietaba a todos:

—¿Cuánto tiempo más estima usted que el contingente de Unprofor debe permanecer en Srebrenica?

—Mucho. Me temo —fue la muy desalentadora respuesta del militar— que si nos retiramos, los serbios asesinarían de inmediato a toda la población musulmana de la ciudad y sus alrededores.

Es decir que, si bien el alto oficial de las fuerzas de la ONU reconocía el carácter criminal de la agresión serbia, también compartió con nosotros su preocupación por la impotencia a la que Naciones Unidas condenaba a sus efectivos, a pesar del acuerdo alcanzado con las autoridades serbias y de las múltiples resoluciones del Consejo de Seguridad. Una violación, nos denunció, que cometían los serbios con total impunidad, al no permitir el ingreso de la asistencia humanitaria internacional destinada a remediar los sufrimientos de la población civil de la ciudad.

Esta situación, añadió Geburt, se hacía más desesperante porque las autoridades serbias además del agua le habían cortado a Srebrenica el suministro de energía eléctrica.

Mendiluce utilizó la pregunta de O'Brien y la respuesta de Geburt para insistir en que el incesante flujo de refugiados que llegaban a Srebrenica huyendo de la limpieza étnica que asolaba sus alrededores agravaba dramáticamente la insostenible situación sanitaria en la ciudad, porque, según la Cruz Roja Internacional, desde mediados de abril, cuando se habían hecho presentes en Srebrenica, solo habían podido evacuar a quinientos veintiséis refugiados, mientras que el número crecía exponencialmente.

Finalizada esta reunión con Geburt y su Estado Mayor, recibimos a tres oficiales del ejército del general Mladic, perfectamente uniformados. Hayes los identificó uno a uno por nombre y rango, pero luego, al presentarnos a tres militares bosnios musulmanes, ninguno de ellos iba uniformado y a ninguno los identificó por su nombre o rango. Se trataba de una evidente discriminación, que Hayes trató rápidamente de encubrir al decirnos que ellos también eran sus amigos. Quedaba claro, sin embargo, que mientras las relaciones de los mandos de Unprofor con los efectivos serbios se regían por las habituales normas del protocolo militar, a los ojos de las fuerzas de la ONU allí, los defensores musulmanes del enclave, por no pertenecer a un ejército regular, no tenían derecho a ser tratados como tal.

Antes de emprender viaje a Split, donde nos reuniríamos con Mate Boban, principal dirigente bosnio de origen croata, consulté a mis compañeros sobre la conveniencia de sostener un encuentro informal con los líderes musulmanes que todavía permanecían en Srebrenica, aunque solo fuera para transmitirles un mensaje de aliento en nombre del Consejo de Seguridad. Tarea sin duda difícil, porque de ningún modo quería que se repitiera el incidente protagonizado un mes antes por el general Morillon cuando los ciudadanos intentaron retenerlo en la ciudad. Por supuesto, yo entendía que mi obligación era no abandonar Srebrenica a su suerte y, como el resto de los embajadores de la misión me manifestaron que estaban completamente de acuerdo conmigo, nos fuimos caminando hasta la sede del ayuntamiento de la ciudad donde, poco después, notificados por efectivos de Unprofor, comenzaron a llegar numerosos habitantes de la zona, la mayoría hombres muy mayores. Nos saludaban al entrar al pequeño salón donde nos reuniríamos y me molestó sobremanera que también llegara al ayuntamiento el coronel Rodic, en compañía de otros oficiales de su ejército, todos de uniforme.

Mientras se iba llenando el saloncito, el general Hayes y el coronel Rodic me miraban y sonreían. Sentí que lo hacían con clara expresión de burla, y me prometí aprovechar la ocasión para hacerles ver a los agobiados habitantes de Srebrenica que nosotros, representantes del Consejo de Seguridad de las

Naciones Unidas, condenábamos, sin vacilación alguna, las acciones criminales de Rodic y su gente, de manera muy especial, el inhumano bombardeo de la escuela. Sin embargo, la presencia militar serbia en el acto transmitía un mensaje opuesto: eran ellos, los despiadados agresores de la población musulmana de Srebrenica, quienes ejercían el control total de la ciudad. Las miradas de los asistentes civiles al acto revelaban que todos tenían la certeza de que ni nosotros ni la comunidad internacional le pondríamos un dedo encima a ninguno de sus verdugos.

A pesar de esta ingrata circunstancia, comencé mi intervención como solía hacer en estas ocasiones, presentando por su nombre a los embajadores que me acompañaban. A mi derecha estaba la traductora de Unprofor, quien me había pedido hablar despacio para darle tiempo a traducir mis palabras con la debida precisión, y hacía una breve pausa al nombrar a cada uno de ellos. Después, traté de adaptar el ritmo de mis palabras al de la traductora, y le expliqué a mi audiencia que nosotros estábamos allí en representación del Consejo de Seguridad, cúpula política del mundo, y que habíamos viajado a Bosnia con el propósito de conocer directamente la situación del país. En segundo lugar, les informé que tan pronto regresáramos a Nueva York formularíamos en el seno del Consejo de Seguridad recomendaciones muy concretas para frenar la criminal agresión militar serbia, cuyo comandante, y miré a Rodic directamente a los ojos, está allí: «Sentado junto a ustedes». Me referí entonces al asesinato de los doce niños y más de cuarenta adultos en la escuela bombardeada, y les garanticé que los responsables de ese horrendo crimen serían procesados por el Tribunal Penal Internacional para la Antigua Yugoslavia que iniciaría sus funciones apenas un mes después, a finales de mayo, y serían castigados sin piedad. No tenía manera de determinar si los militares serbios presentes habían entendido el sentido de lo que dije, pero tenía la necesidad de intentar al menos que ese grupo de aproximadamente ochenta hombres exhaustos y sin esperanzas que me escuchaban y observaban con un desaliento ostensible supieran que yo no era Morillon ni Hayes ni tantos otros jefes de Unprofor, y que aun a sabiendas de que las Naciones Unidas no intervendría en ayuda de ellos, también deseaba hacerles ver que debían tomar mis palabras como testimonio real de nuestro irrenunciable compromiso con los derechos de la población bosnia.

Por supuesto, lo que les manifesté no causó ni un ligero cambio en la expresión de aquellos hombres. Sabía que nada de lo que dijera un representante de la comunidad internacional sería creíble en Srebrenica, pero, a pesar de todo, insistí en reafirmar con claridad mi voluntad de defender sin desmayo la causa de tantas víctimas inocentes de las pavorosas atrocidades que sufrían. Y que estaba seguro de que, por haber sido testigo excepcional de aquellos crímenes de lesa humanidad, jamás descansaría hasta ver que los culpables, Milosevic, Karadzic, Mladic y tantos otros, recibieran el castigo que se merecían. Por esa misma razón tampoco dejaría nunca de señalar que los miembros más poderosos del Consejo de Seguridad de las Naciones Unidas tenían pleno conocimiento de la magnitud de esos crímenes, y que por ello también eran culpables, y yo nunca dejaría de condenarlos. Al retirarme del salón y percibir en aquellas miradas el dolor y la frustración de toda la ciudad, y pensar que todo aquello ocurría a solo un par de horas de Londres o París, me prometí no cejar en mi empeño de hacerles justicia a las víctimas de lo que, sin la menor duda, constituía un genocidio en cámara lenta.

Con el líder croata Mate Boban en Split

Al final de esa tarde, con el corazón encogido porque anticipaba la trágica suerte que corrían Srebrenica y su gente, regresamos a Zvornik en el mismo gigantesco helicóptero ruso. Allí nos esperaban nuestros amigos periodistas, y juntos continuamos viaje rumbo a Split, a orillas del mar Adriático, en cuyo aeropuerto aterrizamos poco después de las ocho de la noche. Apenas dos horas antes habíamos comprobado sobre el terreno los efectos causados por la artillería serbia en Srebrenica, las barricadas y puestos de control de los paramilitares de Mladic para impedir el ingreso de asistencia humanitaria en la zona, y habíamos tenido la sombría visión de gente exhausta, como sonámbulos que caminaban entre las ruinas de la ciudad, sin agua potable ni electricidad desde hacía casi un año, escenario escandalosamente opuesto al que veíamos mientras nos trasladaban del aeropuerto al hotel Park Split, donde íbamos a reunirnos con Mate Boban, líder de la comunidad croata en Bosnia.

La sensación que nos ofreció esta primera visión de la ciudad, dominada por la impresionante mole del palacio de Diocleciano, era de paz y normalidad: hombres, mujeres y niños paseaban tranquilamente por sus calles o tomaban algo en las terrazas de sus muchos cafés, y nos hacía pensar, con mayor pesadumbre si cabe, en la tragedia que sufría la población musulmana de Srebrenica. Sobre todo, porque sabíamos que esa pobre gente, en lugar de estar camino de superar sus agobiantes infortunios, podría ser borrada de la faz de la Tierra en cualquier momento, como en efecto ocurriría entre el 12 y 14 de julio de 1995, con el asesinato en masa de ocho mil hombres y adolescentes a mano de las tropas del infame general Mladic.

En la recepción de hotel nos esperaban algunos funcionarios de Boban, personal civil de seguridad y efectivos de la fuerza de protección de la ONU. Después de saludarnos y presentarnos, cruzamos el lujoso vestíbulo del hotel y nos dirigimos por sus relucientes pisos de mármol hasta las dobles escaleras, también de mármol, y subimos al primer piso, en uno de cuyos salones de uso múltiple nos aguardaba Boban, breve y único presidente de la imaginaria república que ellos llamaban de Herzeg-Bosnia, solo reconocida internacionalmente como tal por Franjo Tudjman, presidente de Croacia y mentor suyo.

El centro del salón lo ocupaba una mesa de gran tamaño y diseño funcional, sobre la que habían colocado varias bandejas con botellas de agua, refrescos y tablas de queso. Grandes fotos del fastuoso palacio de Diocleciano y de la hermosa costa dálmata adornaban las paredes. Un miembro de la comitiva «presidencial», que nos había pedido los nombres al llegar al hotel, hizo nuestra presentación formal. En mi condición de coordinador de la misión fui el primero en saludar a Boban, un hombre de poco más de cincuenta años, cabello entrecano, expresión adusta, ni muy alto ni corpulento. Luego, el propio Boban nos presentó a los cuatro miembros de su equipo de gobierno que lo acompañaban, entre los que destacaba el general Tihomir Blaskic, comandante de sus fuerzas militares.

Le informé entonces a Boban que nuestro objetivo central era analizar con los principales protagonistas del conflicto bosnio de qué manera y en qué medida podría el Consejo de Seguridad contribuir efectivamente a ponerle fin a una guerra que ya iba por su segundo y cruento año. Con esa finalidad, nos habíamos reunido en Sarajevo con el presidente Izetbegovic y al día siguiente viajaríamos a Belgrado para encontrarnos por la mañana con Radovan Karadzic, y al final de la tarde haríamos otro tanto, en Zagreb, con el presidente Tudjman.

—Como representantes del Consejo de Seguridad que somos —añadí—, aspiramos a sostener con ustedes, señor Boban, un diálogo franco sobre los principales obstáculos que debemos superar para lograr el objetivo irrenunciable de la paz, y poder informarle al Consejo de Seguridad la exacta situación del conflicto.

Durante el vuelo a Split, los integrantes de la delegación habíamos decidido plantearle a Boban nuestra posición sin ninguna restricción y no dejar de hacerle preguntas potencialmente incómodas, como las que tenían que ver con la responsabilidad de sus fuerzas militares en la masacre de Ahmici, pero cuidando de no confrontarlo abiertamente para evitar que la reunión terminara en un inútil y prematuro fracaso. No iba a ser una tarea fácil. Por primera vez en mi vida iba a estrecharle la mano y conversar amablemente con quien, a todas luces, era culpable de monstruosos hechos de sangre, y por primera vez tendría que hacer uso de la más discreta prudencia diplomática para tratar a Boban y al general Blaskic, quien años después sería procesado por el TPIY y condenado a cuarenta y cinco años de prisión. Inmediatamente después nos dijo Boban lo muy complacido que se sentía con nuestra presencia en Split, y luego añadió que hubiera preferido recibirnos y atendernos en Mostar, opción que habíamos rechazado, porque esa era una ciudad que Boban pretendía convertir en la capital de esa supuesta república croata en Bosnia, que solo existía en su imaginación. Como había hecho Karadzic al destinar Pale como capital de la suya.

Muy poco después se nos hizo evidente que a Boban le gustaba escucharse a sí mismo. Por eso alargó sus comentarios, uno tras otro, sin orden ni concierto y sin ir al fondo de ninguno de ellos, hasta que el embajador Erdos, de Hungría, lo interrumpió con una pregunta muy concreta.

—Díganos, señor Boban, en definitiva, ¿cuál es su posición sobre el plan Vance-Owen?

—Estoy de acuerdo con el plan —le replicó enseguida Boban—. Por eso fuimos los primeros en firmarlo.

Erdos aprovechó la ocasión para meter el dedo en la llaga:

—Deseo que sepa, señor Boban, que sostenemos estas reuniones privadas con ustedes para hablar con absoluta claridad. Así que debo confesarle que los embajadores de esta misión estamos horrorizados por lo que ocurrió en Ahmici, donde pudimos comprobar en todos sus siniestros detalles el lugar donde fueron asesinadas a sangre fría y sin piedad numerosas familias musulmanas enteras. ¿Cuál es su opinión sobre este hecho, sin la menor duda, un crimen de lesa humanidad? Y se lo pregunto porque la información que tenemos es que la matanza fue ejecutada por paramilitares a sus órdenes que, además, demostraron una crueldad inaudita cuando, después de ametrallar a estas familias indefensas en el interior de sus viviendas, incineraron los cadáveres con el fuego de sus lanzallamas.

Al escuchar esta denuncia del embajador húngaro, temí que Boban reaccionara con hostilidad, pero, aunque los miembros de su equipo se agitaron en sus asientos con ostensible inquietud, Boban no mostró el menor signo de malestar y se limitó, impasible, a ignorar la pregunta.

—Sin duda —sostuvo en cambio—, los comandantes de Unprofor no los llevaron a ver los campos de concentración donde los musulmanes tienen confinados a muchísimos ciudadanos bosniocroatas. Tampoco creo que los hayan llevado a Zenica, población donde mucha de nuestra gente fue víctima de una feroz limpieza étnica. En todo caso, les aseguro que los soldados que cometan crímenes de esta naturaleza sean de la etnia que sean, serán juzgados y castigados con rigor. Por esta razón, en nuestra reunión de anoche con Izetbegovic, acordamos crear una comisión que se encargue de liberar a los prisioneros de ambas partes y acometa la tarea de investigar y penalizar a los culpables de crímenes de guerra.

Boban no solo persistió en su rechazo a debatir siquiera la posibilidad de que sus seguidores fueran culpables junto con militares serbios de violaciones de los más elementales derechos humanos de la población bosnia musulmana, y volvió a expresarnos su malestar porque no habíamos aceptado sostener esta reunión en Mostar, ya que a él le habría agradado mucho mostrarnos cómo convivían allí, en santa y duradera paz, bosnios musulmanes y croatas católicos.

Sher Afgan Khan, embajador alterno de Pakistán ante el Consejo de Seguridad, de religión musulmana, le salió al paso a tamaña manipulación de la verdad con un rotundo planteamiento:

—Señor Boban, usted nos ha dicho que es el único legítimo representante de los croatas en Bosnia. Y si esa afirmación es cierta, entonces su responsabilidad en ese hecho sería aún mayor, y lo obliga a poner orden en su tropa y exigirles a sus seguidores que estas atrocidades sencillamente no se pueden tolerar y mucho menos repetir. Admito la dificultad de dejar atrás ancestrales odios étnicos y religiosos, pero de ningún modo puedo aceptar que se recurra a ellos para justificar semejantes monstruosidades.

Entonces sí se alteró Boban. No había previsto que alguno de nosotros formulara tan crudamente una denuncia como aquella, de modo que hizo una pausa para pensar la respuesta.

—Les ratifico —sentenció finalmente— que la matanza de Ahmici fue instigada por los agresores serbios, como ustedes saben, enemigos tanto de los bosnios musulmanes como de nosotros, católicos croatas. Pero si se demuestra que alguno de nuestros efectivos militares participó en este crimen, lo pagará. Les doy mi palabra.

El general Blaskic miró a su jefe y asintió con la cabeza. Después, en un tono más sosegado, Boban sostuvo que, desde el 22 de abril, fecha en que Unprofor supo de la masacre de Ahmici, él había ordenado ejecutar en el sitio y sin contemplaciones a cualquiera de sus soldados que fuera sorprendido cometiendo un acto criminal. Boban mentía como si tal cosa, quizá porque pensaba que declarar su total respaldo al plan Vance-Owen bastaba para redimirlo de cualquier culpa pasada o futura. Tal vez por eso también reiteraba entonces que la única manera de brindarle a Bosnia la oportunidad de existir en paz y como república soberana era mediante la adopción del plan Vance-Owen. De ahí que nos sugería tener un poco de paciencia en nuestros inminentes encuentros con Milosevic y con Karadzic, y darles tiempo suficiente para reflexionar sobre las ventajas que obtendrían si aceptaban el plan. Por esa misma razón, sugirió que los cascos azules intervinieran las rutas que utilizaba Belgrado para abastecer de armamento, combustible y dinero a los serbios en Bosnia, ya que, según él, aplicando esta medida, los obligaríamos a suscribir finalmente el plan. De ahí que a la pregunta del embajador O'Brien sobre si los acuerdos que había alcanzado la noche anterior con el presidente Izetbegovic significaban que ambos estaban de acuerdo en implementar el plan de paz, aun sin el concurso de los serbios, Boban respondió: «Absolutamente sí, porque esa sería la manera de asegurar que en el futuro no tendremos ningún desacuerdo con el gobierno musulmán de Bosnia».

La reunión ya no daba para más y no podíamos seguir disimulando nuestra indignación, así que decidí terminarla de una manera no muy diplomática que digamos.

—Señor Boban —le dije—, el mundo sabe que los autores de las barbaridades, de las matanzas y de la limpieza étnica en Ahmici fueron militares a sus órdenes. También sabemos que desde hace semanas sus efectivos han emprendido una abominable operación de limpieza étnica en todo el valle de Lasva, espacio geográfico donde está Ahmici. Presumo, pues, señor Boban, que usted no ha visto las repugnantes escenas que nosotros hemos visto, y por eso su reacción es diferente a la nuestra. Lo ocurrido en Ahmici es lo peor que ha sucedido en Bosnia desde que empezó la guerra y, como ese crimen ha sido repudiado y condenado por una opinión mundial que exige que los asesinos sean apresados y castigados, sorprende que usted, en lugar de reconocer esa verdad, les atribuya a los serbios la responsabilidad exclusiva del crimen, pues, a pesar de sus esfuerzos por negarlo, para nadie es un secreto que fueron los croatas de su llamado Consejo de Defensa quienes cometieron esa matanza.

Boban y sus colaboradores me miraron fijamente, pero ninguno dijo nada. A lo largo de la reunión, Boban había dado la impresión de creer que sus sinuosidades y la eventual aprobación del plan Vance-Owen bastaban para concederle una suerte de licencia para matar sin consecuencias. Grave error, porque, a pesar de sus manipulaciones para enmascarar la realidad, nos marchamos de Split con la certeza de que este autoproclamado presidente de una nación inexistente no era precisamente un personaje confiable. De todos modos, al despedirme de Boban, le indiqué que no olvidara que el Consejo de Seguridad ya había aprobado las bases para la creación de un Tribunal Penal Internacional, cuyo objetivo sería investigar, juzgar y castigar a los autores de crímenes de lesa humanidad cometidos en las guerras yugoslavas, independientemente del rango que tuvieran o los cargos que ocuparan, y que en cuestión de días este tribunal estaría en condiciones de iniciar sus labores en la ciudad holandesa de La Haya.

Ignoro si Boban y sus colaboradores apreciaron la amenaza implícita en mis palabras, pero lo cierto es que, un mes después de aquel encuentro, el Consejo de Seguridad aprobó la resolución que daba vida al tribunal y que años más tarde el general Blaskic, presente en ese encuentro, sería condenado en La Haya por crímenes de guerra. Boban murió poco antes del juicio de su jefe militar y solo por eso escapó de la justicia internacional.

En Belgrado con Radovan Karadzic

Al día a siguiente, muy temprano en la mañana, despegamos de Split rumbo a Belgrado, donde teníamos programado reunirnos con Radovan Karadzic, presidente de la ilegítima república Srpska. Por supuesto, sabíamos que ese 26 de abril comenzarían a aplicarse al Gobierno de Serbia las duras sanciones económicas, financieras y de transporte aprobadas el 17 de abril, tal como lo indicaba la Resolución 820 del Consejo de Seguridad, de modo que éramos muy conscientes del ambiente hostil que encontraríamos en la capital de Serbia. En previsión de ello, los mandos de Unprofor aumentaron el número de militares que nos acompañarían en este tramo de nuestro viaje. También por ese motivo declinó la invitación a utilizar un espacio físico del Gobierno serbio, y el encuentro con Karadzic se realizó en el aeropuerto de Belgrado.

Durante las dos horas que duró el vuelo desde Split a Belgrado, los embajadores acordamos tener muy en cuenta que Karadzic era el más peligroso enemigo de la paz en la región. El brutal sitio de Sarajevo y las infamias que se cometían en Srebrenica eran razones suficientes para encerrarlo de por vida en una celda de castigo, pero, como habíamos acordado antes de reunirnos con Boban, también trataríamos a este despiadado criminal con una cierta prudencia. Al desembarcar en el desierto aeropuerto de Belgrado ya me sentía mentalmente preparado para estrecharle la mano a semejante criminal.

Una vez dentro del edificio del aeropuerto, nos dirigimos a su salón de protocolo pasando delante de sus numerosas tiendas libres de impuestos, ahora cerradas totalmente. Karadzic nos recibió en la puerta del salón, su enorme mechón de cabello plateado sobre la frente. Al saludarnos, lo hizo en perfecto inglés, pues años antes había sido estudiante de posgrado en la Universidad de Columbia, y al darme la mano, lo que no podía rechazar, me dijo que me conocía muy bien gracias a mis frecuentes declaraciones divulgadas por los noticieros de la televisión internacional. No se refirió al tono ni al sentido de mis declaraciones, pero minutos más

más tarde yo sí le comentaría las suyas. Después, él y los cinco embajadores de la misión nos sentamos alrededor de una mesa redonda.

Con la experiencia de la entrevista con Boban a cuestas, habíamos decidido que yo haría una breve introducción sobre las razones de nuestro viaje y el propósito de aquella reunión y le explicaría el porqué de las sanciones adoptadas. Por último, le preguntaría por su posición sobre el plan Vance-Owen y le plantearía el caso de Srebrenica.

—Supongo —le dije— que no tenemos nada nuevo que decir sobre la tragedia que se vive en Srebrenica, porque usted la conoce igual o mejor que nosotros. Desde hace casi dos años sus militares cercan y aterrorizan a sus habitantes, impiden que llegue a sus manos la asistencia humanitaria que envía la comunidad internacional. En las ocasiones que permiten que esa ayuda ingrese en Srebrenica, sus hombres se apropian de gran parte de los medicamentos y los alimentos. Por ejemplo, estando nosotros en Srebrenica, fuimos testigos de cómo el coronel Rodic y sus hombres incautaron cincuenta tiendas de campaña destinadas a albergar a los numerosos refugiados musulmanes que llegan a la ciudad. También comprobamos que le cortan el suministro de agua potable y la electricidad, y, como usted sabe, ese es un delito de lesa humanidad. Más grave aún fueron los disparos de morteros serbios que destruyeron la escuela de Srebrenica y mataron a los niños que jugaban en el patio. Usted, que es médico, doctor Karadzic, ¿aprueba o condena esa atrocidad que ha espantado a la opinión pública internacional?

Karadzic permaneció en silencio. Ni siquiera parecía molesto por mis palabras, y yo continué con mis acusaciones.

—¿Cómo es posible que sus soldados no hagan nada para prevenir el peligro de que en cualquier momento estalle una epidemia mortal por culpa de tanta miseria, la ausencia de medicamentos y la falta total de vacunas para la población infantil? ¿Está usted al tanto de que ni siquiera se permite a Médicos Sin Fronteras ir a Srebrenica para atender a sus habitantes? Le confieso que no me explico cómo usted puede desconocer la dramática situación que se vive allí, ni cómo pretende que el Consejo de Seguridad no reaccione si ustedes ni siquiera respetan que hayamos designado Srebrenica y sus inmediaciones área segura bajo protección de las Naciones Unidas. Recuerdo perfectamente la correspondencia que usted le dirigió al Consejo de Seguridad el día antes de la aprobación de la Resolución 819, en la que señalaba que, a pesar de contar con los medios necesarios para ocupar la ciudad, no pensaban hacerlo. En Srebrenica comprobamos que, en efecto, no la han invadido, pero la tienen bajo el más riguroso cerco y controlan por completo los ingresos y salidas de la ciudad, un hecho que constituye una violación flagrante de las resoluciones del Consejo. Le digo todo esto porque, como usted sabe, uno de nuestros principales objetivos es conocer con exactitud su posición. Aprovecho la oportunidad para sugerirle que seamos francos, como creo que lo he sido yo, que hablo en nombre de mis compañeros. Por eso esta reunión es de carácter reservado.

Karadzic había seguido mis palabras en un silencio absoluto, una sonrisa indescifrable en los labios. ¿Era esa su manera de restar importancia a mis denuncias? ¿O simplemente trataba de hacernos ver que él se sentía seguro de la situación y con esa actitud quería darnos a entender que, sencillamente, él no tomaba en cuenta nuestra presencia ni nuestras palabras? Luego, en vista de su interminable silencio, me referí a las consecuencias que tendrían a partir de ese mismo día las sanciones económicas y financieras adoptadas por el Consejo de Seguridad para aislar a Serbia; pero eso tampoco pareció perturbarlo, y solo rompió su pesado silencio cuando el embajador O'Brien le pidió su opinión sobre el hecho de que Boban y el presidente Izetbegovic habían expresado su respaldo al plan de paz Vance-Owen.

Lo primero que respondió Karadzic fue que él les había recomendado a sus legisladores en Pale aprobar el plan, pero que, a pesar de sus esfuerzos, no pudo hacerlos cambiar de parecer. Según él, los miembros más radicales de la Asamblea, antiguos integrantes del Partido Comunista yugoslavo, votaron unánimemente contra el plan y le impusieron a su gobierno la obligación de convocar un referéndum sobre el tema para el siguiente mes de mayo. Según su versión de los hechos, la Comisión de la Cruz Roja Internacional le había informado que en Bosnia había más refugiados serbios que croatas y musulmanes juntos, y que, a pesar de lo anunciado por esa organización sobre lo que ocurría en Srebrenica, la verdad era que «en Srebrenica habían desaparecido seis mil serbobosnios y cerca de la ciudad se habían descubierto diez fosas comunes excavadas por los bosnios musulmanes».

Por supuesto, no podíamos dar por buenas las «noticias» que nos transmitía este psiquiatra sonriente. Eran tan absurdas y falsas como la certeza que teníamos de cuál sería el resultado de ese referéndum previsto para mayo. Entre otras razones, porque nos constaba que el abrumador aumento de refugiados que llegaban a Srebrenica era producto justamente de la depuración étnica que Karadzic y Mladic adelantaban en las poblaciones cercanas a la ciudad. De ahí nuestro asombro cuando Karadzic nos invitó «a regresar a Srebrenica y dar una vuelta por los alrededores para que viéramos las fosas comunes llenas de cadáveres serbios», a sabiendas, por supuesto, de que al día siguiente regresaríamos a Nueva York después de reunirnos con Tudjman en Zagreb.

—En cuanto a si pensamos invadir Srebrenica —nos repitió Karadzic—, debo insistir en lo que ya he dicho muchas veces: no la invadiremos, a menos que su población musulmana nos ataque. Ese también es nuestro compromiso con respecto a las ciudades de Gorazde y Zepa. Por eso le hemos solicitado a la comandancia del batallón canadiense de Unprofor que destine algunas de sus unidades a nuestros frentes de batalla, en las afueras de Srebrenica o donde ellos lo estimen conveniente, para que comprueben la situación real.

Luego soltó su última mentira de la jornada: «Hemos hecho esta solicitud, porque tenemos información de que los musulmanes van a bombardear Srebrenica para culparnos a nosotros».

Poco le importaba a Karadzic que ese posible ataque fuera una operación desde todo punto de vista imposible. No solo porque eran los serbios quienes tenían cercada y bloqueada la ciudad, sino porque eran ellos la única parte del conflicto que disponía de la artillería pesada necesaria para bombardearla. Después, para no dejar sin respuesta la pregunta formulada por el embajador O'Brien sobre Srebrenica como área segura, Karadzic afirmó que ellos no querían áreas totalmente serbias en Bosnia: «Pero tampoco podemos desproteger nuestra identidad y nuestra cultura».

El embajador de Hungría señaló entonces que no podíamos retroceder al pasado para resolver los problemas del presente: «Europa tiene muchas nacionalidades y no acepta un oprobioso apartheid en una Bosnia dividida por muros como el de Berlín».

Una vez más Karadzic ignoró la pregunta y negó que Milosevic y él hubieran iniciado la guerra con ese objetivo.

—Nuestra intención —afirmó— nada tiene que ver con lo que dice el embajador de Hungría, sino con lo que ha ocurrido en la India, en Nagorno-Karabaj, en el Líbano, en Chipre y, por supuesto, en Suiza. Lo que no entendemos es por qué nos quieren obligar a vivir juntos como gatos y perros encerrados en una misma jaula, en lugar de vivir cada uno en su casa y convivir como buenos vecinos.

Este era su argumento para rechazar la integración étnica y cultural de la nación, aspecto central del plan Vance-Owen, pero todos conocíamos muy bien al personaje y sabíamos cuáles eran sus verdaderas intenciones. Por esa simple razón, el embajador Sidorov insistió sobre nuestras denuncias de graves violaciones de los más elementales derechos humanos en Srebrenica, como la suspensión de los suministros de agua potable y electricidad a su población civil.

—Es la primera vez que escucho eso —repuso Karadzic de inmediato—, y pueden ustedes estar seguros de que mañana ordenaré averiguar si es cierto, en cuyo caso lo resolveremos de inmediato y le pediremos a Unprofor que se encargue de garantizarlo.

Ese compromiso, por supuesto, nunca se cumplió. Pero algo más tarde, Karadzic me reiteró que él había solicitado a la comunidad internacional investigar todo lo relacionado con las diez fosas comunes que nos había mencionado y la situación de los prisioneros serbios encerrados en «los terribles campos de detención» instalados por las autoridades paramilitares musulmanas en Srebrenica. Fue su última mentira antes de que emprendiéramos viaje a Zagreb para reunirnos con el presidente Tudjman, etapa final del viaje.

Nuestro encuentro con Franjo Tudjman en Zagreb

Conocía muy poco del presidente Tudjman, solo sabía que se había incorporado a la actividad política después de servir en la fuerza armada yugoslava junto al mariscal Tito en la lucha contra la invasión nazi, en la que se destacó tanto que a los veintitrés años se convirtió en el general más joven de Croacia. Luego militó en el ultranacionalista partido Unión Democrática Croata y, al desarticularse el proyecto federalista de Tito a raíz de su muerte, convertido en dirigente de la UDC, fue el principal promotor del movimiento secesionista croata, hasta lograr independizar su nación de la dominación Serbia, una hazaña que en mayo de 1990 lo llevó a ser elegido por una inmensa mayoría de votos como primer presidente de la entonces soberana República de Croacia, un cargo que conservó hasta su muerte, en diciembre de 1999.

Por otra parte, de Tudjman se hablaba poco o nada en las Naciones Unidas, en gran medida porque la confrontación Milosevic-Izetbegovic acaparaba las informaciones que nos llegaban de la antigua Yugoslavia y de sus guerras. Sin embargo, Croacia había desempeñado un papel decisivo en ese proceso, por haber sido con Eslovenia las primeras de las seis repúblicas que constituían la Federación Yugoslava en abandonarla, y porque para ello había contado con un fuerte respaldo del Gobierno alemán.

Para nosotros tenía mucha importancia esta entrevista con Tudjman, pues su apoyo al plan de paz Vance-Owen era esencial en nuestro esfuerzo por presionar a Belgrado para que lo aceptara. Para ultimar las coordenadas de ese encuentro, lo primero que hicimos al llegar a Zagreb fue reunirnos en el comando de Unprofor en Croacia. Allí decidimos que, antes de tratar con Tudjman el asunto del plan de paz, debíamos plantearle lo sucedido en Ahmici para no correr el riesgo de que el análisis global de la crisis bosnia nos impidiera dedicarle el tiempo y la atención que deseábamos darle a esa terrible masacre cometida por los militares bosniocroatas que él apoyaba. Por otra parte, necesitábamos determinar hasta qué punto era cierto que, a comienzos de 1991, durante una jornada de cacería de jabalíes en la región croata de Karadjordjevo, Milosevic y él habían acordado repartirse Bosnia y Herzegovina en partes más o menos iguales, y reservarle a la comunidad bosnia musulmana una porción muy reducida de la república. Ambos dirigentes habían negado haber llegado a semejante acuerdo, pero lo cierto es que en mayo de 1992 Boban y Karadzic habían firmado en la ciudad austriaca de Graz un acuerdo con ese preciso propósito.

Estos eran los temas que teníamos previsto tratar con Tudjman cuando llegamos al Palacio de Gobierno croata en las afueras de Zagreb, construido por Tito en 1963 dentro de un hermoso bosque. Doce guardias de honor, armados con fusiles y bayonetas caladas, y uniformados con ostentosas chaquetas rojas adornadas con entorchados y bonetes dorados sobre pantalones negros, custodiaban la entrada. En el vestíbulo del palacio nos dieron la bienvenida algunos miembros del gabinete ejecutivo, presididos por los ministros de Relaciones Exteriores y de Defensa, quienes nos condujeron a una amplia sala de reuniones con una magnífica mesa ovalada de gran tamaño. Al fondo, un enorme ventanal daba al bosque. Mientras contemplábamos el paisaje, como era costumbre en todas las repúblicas balcánicas, un funcionario nos ofreció agua y refrescos. Al cabo de pocos minutos hizo su aparición el presidente Tudjman, un hombre alto, de pelo plateado y expresión arrogante, quien con gestos ampulosos nos dio la bienvenida y nos invitó a sentarnos. Aires y escenificación que no se correspondían con los de una república moderna, sino con los de un imperio pasado de moda, y que solo había visto cuando el sha de Persia y una nutrida comitiva fue en visita oficial a Venezuela, en mayo de 1975, cuando yo era gobernador de Caracas.

Mi intención era, como había hecho en nuestras reuniones con Izetbegovic, Boban y Karadzic, iniciar la reunión con una breve presentación del propósito de nuestra misión, pero el presidente croata se me adelantó para notificarnos que él aspiraba a que el Consejo de Seguridad extendiera un tiempo más la presencia de Unprofor en Croacia, pero que también se le fijara un plazo. Luego admitió sentirse muy complacido de que Boban acordara con Izetbegovic apoyar conjuntamente el plan de paz Vance-Owen y añadió acerca del presidente bosnio: «Hace dos días nos visitó para que le ratificáramos nuestro respaldo. Es bueno que sepan que he apoyado a Boban sin ninguna vacilación en su decisión de unir a todos los croatas en Bosnia en favor del plan, ya que hay sectores en el sur de Bosnia que lo rechazan. Y esa tarea es importante, porque los serbios, que son seres irracionales, se niegan a suscribirlo. A ellos solo les interesa la ilusoria creación de una Gran Serbia y seguirán intentándolo hasta que se vean obligados a enfrentar una acción militar externa. El referéndum del cual habla Karadzic solo es una maniobra para ganar tiempo, pues todos sabemos que el resultado será manipulado para rechazar el plan».

En este punto de su intervención hizo una breve pausa y después nos sorprendió al formular la propuesta más radical que habíamos escuchado:

—Quiero decirles, no como presidente sino como militar, recuerden que fui el general más joven en la historia de mi país, que esa fantasía de una Gran Serbia ya ha causado demasiados muertos, un enorme costo que seguirá incrementándose hasta que se produzca una decisiva intervención militar internacional contra Belgrado y contra las fuerzas serbias que operan en Bosnia. Y les diré más: no creo que sea necesario que esa intervención implique una invasión por tierra. Bastaría una campaña de ataques aéreos para hacer que Serbia entre en razones.

Eso mismo pensábamos algunos integrantes de la delegación, pero no lo mencionamos porque también teníamos plena conciencia de que en ningún caso el Consejo de Seguridad lo aprobaría. Dejamos, sin embargo, que continuara presentándonos su visión sobre esa alternativa, la única que en verdad garantizaría la soberanía de Bosnia: «(Una opción) sumamente importante para nosotros, porque geográficamente nos protege de una eventual invasión serbia de Croacia. Por eso resulta decisivo convencer a la dirigencia musulmana de Bosnia de la necesidad de negociar un acuerdo que incluya a las tres partes, pues si bien Izetbegovic nos dijo en este mismo salón que ellos desean un Estado plural, nosotros creemos que a lo que realmente aspiran es a la creación de un Estado fundamentalmente musulmán, y lo único que consiguen con esa pretensión es alimentar las tesis extremistas que emplean Milosevic y Karadzic para apoderarse de buena parte de Bosnia. Y les digo más. Como historiador que ha escrito tres libros sobre este problema, la decisión de Izetbegovic de desplegar a siete mil militares en áreas que, de acuerdo con el plan Vance-Owen corresponderían a los bosniocroatas, obstaculiza seriamente la solución política del problema. En nuestra reunión de hace dos días, Izetbegovic negó que esta información fuera cierta, pero Boban me asegura que Izetbegovic nos miente. Yo espero que ese eventual acuerdo entre Izetbegovic y Boban prospere, y por eso he facilitado que ambos asuman el compromiso de respetar el acuerdo en todos sus puntos. Por otra parte, he insistido con Owen en que para hacer funcionar su plan de paz se necesita que las Naciones Unidas se involucren más activamente en su implementación y autoricen que Unprofor haga uso de la fuerza, sin lo cual nadie podrá garantizar que las partes respeten el plan de paz en su totalidad».

Mi respuesta fue categórica.

—Para nosotros —le dije—, tiene enorme importancia conocer la posición de su gobierno sobre esta guerra. Y aprovecho esta reunión para recordarle la firmeza con que denunciamos al Gobierno serbio por su inclemente bombardeo a Duvrovnik al iniciarse la agresión a Croacia. En este sentido, presidente, debo expresarle que con igual firmeza condenamos las atrocidades cometidas por bosniocroatas en el valle central de Bosnia, especialmente las perpetradas en Ahmici el 16 de este mes, al asesinar en sus propias casas a familias enteras y después carbonizarlas con sus lanzallamas. Le confieso que nunca habíamos visto algo tan abominable y estamos seguros de que usted, de haber visto lo que nosotros vimos, reaccionaría con idéntica indignación. Se lo menciono, porque cuando se lo reclamamos a Mate Boban su respuesta fue que los instigadores y autores de esa matanza habían sido los serbios, lo cual, nos consta, es absolutamente falso. Desconocer y negar esta realidad le quita credibilidad al señor Boban y eso nos alarma.

Tudjman se tomó su tiempo para responder, y cuando lo hizo fue para escurrir el bulto con el argumento de que todavía estaban recabando detalles de lo ocurrido: «Pedí incluir en el acuerdo entre Izetbegovic y Boban el compromiso de ambos de castigar todas las violaciones de los derechos humanos. Y a eso mismo me comprometí con Izetbegovic hace dos días, a que todas las violaciones de las que ellos o nosotros seamos culpables se castigarán. Tengan ustedes la seguridad de que eso haremos».

El embajador Khan, de Pakistán, tomó entonces la palabra para preguntarle a Tudjman si las víctimas inocentes en Ahmici no le hacían recordar los versos de John Donne advirtiendo «que cuando las campanas doblan, doblan por ti».

El comentario hizo que Tudjman perdiera por un momento la compostura. Después, sin mirar a Khan, se limitó a señalar que, en efecto, las campanas de Ahmici doblaban por todos los que éramos parte de este cruel conflicto.

¿Era sincero Tudjman? De lo que sí estaba seguro era de que estaba perfectamente al tanto de lo ocurrido y no deseaba desautorizar, mucho menos, condenar a Boban, su protegido y fiel aliado. ¿Sería por eso por lo que no le dedicó una sola palabra a Ahmici, o porque ignorar el suceso era su manera de darnos a conocer su posición con respecto a la población musulmana de Bosnia, tal como nos lo había anticipado el propio presidente Izetbegovic en Sarajevo? Era difícil precisar sin temor a equivocarnos qué pensaba en realidad un jefe de Estado que a todas luces se sentía muy superior a Milosevic e Izetbegovic, pero la reunión con Tudjman también nos confirmó que se trataba de un personaje al que debíamos asignarle más importancia en nuestros esfuerzos por ponerle fin a la cruenta guerra bosnia. Aunque solo fuera porque, además de ser intelectual y militarmente superior a ellos, era el único dirigente «yugoslavo» que ejercía un poder total en el territorio del país que gobernaba y en la porción de Bosnia que controlaba Boban. Pecaba de un ultranacionalismo similar al de Milosevic, pero con la diferencia de que no estaba dispuesto a poner en peligro su prestigio ante la comunidad internacional, sobre todo a los ojos del Gobierno alemán, dejándose arrastrar a tomar parte en los excesos criminales de una política de limpieza étnica como la que promovían abiertamente Milosevic y Karadzic. Pura cuestión táctica, pero que obraba en favor de la paz en los Balcanes.

Al despedirnos, Tudjman nos pidió tomarse una fotografía con nosotros y luego nos acompañó hasta la puerta principal del palacio, donde nos entregó a cada uno como regalo una corbata con la bandera croata. Gojko Susak, primer ministro de Croacia y de Defensa, cargo que ocupó hasta su muerte, en 1998, nos invitó entonces a cenar esa noche en un típico restaurante de comida croata en el centro de Zagreb. Deseaba, nos dijo, profundizar en algunos de los puntos tratados durante nuestra reunión con Tudjman. Pudimos habernos ahorrado esa cena, que duró tres interminables horas, porque Susak no nos dijo nada relevante y ni siquiera mencionó de pasada la matanza de Ahmici. Solo logramos que criticara duramente a los serbios por sus excesos en Sarajevo y en Srebrenica.

Después de despedirnos de Susak, los cinco embajadores fuimos a la terraza del café Jelacic, en el centro de Zagreb, donde intercambiamos impresiones sobre nuestra experiencia común en Bosnia y Croacia, y lo cierto es que me sentí muy complacido, porque, aun hablando con entera libertad, no surgió entre nosotros ninguna discrepancia. Sin duda, las monstruosidades que habíamos visto nos sirvieron como factor aglutinador del grupo. Pero esa madrugada, al llegar al hotel, me hice dos preguntas tan perturbadoras que no pude conciliar el sueño. ¿Había realmente valido la pena cumplir esta misión que nosotros mismos habíamos propiciado? Y, en definitiva, ¿cuáles serían sus beneficios, si es que los había?

El mayor encubrimiento de la ONU

Regresé a Nueva York muy emocionado por la urgencia de volver a la normalidad y dar cuenta al Consejo de Seguridad del resultado de nuestra misión a Bosnia Por otra parte, lamentaba no haber podido prolongar unos días más nuestra visita a la antigua Yugoslavia para conocer más a fondo la magnitud de unas guerras de las que entonces no tenía información confiable.

Apenas dos semanas antes, pasada la medianoche del 16 de abril, tras meses de presión constante de los embajadores de países miembros del Consejo y del Movimiento de los No Alineados, Pakistán, Marruecos, Djibouti, Cabo Verde y Venezuela, el Consejo de Seguridad no tuvo más opción que aprobar el envío de la delegación con el mandato expreso de comprobar sobre el terreno lo que en realidad sucedía en Bosnia, sobre todo en Sarajevo y Srebrenica. Solo siete días pasaron desde que partimos rumbo a Zagreb, Sarajevo, Kiseljak, Ahmici, Srebrenica, Split y Belgrado, y después de haber verificado las atrocidades que habían cometido en Bosnia tropas regulares e irregulares serbias y croatas, incluso crímenes de lesa humanidad inimaginables, comprendía los verdaderos alcances de aquella iniciativa histórica y el compromiso político y personal que yo había adquirido al asumir su liderazgo. Desafío excepcional, porque también comprometía el prestigio internacional de mi país.

También comprendía que después de ver lo que había visto ya no era el mismo hombre que días antes había viajado a los Balcanes en misión de observación. Ser testigo presencial de la tragedia que sufría la población civil de Bosnia, la más grave padecida por una nación europea desde la Segunda Guerra Mundial, me hacía sentir la necesidad de articular un relato convincente de aquella impactante experiencia y plantear con precisión las recomendaciones que creíamos imprescindibles aplicar cuanto antes para remediar la sistemática violación de los derechos políticos y territoriales de Bosnia y de los más elementales derechos humanos de sus habitantes. Nunca me había enfrentado a un reto semejante. De manera muy especial, era plenamente consciente de que esa experiencia me obligaba a asumir, dentro y fuera del Consejo de Seguridad, la difícil tarea de contar la verdad de la crisis bosnia y denunciar los turbios manejos del tema «antigua Yugoslavia» que hacían la Secretaría General de la ONU y el P5 a la hora de actuar en una situación como aquella.

Por esta razón también le atribuía a nuestro informe una importancia notable, pues pensaba que parte de ese culposo comportamiento era producto de nuestro cabal desconocimiento de los alcances del proyecto serbio que incluía la destrucción de Bosnia y el exterminio de su población musulmana, dentro del plan de expansión territorial con la intención de crear lo que en Belgrado llamaban la Gran Serbia. Ingenuamente, pensábamos que esta falta de información explicaba el porqué de la inflexible negativa de los cinco grandes del Consejo a cumplir las obligaciones que les correspondían en defensa de los derechos políticos y humanos de esa etnia. Y que a eso se debía que los miembros más poderosos de esa cúpula política del mundo, como en tantas otras ocasiones, en el caso de Bosnia le cerraban el paso a todo lo que no se acomodara a la «equivocada» interpretación que hacían del principio de no intervención y de neutralidad. De ahí que nos enviaran a los Balcanes para comprobar qué ocurría en las repúblicas de la antigua Yugoslavia.

Como quiera que fuera, lo cierto es que a nuestro regreso a Nueva York tuve que rendirme a la evidencia de que el problema no era que los del P5 estuvieran mal informados, sino que nosotros, los no permanentes, éramos quienes estábamos peor informados. De ese tortuoso modo, ellos y la Secretaría General podían ejercer un control hegemónico del funcionamiento del Consejo de Seguridad, al margen de los valores sobre los que se había construido la Organización de las Naciones Unidas, con el riesgo de poner en peligro sus intereses políticos y económicos.

Presentación del informe de la misión a los Balcanes

Lo primero que hice al día siguiente de nuestro regreso, el 27 de abril por la mañana, fue visitar al embajador Jamsheed Marker, de Pakistán, quien en su condición de presidente del Consejo había propuesto mi nombre para encabezar la delegación a Bosnia, y, después de hacerle un resumen de nuestras gestiones, le sugerí solicitar que presentáramos el informe en una reunión oficial del Consejo. A fin de cuentas, esa era la instancia que había decidido el envío de la delegación. Marker estuvo de acuerdo, revisó su agenda y, dada la urgencia que ambos le dábamos al asunto, de inmediato se comunicó con la Secretaría del Consejo y les propuso convocar una reunión oficial para la tarde del viernes 30 de abril. No fue posible, porque pocas horas más tarde lo llamaron de la Secretaría General para notificarle que tendríamos que dar cuenta del informe en «el cuarto sin vista», pues su presentación en el gran salón de las sesiones oficiales requería que el Consejo lo autorizara en una sesión informal. Es decir, al menos en ese momento, debíamos conformarnos con presentar el informe en una reunión a puertas herméticamente cerradas, sin cámaras de televisión ni periodistas que la cubrieran en vivo y en directo. Lo único que logró Marker fue que la Secretaría General circulara el informe como documento oficial del Consejo entre todas las delegaciones acreditadas en las Naciones Unidas.

Ante este contratiempo, al día siguiente me reuní con los embajadores que me habían acompañado a Bosnia. No se lo comenté a Marker en ese momento, pero pensaba que los representantes de Francia y Rusia, con quienes durante los días anteriores a nuestro viaje tuve discrepancias de fondo sobre cómo tratar el tema bosnio, podrían objetar la redacción final del informe que yo venía preparando desde que abordamos el avión en Zagreb. Para mi muy grata sorpresa, ninguno de los dos le hizo la más mínima observación al texto.

A pesar de este respaldo, aguardaba la sesión informal del viernes 30 de abril con creciente inquietud. Estaba suficientemente familiarizado con el clima de artificiosa calma y perfecta normalidad que reina en los pasillos y salones de la sede de la ONU a orillas del East River, como si a pesar de lo que pasara en el mundo allí se viviera en un universo muy distinto al real, de modo que no me sorprendió constatar la tarde de la sesión el absoluto desinterés de los cinco grandes en el informe que estaban a punto de escuchar sobre el único punto de la agenda del día. Un informe, debemos recordarlo, que el Consejo nos había encargado por unanimidad. Esta inquietud se hizo muy palpable al comprobar que a esta sesión no asistirían el secretario general Boutros Boutros-Ghali, ni permitiría que participase Kofi Annan, recientemente nombrado jefe de las Operaciones de Paz de la ONU. En vista de esta demostración del férreo control que ejercía Boutros-Ghali sobre sus principales colaboradores y sobre el funcionamiento real de las Naciones Unidas, a punto de iniciarse la sesión, me hice unas cuantas preguntas, todas muy chocantes: ¿Valió la pena enviarnos a Bosnia? ¿Se justificaba que el Consejo de Seguridad no interviniera más de cerca ni actuara con más intensidad en conflictos que, como el de Bosnia, ponían en peligro la paz mundial? Peor todavía, ¿de qué servían los debates y las resoluciones de los órganos y agencias de las Naciones Unidas si la mayoría de sus miembros prefería no ver esas realidades como lo que realmente eran y mucho menos estaban dispuestos a actuar en consecuencia?

Mi conclusión fue que la distancia tomada por la Secretaría General de la misión a Bosnia respondía al temor de que nuestro relato y las denuncias y las recomendaciones que hacíamos en el informe resultarían muy difíciles de pasar por alto y tratarían de sepultarlas por todos los medios. Una certeza que, en lugar de desanimarme, me impulsó a hacer hasta lo imposible para que no se salieran con la suya. Especialmente, porque nuestra presencia en el terreno de los hechos me había

permitido conocer muy de cerca la real dimensión del conflicto, sin adornos que desvirtuaran su atroz naturaleza, una
circunstancia que ciertamente obstaculizaba la pretensión de
los poderes que dominaban el Consejo de Seguridad y la Secretaría General de seguir manipulando el desarrollo de la crisis a su antojo. Supe entonces que, precisamente para aguarles
la fiesta, valía la pena haber ido a Bosnia y haber elaborado un
informe, ya documento oficial del Consejo que, a pesar de tantos y tan poderosos esfuerzos por silenciar su contenido, pondría en manos de la prensa y de la opinión pública internacional lo que esos intereses, ajenos a los principios esenciales de
las Naciones Unidas, deseaban encubrir.

La contradicción entre la realidad que había conocido en Bosnia y lo que se pretendía construir desde el Consejo de Seguridad explicaba por qué, antes de nuestro viaje a Bosnia, ningún
alto funcionario de las Naciones Unidas había visitado la región, y por qué la Secretaría General no había entregado informe alguno sobre el drama que se vivía en las repúblicas de
la antigua Yugoslavia.

De todos modos, y a pesar de vernos reducidos a presentar
nuestro informe en el «salón sin vistas», esa tarde pudimos informar oficialmente a los miembros del Consejo de la aborrecible política de limpieza étnica que aplicaban las autoridades
serbias en Bosnia, crimen que había calificado como un «genocidio en cámara lenta» ante los medios de comunicación internacionales en Srebrenica. Lamentablemente, mi advertencia de
ese día se haría realidad dos años más tarde, y el genocidio,
que antes de su trágica ocurrencia en julio de 1995 solo se mencionaba mecánicamente en numerosos documentos del Consejo, a partir de nuestro informe, en anticipación de aquel crimen monstruoso, fue denuncia irrefutable de los crímenes de
lesa humanidad que para abril de 1993 ya cometían en Bosnia
militares y paramilitares serbios, bajo la mirada impasible de
los mandos militares de Unprofor. De la presentación de nuestro informe en adelante, y contra viento y marea, nuestras denuncias evitarían que los vencedores de la Segunda Guerra
Mundial continuaran recurriendo, así como así al «nunca más»

de sus pomposas referencias al Holocausto nazi mientras se hacían la vista gorda en el caso de Bosnia. Y eso, sin la menor duda, era un logro de enorme importancia.

En este punto me parece oportuno señalar que según la Convención de las Naciones Unidas para la Prevención y la Sanción del Delito de Genocidio, aprobada en 1948, ese crimen es un delito «de derecho internacional contrario al espíritu y a los fines de las Naciones Unidas, que el mundo civilizado condena y se compromete a prevenir y sancionar». Hermosa y terminante declaración de principios que en la práctica no pasaba de ser puro blablablá. Tanto que por esos días, en una comunicación interna del Departamento de Estado norteamericano, se le notificaba al presidente Bill Clinton y a su secretario de Estado, Warren Christopher, que podían emplear sin temor alguno el término «genocidio», acuñado por el judío polaco Raphael Lemkin para definir las acciones nazis ejecutadas en la Polonia ocupada de 1939 para exterminar físicamente a su población judía, pues, a pesar de ser un delito perfectamente tipificado en la Convención y en el derecho internacional, ningún instrumento había servido para prevenirlo o sancionarlo.

En agosto de 1992, cuando Clinton todavía era candidato presidencial, al referirse a la guerra en Bosnia, había señalado que no se podía «ignorar lo que parece ser el exterminio sistemático de seres humanos basados en su origen étnico», pero luego, instalado en la Casa Blanca, hizo lo contrario al instruir a Madeleine Albright, su embajadora ante el Consejo de Seguridad, a no involucrarse demasiado en los debates sobre esa materia. De modo que no mucho después, el 23 de mayo de 1993, el diplomático y senador demócrata Daniel P. Moynihan pudo expresar su malestar político y moral al declarar: «Mientras afirmamos que nunca olvidaríamos los horrores nazis, por otra parte, legitimamos con nuestra indiferencia la repetición de esas mismas atrocidades en Bosnia».

Esta demoledora argumentación me hizo ver que, a pesar de los esfuerzos que se hacían para callarnos, nuestro informe produciría un eco mayor al esperado por muchos, porque, a fin de cuentas, constituía una prueba documental de crímenes de lesa humanidad que la comunidad internacional no podría desconocer indefinidamente. No podía imaginarme, sin embargo, que la contundencia de nuestro informe generaría muy pronto una respuesta radical de la Casa Blanca, al invitar a los gobiernos de Rusia, Francia, el Reino Unido y España a respaldar una iniciativa para Bosnia del gobierno de Clinton, que llamaron Plan de Acción Conjunta de Washington, como si de pronto él quisiera hacerle saber al mundo que había llegado «la hora de los norteamericanos».

No sería sino hasta 1999, cuando Kofi Annan, entonces secretario general de la ONU, se vio forzado por la Asamblea General a reconocer públicamente la responsabilidad del Consejo de Seguridad y de la propia Secretaría General en tiempos de Boutros-Ghali por no haber atendido las denuncias y advertencias que se hacían desde ese abril de 1993 hasta que en julio de 1995 el mundo supo que tropas serbias, al mando de Ratko Mladic, en apenas tres días y a sangre fría, habían asesinado a más de ocho mil hombres y adolescentes musulmanes en Srebrenica. Esta confesión de Annan admitiendo la culpa de Boutros-Ghali y la suya como jefe de Operaciones de Paz del organismo constituyó un acto sin precedentes en la historia de la ONU.

La sesión del Consejo del 30 de abril sin Boutros-Ghali

Al final del pasillo que conduce al salón de las reuniones informales del Consejo de Seguridad hay un espacio donde los periodistas, que no están autorizados a asistir a estos encuentros, aguardan a que termine la sesión del día y salgan los embajadores y declaren algo. Por su ubicación, resulta imposible ingresar o salir del salón sin atravesar un enjambre de luces, cables y cámaras de televisión, ni eludir la persistencia de docenas de periodistas y fotógrafos. De modo que esa tarde del 30 de abril, al acercarme a la puerta de acceso al salón, me rodearon de inmediato algunos corresponsales deseosos de que les adelantara algo del contenido del informe que íbamos a presentar a la consideración del Consejo, pero, como era de esperar, les dije que con mucho gusto respondería todas sus preguntas cuando terminara la sesión.

Una vez dentro del salón me mezclé con los embajadores y demás funcionarios de los países miembros del Consejo, que suelen aprovechar esos minutos antes del comienzo de la sesión para saludarse y conversar sobre esto y aquello. Mientras lo hacía, tuve la penosa impresión de que, a pesar de la importancia y complejidad del asunto, y del habitual distanciamiento de la realidad que imponían las buenas costumbres diplomáticas, la crisis bosnia, tema único de la agenda de esa tarde, no le alteraría el ánimo a nadie. En ese clima de cotidianidad «profesional» me acerqué al embajador ruso, Yuli Vorontsov, con quien, a pesar de nuestras diferencias, sostenía muy buena relación personal, y le agradecí su respaldo al informe. Luego saludé a los embajadores de China y del Reino Unido, aunque ni ellos ni yo le añadimos nada a los saludos de rigor. Finalmente, ocupé mi sitio en la mesa, en forma de U y mucho más pequeña que la del salón oficial. En esta modesta réplica los puestos alrededor de la mesa también se asignan por orden alfabético, así que el de Venezuela quedaba entre el de Estados Unidos a mi derecha y el de Brasil a mi izquierda. Y como la distancia entre puesto y puesto es mínima por el reducido tamaño de la mesa, resulta fácil que tus vecinos le echen un vistazo de reojo a los papeles que tienes entre manos. Una tentación que no podía resistir esa tarde el embajador británico, quien a menudo se inclinaba a su izquierda para medio leer por el rabillo del ojo los papeles de la embajadora Albright.

El inicio de estas sesiones informales no se hace de acuerdo con ningún protocolo predeterminado ni tiene el aura y el ceremonial que caracteriza las reuniones que se celebran en el gran salón del Consejo. Se trata de un sencillo ritual, como un acto religioso que se celebra en una pequeña iglesia de parroquia, completamente distinto de las aparatosas ceremonias que tienen lugar en la Catedral de San Pedro. A esa diferencia se refiere el carácter «informal» de estas sesiones, a su ambiente siempre distendido; aunque es allí, entre las cuatro paredes de ese salón, sin cámaras de televisión ni periodistas, donde se desencadenan los más encarnizados debates del Consejo de Seguridad. Confrontaciones dialécticas que en algunas ocasiones elevan fuertemente la temperatura del pequeño salón, y donde todo vale, desde las amenazas más sutilmente insinuadas por los contrincantes hasta las más hostiles y pendencieras intervenciones.

El día anterior a esta sesión le había entregado personalmente al presidente del Consejo el informe suscrito por todos los integrantes de la misión. Fue un hecho inédito, pues el Consejo solo recibe documentos enviados directamente por la Secretaría General, y porque esta era la primera vez que esa instancia recibía un informe firmado por los embajadores miembros de la primera delegación de esa jerarquía enviada por el mismo Consejo al teatro de una guerra en pleno desarrollo. Precisamente, Marker se refirió a esta doble novedad al abrir la sesión, en la que también destacó el papel desempeñado por los países del MNOAL en el envío de los embajadores a Bosnia. Esperaba, dijo después, que el contenido del documento y nuestras recomendaciones se tradujeran en nuevas y efectivas acciones de las Naciones Unidas, que facilitaran la firma de un auténtico cese el fuego que, a su vez, hiciera factible un acuerdo de paz duradera en la región. Felicitó a los delegados y a mí personalmente, «porque el embajador Arria ha entregado un informe consensuado por los seis embajadores de la misión». Por último, añadió que yo era el único representante de un país no alineado miembro del Consejo que no era musulmán, circunstancia, añadió, que le daba a mi posición y al informe una dimensión de indiscutible independencia institucional al asumir como propia la defensa de la población musulmana de Bosnia.

Inmediatamente después, Marker leyó la agenda de la sesión, cuyo único punto era nuestro informe, y me dio la palabra. Yo aproveché esta oportunidad para iniciar mi intervención mencionando que el presidente de Bosnia y otros altos funcionarios de su gobierno, durante la visita que realizaron a Nueva York en marzo de aquel año, me habían agradecido el respaldo que le había dado a su causa, y que yo les había respondido: «Soy católico, no musulmán, y les aseguro que si fueran ustedes quienes masacran a la población bosnia no musulmana, los defenderíamos a ellos con la misma firmeza con que hoy los defendemos a ustedes. Para Venezuela la causa de nuestra posición no responde a razones religiosas ni étnicas, sino a la defensa irrestricta de derechos humanos esenciales».

Tras esa breve introducción, reiteré mi satisfacción por la confianza del Consejo al designarme para encabezar la misión, y sostuve que el informe que presentaba esa tarde expresaba la visión compartida por todos los integrantes de la delegación sobre la realidad de aquella guerra, pero que de ninguna manera podía dejar de expresar mi indignación por haber sido testigo presencial de la terrible agresión que sufría la población musulmana de Bosnia sin que antes de nuestro viaje la Secretaría General de las Naciones Unidas ni el P5 nos hubieran proporcionado la información que ellos tenían sobre lo que en verdad sucedía en las repúblicas de la antigua Yugoslavia.

—Llegamos a Bosnia —dije textualmente— con los ojos vendados, cegados por una tortuosa campaña de desinformación, pero la realidad que encontramos allí nos abrió los ojos de par en par y ahora estamos en condiciones de compartir con ustedes lo que de veras sucede en esa desdichada república y nuestra impresión sobre lo que el Consejo hace, no hace y lo que tendría que hacer para intentar ponerle fin a esta tragedia.

Sentí esa tarde la necesidad de manifestar mi frustración por haber comprobado en la antigua Yugoslavia que a los miembros no permanentes del Consejo se nos hubiera ocultado información decisiva sobre el conflicto, y fuéramos víctimas de una política que solo podía considerarse de «desinformación malintencionada» sobre la guerra, especialmente, sobre todo lo relacionado con el programa serbio de exterminio sistemático de la población musulmana de Bosnia.

En el contexto de esa denuncia, reiteré mi asombro por la inasistencia a la reunión del secretario general, que se hizo representar una vez más por el embajador Gharekhan, su consejero político, quien por no ser el secretario general de las

Naciones Unidas carecía de autoridad para opinar, decidir y actuar, limitaciones que a su vez le permitían a Boutros-Ghali no darse por enterado de lo que deseaba no estarlo, y disponer así de un falso pretexto para justificar el no cumplimiento de su obligación a participar en debates de gran relevancia, como era aquel, un comportamiento contrario al de sus antecesores en el cargo.

—También me apenó —añadí enseguida— comprobar que el Consejo de Seguridad ha limitado el mandato de Unprofor al insignificante papel de meros observadores del conflicto, sin la autoridad ni los medios necesarios para proteger y garantizar la seguridad de la población civil en zonas de alta conflictividad, como son Srebrenica y sus alrededores, y comprobar que ni siquiera están en condiciones de brindar asistencia humanitaria a quienes la necesitaran si no cuentan con autorización previa de los mandos militares serbios en la zona.

Inmediatamente, pasé a relatar con pelos y señales algunos de los abominables crímenes de guerra que se cometían en Bosnia y, por enésima vez, denuncié la indefensión de la población musulmana de esa nación, tanto porque el mandato de las fuerzas de paz no incluía la opción de rechazar las agresiones serbias, y porque el embargo de armas solo afectaba la capacidad real de Bosnia para ejercer su legítimo derecho a la defensa. Una situación que le arrebataba a Srebrenica y sus alrededores la protección a que tenían derecho por haber sido designados área segura por las Naciones Unidas. Por último, y con mal contenida irritación, sostuve que esta doble insuficiencia de la ONU para proteger a la población civil equivalía a validar los crímenes de lesa humanidad que amenazaban de muerte a toda la población musulmana del país.

Después de mi intervención, algunos embajadores tomaron la palabra, pero con la excepción del representante de Rusia, que dijo compartir mi preocupación por la no reacción del presidente Tudjman ante las acciones criminales emprendidas por las tropas bosniocroatas contra las familias musulmanas de Ahmici, crímenes que le denunciamos a Tudjman en la entrevista que sostuvimos con él días antes en Zagreb, todos ellos

se manifestaron con tal distanciamiento de los hechos que habíamos visto y denunciado en el informe que, antes de abandonar el salón, invité a los otros representantes del MNOAL a
reunirnos al día siguiente para evaluar los alcances de esta
inaudita situación y acordar nuestros próximos pasos, pues la
indiferencia con que fue recibido el informe nos obligaba a re-
tomar de inmediato la iniciativa o tendríamos que resignarnos
a que la misión y nuestro informe pasaran rápidamente a en-
grosar los archivos de las Naciones Unidas y nada más. Y,
como eso equivalía a reconocer el rotundo fracaso del grupo,
propuse entonces analizar en esa reunión la conveniencia de
convocar una rueda de prensa a la que también invitaríamos a
embajadores de los grupos regionales representados en la
ONU, para dar así a conocer lo más ampliamente posible el
contenido del informe.

En previsión de ese encuentro, al salir del salón de las reuniones informales me acerqué a los periodistas que nos aguardaban con natural impaciencia y les declaré que al día siguiente
los no alineados convocaríamos una rueda de prensa, pues
para nosotros el tema merecía ser tratado en una reunión formal con los medios de comunicación, no en una declaración
hecha al paso en un pasillo del edificio. Y eso hicimos, dos días
más tarde, en la gran sala de conferencias situada en la planta
baja del edificio de las Naciones Unidas. El embajador Marker
se encargó de hacer la presentación inicial y luego los representantes de Marruecos, Cabo Verde, Djibouti y yo la comple-
tamos. En su intervención, Marker deploró no haber podido
presentar el informe en una sesión oficial del Consejo y que
por eso resultaba importante que todos nos hiciéramos eco del
informe, pues de la tragedia bosnia no se conocían sino reta-
zos, maquillados con declaraciones insuficientes y resoluciones que solo habían servido para hacerles saber a los agresores
serbios que las Naciones Unidas jamás usarían la fuerza para
frenar su criminal política de limpieza étnica en la antigua Yugoslavia. Por mi parte, destaqué que a esa alarmante distorsión
de la realidad contribuían la Secretaría General y los miembros
permanentes del Consejo, que ocultaban intencionalmente información veraz y oportuna de lo que sucedía en Bosnia.

Horas después, al regresar esa noche a mi casa, me sentí animoso: no todo estaba perdido. El hecho de haber propiciado con esa rueda de prensa la difusión del contenido de nuestro informe, sin duda, generaría condiciones favorables para avanzar hacia la solución de esa tragedia que padecía la población civil de Bosnia, y estaba seguro de que terminaría provocando medidas concretas de la comunidad internacional para devolverle a esa joven y acosada república, sobre todo a su población musulmana, su derecho de existir. Todavía conservaba una visión ideal de lo que era y representaba el Consejo de Seguridad.

Para la cúpula política del mundo, la paz a cualquier costo

Dos semanas más tarde, impulsados por la buena recepción de nuestra conferencia informativa sobre Bosnia, pero también inquietos porque sabíamos que esta circunstancia no provocaría el menor impacto en la Secretaría General ni en el poderoso quinteto de la cúpula política del mundo, para quienes el único objetivo seguía siendo alcanzar la paz al precio que fuera, el 14 de mayo, los miembros del MNOAL en el Consejo redactamos un documento dirigido a la Presidencia de este órgano, sin duda, el memorial de agravios más fuerte que jamás se había entregado en esa instancia por un grupo de sus miembros, y decidimos hacerla llegar a todas las representaciones diplomáticas ante las Naciones Unidas y a los medios de comunicación. Como quiera que fuera, para nosotros lo más urgente era informar cuanto antes de la verdadera situación en Bosnia y sobre la conducta impropia de las Naciones Unidas a la hora de cumplir con su responsabilidad de mantener la paz y la seguridad en Bosnia, donde dos terceras partes de su territorio ya estaban ocupadas por fuerzas militares y paramilitares serbias. Y que eso ocurría sin que las naciones más poderosas del planeta dieran muestras de considerar siquiera la adopción de medidas concretas que impidieran el progreso de tan abominable agresión, una circunstancia que a su vez impedía hacer realidad una paz duradera en la región. Igualmente, grave era la circunstancia de que en las Naciones Unidas se impusiera la posición de quienes se negaban a rechazar directamente la brutal agresión serbia, pero también a levantar el embargo de armas que les permitiera defenderse de ella al Gobierno y al pueblo de Bosnia. Una contradicción, afirmábamos, que equivalía a dejar a su población civil a merced de tropas extranjeras, una auténtica violación moral de esa joven república.

En ese documento también señalamos que desde los tiempos de la Conferencia de Londres sobre Bosnia, hasta el plan Vance-Owen, las autoridades serbias venían engañando reiteradamente a la comunidad internacional al no cumplir ninguno de los compromisos que habían asumido, y, en cambio, convertían las diversas etapas del proceso negociador en simples medios para alcanzar con impunidad sus objetivos de expansión territorial y dominio político a expensas, en este caso concreto, de la soberanía de Bosnia y Herzegovina. Teníamos la certeza, y así lo declaramos, de que en aquel momento no existía otra alternativa política capaz de solucionar la crisis bosnia que el plan de paz Vance-Owen, como resignadamente había reconocido Alija Izetbegovic durante nuestra reunión en Sarajevo. Postura con la que estuvimos de acuerdo, porque, aunque el plan disponía la partición del territorio bosnio en distritos autónomos, también exigía, y ese era un aspecto decisivo a tener en cuenta, la retirada de las tropas serbias del territorio que ocupaban en Bosnia, y la relativa unidad política de la república mediante la constitución de un gobierno nacional compartido por las tres etnias. Negar el plan sin presentar una alternativa válida, como se proponían los promotores del Plan de Acción Conjunta de Washington, solo serviría para allanarle el camino al inaceptable proyecto imperial de Milosevic. Por eso planteábamos que, si el Consejo de Seguridad continuaba negando esta realidad, se haría cómplice de la destrucción de una república cuya soberanía estaba obligada a proteger. Y reiterábamos, como aspecto central de nuestra posición, que levantar el embargo de armas y autorizar una intervención militar internacional para destruir las armas pesadas serbias emplazadas en territorio bosnio eran acciones imprescindibles para lograr la firma de un cese el fuego real como paso previo a un acuerdo de paz.

Por otra parte, advertíamos que, precisamente por no haber aprobado ni aplicado medidas coercitivas que al menos incluyeran una eventual intervención militar internacional, se le arrebataba al plan Vance-Owen la posibilidad de hacerse realidad. A esas alturas del proceso, sosteníamos que el Consejo debía haber aprendido la amarga lección de las consecuencias de que hasta ese momento sus resoluciones no mencionaran siquiera la posibilidad de usar la fuerza para defender los derechos del Gobierno y el pueblo bosnios. Parecía innecesario insistir en este punto, pero debíamos hacerlo porque los miembros más poderosos del Consejo daban la impresión de preferir no respetar las disposiciones previstas en la Carta de la ONU en materia de seguridad colectiva, y esta gravísima actitud nos obligaba a solicitar que las grandes potencias mundiales representadas en el Consejo asumieran la responsabilidad que tenían de actuar ante situaciones como aquella. Y que declararan estar resueltos a emplear todos los medios que establecía la Carta para normalizar la situación en los Balcanes. No hacerlo, insistíamos, solo conseguiría que otras naciones militarmente débiles pudieran ser en el futuro presas fáciles de la ambición de naciones más poderosas.

Este documento del 14 de mayo fue un ataque directo al P5, pero los países del MNOAL integrantes del Consejo solo constituíamos un tercio de sus miembros, insuficiencia evidente para aprobar o negar nada oficialmente, pero nos proporcionaba cierta capacidad para influir en la opinión pública mundial y en los medios de comunicación internacionales. Una verdad que nos hizo pensar que la invitación formulada por el Gobierno de Estados Unidos el sábado 22 de mayo a Francia, Reino Unido, Rusia y España a suscribir el Plan de Acción Conjunta de Washington era, en realidad, una iniciativa encaminada a sepultar el plan Vance-Owen de paz que, aunque a regañadientes, contaba con el respaldo del Gobierno de Bosnia y, por lo tanto, de los países no alineados.

El Plan de Acción Conjunta de Washington

Para algunos, la súbita decisión del presidente Clinton de asumir un papel protagónico en la búsqueda de una solución a la crisis en Bosnia seguramente se debía a que algún asesor suyo recordó que en 1991 el primer ministro Poos, de Luxemburgo, presidente entonces de la Comunidad Europea, había dicho, ante la naciente crisis en la antigua Yugoslavia, que había llegado la hora de Europa y «no de los norteamericanos». También parecía posible que la imprevista iniciativa de Clinton tuviera mucho que ver con la presentación del informe al Consejo de Seguridad sobre nuestra misión a Bosnia y el memorial de agravios que le enviamos a Boutros-Ghali el 14 de mayo. En todo caso, y eso resultaba altamente significativo, los miembros europeos del Consejo de Seguridad que, por sus acciones y omisiones, desde el estallido de la crisis bloqueaban el derecho de Bosnia a ser una república independiente y ejercer su legítimo derecho a defenderse, apoyaban este plan de paz sugerido por Washington.

Quizá por las prisas, sin embargo, la iniciativa de Clinton no era propiamente un plan, sino apenas una simple declaración de intenciones como respuesta precipitada a las contundentes críticas que se le hacían a su política exterior con respecto a las guerras yugoslavas, idéntica a la de su antecesor, acentuadas por las posiciones que defendíamos con firmeza los miembros no alineados del Consejo. Esta realidad la hizo evidente el 22 de mayo Richard Boucher, portavoz del Departamento de Estado norteamericano, al reconocer ante la prensa que la iniciativa del gobierno de Clinton no iba más allá de repetir los alcances y las especificaciones de las cinco áreas que nuestra misión a Bosnia recomendaba que fueran designadas seguras, recogidas en la Resolución 824 del 6 de mayo, promovida por los países del MNOAL. Según Boucher, el plan sí incluía opciones militares para impedir los vuelos de aviones de combate serbios sobre Bosnia, pero moderaba esas eventuales intervenciones armadas internacionales para autorizarlas solo en el caso de que los ataques serbios pusieran en peligro no a la población civil bosnia, sino a los cascos azules desplegados en esas zonas.

Esta limitación perseguía el propósito del Consejo de Seguridad y la Secretaría General de las Naciones Unidas de impedir que alguna alianza militar internacional, la OTAN por ejemplo, recurriera a la opción de emplear la fuerza para disuadir a Belgrado de sus despiadadas acciones contra la soberanía de Bosnia. Es decir, esta iniciativa del gobierno de Clinton se limitaba a reproducir la misma burla cruel que repetían las resoluciones del Consejo, tal como me señaló un mes antes el vicepresidente bosnio, Ejup Ganic, al despedirnos a las puertas del Palacio de Gobierno en Sarajevo y señalarme un avión de combate de la OTAN que sobrevolaba la ciudad.

—Como puede ver, embajador —me dijo Ganic con una sonrisa entre irónica y triste—, desde el aire es que nos protegen del genocidio.

Lo cierto es que con esta maniobra el Gobierno de Estados Unidos, simplemente, pretendía disimular la contradicción existente entre las radicales promesas electorales de Clinton sobre el conflicto bosnio y el muy moderado plan de paz Vance-Owen, con lo cual, en lugar de propiciar una paz duradera para las repúblicas de la antigua Yugoslavia, amplificaba la confusión generada por las múltiples críticas a la pasividad de Washington, a las que ahora se añadían los duros reclamos de importantes líderes políticos estadounidenses, del Partido Republicano y del Partido Demócrata. Fue con esa finalidad que buscaron el apoyo de los gobiernos europeos miembros del Consejo que, por supuesto, acogieron con sumo agrado el súbito interés de Estados Unidos de vincularse más activa y decisivamente en el debate sobre la solución a la crisis bosnia.

En el desarrollo de esa alianza puntual de Estados Unidos y Europa en el Consejo para promover un supuesto tercer camino, merece destacarse la posición adoptada por la embajadora Madeleine Albright, quien, en conversaciones privadas, sostenía que estaba de acuerdo con nosotros, pero que, obligada a seguir las instrucciones del Departamento de Estado, alzaba el brazo y votaba según esas instrucciones, aunque «su corazón latía en la dirección correcta». Tal vez porque al ver lo que sucedía en Bosnia recordaba lo mucho que había sufrido

Checoslovaquia, su país de origen, por culpa de la cobardía franco-británica demostrada con la entrega de la región de los Sudetes a Hitler.

Años después, comprendí que el distanciamiento estadounidense de las guerras yugoslavas y las limitaciones insuperables del plan Vance-Owen para frenar realmente la agresión serbia eran razones adicionales para que Clinton cambiara el rumbo de la política exterior de Estados Unidos con respecto a la crisis en la antigua Yugoslavia y tomara de repente la decisión de inmiscuirse directamente en la solución del problema. Por otra parte, sin embargo, creo no exagerar si digo que la descripción que hicimos en la sesión informal del 30 de abril de las atrocidades que se cometían en Bosnia y las muy bien documentadas denuncias que incluimos en nuestro documento del 14 de mayo sobre las múltiples irregularidades de la Secretaría General y de los miembros permanentes del Consejo en el manejo de ese conflicto tuvieron mucho que ver con esa súbita mudanza de la política estadounidense. ¿Podía ser simple fruto del azar que apenas tres semanas después de haber presentado nuestro informe sobre la misión que habíamos cumplido en Bosnia se aprobara la Resolución 824 del Consejo de Seguridad, y que apenas una semana después de presentar nuestro documento del 14 de mayo se hiciera el anuncio del Plan de Washington y se preparara a toda carrera el proyecto de la Resolución 836, que sería aprobada el 4 de junio?

Esta doble interrogante tuvo su respuesta cuando el gobierno de Clinton, después de dar una impresión inicial favorable a futuras acciones militares internacionales para resolver definitivamente la crisis bosnia, dejó claro que su posición no era más que un anuncio retórico en el marco de su campaña electoral. Es decir que, tan pronto como asumió la Presidencia de su país, se hizo evidente que el objetivo de Clinton con este plan, además de mostrar su propósito de tener un mayor protagonismo ante la opinión pública estadounidense, era dinamitar el plan de paz Vance-Owen, una circunstancia que a su vez abría otra y difícil interrogante: ¿por qué Washington anunciaba por todo lo alto una iniciativa cuyo objetivo real era fortalecer la tesis de los gobiernos europeos de ralentizar las negociaciones y reducir al mínimo el papel de la comunidad internacional en el manejo de esa terrible crisis y proponía un plan alterno que, en realidad, aspiraba a fortalecer una impresentable política de «contención» que incluía el despropósito de reconocerle a Serbia el «derecho» de conservar su dominio sobre esas dos terceras partes del territorio bosnio que ya habían ocupado sus tropas?

Pensé entonces, y no he cambiado de parecer, que Washington no reaccionaba contra la violencia del agresor serbio en Bosnia, como había sostenido Clinton en sus tiempos de candidato presidencial, sino que estaba de acuerdo en premiar a los serbios legitimando su soberanía sobre los territorios bosnios ocupados militarmente y negándole a Bosnia su derecho de recuperarlo, una estrategia perversa que comprendía no levantar el embargo de armas ni autorizar eventuales ataques de la aviación de la OTAN a los emplazamientos militares serbios en territorio bosnio. En verdad, Clinton siempre tuvo presente que los gobiernos del Reino Unido y de Francia, los principales aliados europeos de Estados Unidos que a su vez eran piezas claves del rompecabezas bosnio, no estaban ni estarían dispuestos a aceptar esas dos controversiales acciones.

Para extremar la magnitud de esta artimaña, Clinton anunció días después que enviaba a Warren Christopher, su secretario de Estado, a París y Londres en busca del apoyo de ambos gobiernos a su propuesta de levantar el embargo y atacar al invasor serbio si no desistía de su proyecto imperial. Sin embargo, tan pronto como Christopher regresó a Washington, los ministros de Asuntos Exteriores del Reino Unido y de Francia señalaron que en ningún momento de su visita el secretario de Estado norteamericano planteó la posibilidad de levantar el embargo ni el empleo de fuerzas militares internacionales en Bosnia. Una penosa contradicción originada en el turbio empeño de hacer ver que eso era lo que se proponía impulsar con el Plan de Washington.

En medio de este malentendido, Estados Unidos y sus aliados le exigieron a Boutros-Ghali presentar en un plazo de veinticuatro horas un nuevo proyecto de resolución sobre Bosnia ajustado a las ideas sobre las que se sostenía el Plan de Washington, y que lo presentara en la sesión oficial del Consejo el 4 de junio, desmesura que nos sorprendería a los miembros del MNOAL del Consejo, cuando Estados Unidos, Francia y el Reino Unido presentaron el texto de lo que terminaría siendo la Resolución 836. Un documento que inmediatamente después de ser aprobado fue descalificado por Joe Biden, entonces senador y presidente del Comité de Relaciones Exteriores del Senado estadounidense, al declarar: «(Con esa resolución) Occidente vaciló tan patéticamente ante el caso Bosnia que los líderes de una república que ha sufrido tanto sospechan, con razón, que con el nuevo Programa de Acción Conjunta de Washington, validado por el Consejo de Seguridad con su Resolución 836, hemos abandonado a las víctimas, que continúan luchando a pesar del embargo de armas de la ONU y de la indefensión en que se encuentran ante agresores cuya fuerza no radica en las destrezas de su tropa sino en su superioridad militar. Si no logramos enfrentar con determinación esta situación, pronto veremos nuevas agresiones de inspiración étnica en los Balcanes y más allá». Precisamente por esa razón, los no alineados en el Consejo rechazamos la Resolución 836, y porque, si bien el agonizante plan Vance-Owen dividía Bosnia en diez distritos autónomos de acuerdo con la composición étnica de su población, también reducía la fraudulenta soberanía serbia a cuarenta y tres por ciento de esos territorios.

Esta cantonización de Bosnia era política y moralmente inadmisible, pero para el legítimo Gobierno bosnio, acorralado por las apremiantes circunstancias de una guerra que no estaba en condiciones de ganar, constituía un forzoso mal menor. Los estrategas de Washington, en cambio, le reconocían al Gobierno serbio el «derecho» de conservar todos los territorios bosnios ocupados por sus militares. Es decir, a pesar de las muchas declaraciones de Clinton al respecto, en ese momento, sin tener en cuenta los principios más elementales de las Naciones Unidas, dejaba de lado los términos del plan Vance-Owen y legitimaba tranquilamente las conquistas territoriales de Belgrado, todas ellas asociadas a flagrantes acciones de exterminio étnico. Adicionalmente, de acuerdo con las ideas que se manejaban en el supuesto Plan de Washington, semillero del nuevo proyecto de Resolución 836, lo que ocurría en Bosnia no era la ilegal expansión imperial de un país a expensas del territorio de sus vecinos ni la criminal aplicación de una comprobada política de exterminio étnico para lograrlo, sino un simple conflicto entre partes que no se entendían.

Por último, aunque tanto el Plan de Washington como la Resolución 836 parecían garantizar la seguridad de la población musulmana asentada en los cinco enclaves calificados de áreas seguras, la resolución limitaba la opción de una respuesta militar en caso de que los funcionarios civiles y militares de las Naciones Unidas desplegados en esas zonas supuestamente seguras llegaran a estar en peligro. Una decisión que le transmitía al Gobierno serbio el mensaje de que podían continuar haciendo en Bosnia lo que hacían, siempre y cuando no cometieran el error de atacar a los cascos azules presentes en algunas de esas áreas.

Ante estas inadmisibles circunstancias, los países no alineados en el Consejo de Seguridad decidimos no respaldar la resolución, una posición que había adquirido mucho peso en la comunidad internacional, perfectamente resumida en el comentario que por esos días hizo George Shultz, ex secretario de Estado de los Estados Unidos, al declarar: «El secretario general Boutros-Ghali ha dicho que no debemos recurrir a la fuerza en Bosnia y así facilitar que las negociaciones que están en marcha tengan un desenlace feliz, pero da la impresión de que este señor vive en otro planeta, porque en Bosnia se recurre a la fuerza de las armas las veinticuatro horas del día. Lo que no existe allí es una contrafuerza». De ahí que la víspera de esa sesión del 4 de junio el grupo del MNOAL en el Consejo señalamos: «Basta comprobar la alegría con que los agresores serbios han acogido la iniciativa del Gobierno de Estados Unidos y las palabras del presidente Clinton para medir las verdaderas intenciones y probables consecuencias de este proyecto de resolución».

Dada esta alarmante interpretación de lo que entendían los miembros permanentes del Consejo por «áreas seguras», los embajadores de Marruecos, Djibouti, Cabo Verde, Pakistán y Venezuela propusimos un nuevo proyecto de resolución, fundamentado en nuestro documento del 14 de mayo, en el que planteamos la necesidad de que las fuerzas de paz de las Naciones Unidas asumieran, en el más amplio sentido del término, la protección de la población musulmana de Sarajevo y de las provincias de Gorazde, Bihac, Brcko, Tuzla y Zepa, identificadas en el plan Vance-Owen como zonas musulmanas, y designadas áreas seguras por la Resolución 824 aprobada el 6 de mayo, y se exigiera la inmediata retirada de las tropas serbias que continuaban ocupando distritos musulmanes en Bosnia.

Nuestra propuesta, que, como era de esperar, no obtuvo respaldo, insistía en las «recomendaciones formuladas en el informe de la misión enviada a Bosnia». Entretanto, Estados Unidos, Francia, el Reino Unido y Rusia pedían incluir en la nueva resolución su parcializada versión sobre los alcances de las áreas seguras, con el falso argumento de que deseaban poner al día la resolución del 16 de abril, aunque lo que hacían era reiterar sus mismas o parecidas deficiencias, lo que prolongaría indefinidamente la indefensión de la población civil en las principales ciudades del país, incluida, por supuesto, Sarajevo, su capital, y que en la práctica daban a entender que las Naciones Unidas no intervendrían en Bosnia para interferir en los planes serbios de ocupación y exterminio. En su libro Quiet Diplomacy, publicado después de retirarse de las Naciones Unidas, el embajador Marker resumió nuestra oposición a la Resolución 836 en muy pocas y afortunadas palabras: «Se trataba de una parodia del espíritu y la letra del concepto de áreas realmente seguras, de modo que, si la resolución lograba validarla, solo serviría para perpetuar la existencia de campos de refugiados y guetos al aire libre, en beneficio exclusivo del agresor».

Sesión del Consejo de Seguridad. Denuncia de los guetos étnicos

La mañana del 4 de junio, mientras desayunaba, leí en The New York Times una noticia que me quitó el apetito. Según la información, en el programa Today de la cadena NBC, Warren Christopher, secretario de Estado norteamericano, había declarado el día anterior: «(El conflicto en Bosnia) afecta nuestras preocupaciones humanitarias, pero no nuestros intereses vitales ni nuestros intereses estratégicos, razones por la que el presidente Clinton ha adoptado una política prudente con el propósito de no comprometer a Estados Unidos en un problema que, como quiera que se mire, es un problema europeo».

Esta cruda declaración contradecía abiertamente la posición del presidente Clinton durante su campaña electoral, reiterada el 6 de mayo, después de que los representantes serbios en la Conferencia Internacional sobre Bosnia, celebrada en Atenas, se habían negado a suscribir el plan Vance-Owen con el argumento de que el presidente Clinton se había referido entonces al conflicto en Bosnia «como guerra de agresión que a los Estados Unidos le interesa detener». Y porque había agregado: «Hemos visto demasiadas cosas, allí tenemos intereses fundamentales y de ningún modo podemos dejar de actuar como miembros de la comunidad mundial».

No me sorprendía del todo la declaración de Christopher, porque la verdad era que los gobiernos de Estados Unidos no habían seguido una política bien definida sobre las guerras yugoslavas, y porque yo ya tenía suficiente experiencia en el Consejo de Seguridad para saber con bastante precisión cómo se manejaban sus miembros permanentes. No obstante, pensaba que en una materia de tanta relevancia para las Naciones Unidas como el mantenimiento de la paz y la seguridad en todo el mundo los «intereses vitales o estratégicos» de los miembros del Consejo no interferirían en su obligación de respetar el contenido de la Carta de las Naciones Unidas, como hacía ahora Christopher al contradecir abiertamente la posición del Clinton candidato.

La víspera de la sesión del 4 de junio había preparado mi intervención con Carlos Bivero, nuestro embajador alterno, cuyas opiniones valoraba mucho, y, mientras aprovechaba la radiante mañana primaveral de aquel día para ir andando desde mi residencia oficial en la calle 81 hasta la sede de las Naciones Unidas, repasé mentalmente las líneas maestras del discurso con que le negaría el voto favorable de Venezuela a ese proyecto de resolución, en tajante desafío a las maniobras de la Secretaría General y del P5; así que nada más llegar al edificio me dirigí al Salón de Delegados, situado en la planta baja, y poco después al gran salón del Consejo de Seguridad, donde el embajador de España, Juan Antonio Yáñez Barrionuevo, en su condición de presidente del órgano, abrió la sesión leyendo el proyecto de resolución, que, como ya he comentado, si bien parecía garantizar que las áreas designadas seguras lo fueran en efecto, ponía en evidencia que la intención de los redactores del texto no iba más allá de la habitual y retórica declaración de buenas intenciones, sin asumir tampoco en esta ocasión el compromiso de hacerlas realidad. Lo entendíamos de este modo porque, aunque la resolución reivindicaba formalmente el derecho del Consejo de recurrir a la fuerza de las armas para actuar conforme al Capítulo VII de la Carta de las Naciones Unidas, como también ya hemos advertido, solo lo autorizaba si alguna de las partes pusiera en peligro no a la población civil en esas zonas de alta conflictividad bélica, sino a los funcionarios civiles y a los militares de las Naciones Unidas desplegados en ellas. Es decir, esta resolución que esa mañana se disponía a aprobar el Consejo daba a entender claramente que la presencia de cascos azules en las áreas designadas como seguras no garantizaba en absoluto «el pleno respeto a la seguridad» de sus pobladores, a pesar de que ese era el punto teóricamente central de la resolución.

Por otra parte, el Consejo reafirmaba en el proyecto la continuación del embargo de armas que se aplicaba a las repúblicas de la antigua Yugoslavia desde el 21 de septiembre de 1991, decisión que dejaba a Bosnia en franca inferioridad para enfrentar la brutal agresión de Serbia, heredera del inmenso arsenal militar del desaparecido Ejército Popular de Yugoslavia.

De igual modo, pasaba por alto la necesidad que habíamos desarrollado los miembros del MNOAL en el Consejo de aclarar por qué se designaba esas áreas como «seguras» y no como «protegidas», una diferencia que iba mucho más allá de una simple ambigüedad léxica, porque referirse a ellas como áreas «protegidas» incluía la obligación del Consejo de hacerlas efectivamente seguras para todos sus habitantes, civiles o militares, mientras que la calificación de áreas «seguras» apenas recogía una aspiración de las Naciones Unidas. Por último, la resolución reiteraba que la comunidad internacional consideraba inaceptable la adquisición de territorio mediante el uso de la fuerza y la depuración étnica, pero dos semanas antes, el 20 de mayo, el vocero del Departamento de Estado norteamericano, autor del Plan de Washington, que había servido de cimiento a este proyecto de resolución, declaró tranquilamente: «Por el momento no se prevé modificar el statu quo de los territorios bosnios ocupados por las tropas serbias». Una declaración que equivalía a legitimar, aunque fuera «por el momento» la agresión serbia y la apropiación de dos terceras partes del territorio bosnio mediante una aberrante política de exterminio étnico.

Para colmo de males, en Srebrenica, enclave designado dos meses antes primera «área segura» de Bosnia, las tropas serbias continuaban obstaculizando el ingreso en la ciudad de la ayuda humanitaria y el suministro de agua corriente y electricidad. Y por si esto fuera poco, aunque la Resolución 824 «exigía» la retirada de los militares serbios que mantenían sitiada Srebrenica y autorizaba a Unprofor a adoptar las medidas necesarias para hacer cumplir esa exigencia, incluido el uso de la fuerza si el enclave o cualquier otra área supuestamente segura era bombardeada «por cualquiera de las partes», de nada había servido esa buena intención. Estas graves e irrefutables circunstancias convertían este proyecto de resolución en una burla cruel, porque incluía un elogio al Gobierno bosnio por haber suscrito el plan de paz Vance-Owen, a sabiendas de que el Plan de Washington ya había dado de baja esa propuesta.

Los no alineados y la Secretaría General habíamos coincidido en señalar que las «áreas seguras», tal como se describían en este proyecto de resolución, en realidad eran guetos étnicos amparadas por las Naciones Unidas, una aberración ética y política que se pretendía mantener indefinidamente. Para Venezuela, las «áreas seguras» debían ser una solución definitiva a los infortunios que sufrían los habitantes civiles de las poblaciones bosnias amenazadas y agredidas por los serbia. Entendíamos que esas áreas debían constituirse en mecanismos de carácter temporal para proporcionarles a sus habitantes la protección y la posibilidad de llevar una vida relativamente normal, con pleno respeto a los derechos humanos, incluido el libre acceso a la asistencia humanitaria, mientras se negociaba un acuerdo de paz real y duradero. Exactamente lo contrario de lo que se proponía entonces, una contradicción que nos obligaba a preguntar si algún día el Consejo de Seguridad reconocería su error, si llamaría las cosas por su nombre y si finalmente aceptaría que, tal como se pretendía con esta resolución, estas áreas que llamaban seguras eran campos permanentes de refugiados. Hasta el extremo de que, pocas semanas después de haber sido aprobada la resolución, el teniente coronel Barry Frewer, portavoz de Unprofor, anunció burlonamente la colocación a la entrada del «área segura» de Gorazde un letrero con la advertencia, a quien pasara por allí, de que la ciudad era un «área segura muy peligrosa y les recomendaba retirarse de inmediato».

Cuando esa mañana, minutos antes de que se iniciara el debate, Víctor Manzanares, primer secretario de la delegación de Venezuela, me notificó que nuestro ministro de Relaciones Exteriores, general del ejército Fernando Ochoa Antich, me llamaba por teléfono, yo ya estaba prevenido por un buen amigo funcionario del ministerio de que Ochoa Antich me buscaba con sospechosa impaciencia. Por esa razón, le pedí a Manzanares que le mandara a decir al ministro que me resultaba imposible salir del salón para ponerme al teléfono, porque estaba a punto de comenzar mi intervención en el debate. El embajador David Hannay, sentado un puesto más allá de la embajadora Albright, hablaba en ese momento con el representante británico en Caracas y escuché que le decía: «Arria no está todavía a punto de hablar, simplemente no quiere atender la llamada». Supe entonces que mi decisión de no votar en favor de la resolución tendría consecuencias, mucho más cuando casi inmediatamente Ochoa volvió a llamarme.

En esta ocasión, Manzanares salió del gran salón del Consejo para atender la llamada en una de las cabinas situadas en el vestíbulo. Según me contó después, al responder la llamada, Ochoa le advirtió que lo hacía «directamente responsable de trasmitir al embajador Arria el mensaje de que tenía que votar a favor de la resolución». Manzanares regresó corriendo, sumamente preocupado, le informó a Bivero, sentado a mis espaldas, el apremiante mensaje del ministro. Bivero, ecuánime como de costumbre, calmó a Manzanares, quien después me confesó que estaba aterrado porque Ochoa había empleado un «amenazante tono de voz». Bivero nada me dijo en ese momento, porque yo le había advertido que no iba a modificar mi posición y, si me daba por enterado de la decisión de Ochoa, al terminar mi intervención tendría que anunciar que renunciaba a mi cargo, porque de ningún modo actuaría bajo la presión que en esos momentos ejercían los embajadores de Francia y del Reino Unido acreditados en Venezuela sobre el ministro en su despacho caraqueño. Entendía que esa circunstancia me impondría la obligación moral de renunciar de inmediato a mi posición como representante permanente de Venezuela ante las Naciones Unidas.

Intentan cambiar mi posición en el Consejo

El embajador de Francia, Jean-Bernard Mérimée, uno de los proponentes del proyecto de resolución, fue el primero en tomar la palabra, y lo hizo para afirmar que este demostraba a la comunidad internacional que los miembros del Consejo no habían estado cruzados de brazos ante lo que ocurría en Bosnia. Palabras que confirmaban que la verdadera intención del proyecto no era plantear una solución real a la crisis bosnia, sino aplacar a una opinión pública cada día más impaciente por las insuficiencias y la pasividad de las Naciones Unidas para afrontar y resolver un conflicto de gran y creciente gravedad. Por eso, Mérimée añadió que quienes habían emprendido la tarea de elaborar aquel proyecto de resolución sencillamente no se resignaban a que la prolongación del conflicto diera lugar a aceptar lo que él llamó «soluciones desesperadas», y puso como ejemplo la posible retirada de Unprofor de Bosnia y que quedaran en las manos exclusivas de las partes la suerte final del conflicto. Luego señaló que, precisamente para evitar esa catástrofe, Francia rechazaba la opción de levantar el embargo de armas, una de las principales recomendaciones que promovíamos los no alineados en el Consejo.

Después le correspondió su turno a Jamsheed Marker, quien reiteró nuestro rechazo a un proyecto de resolución que modificaba sustancialmente la naturaleza de las llamadas áreas seguras, tal como como quedaba demostrado con el brutal sitio serbio a Srebrenica, ciudad convertida en un inmenso campamento de refugiados a perpetuidad, rodeado por tropas serbias que seguían ejerciendo un control absoluto de la situación. Por su parte, el embajador Roble Olhaye, representante de Djibouti, uno de los países más pequeños de las Naciones Unidas, se atrevió a señalar: «Si en alguna parte del oscuro mundo de la diplomacia existe un programa oculto para encubrir la agresión serbia y legitimar sus frutos, todo lo que digamos y hagamos al respecto sería una farsa: ante tanta pérdida de vidas humanas, destrucción de hogares, sufrimiento y muertes en vano, ahora tendríamos que añadir un nuevo capítulo a la Carta de las Naciones Unidas bajo el título de "Cinismo y engaños internacionales"».

Para concluir este ciclo de intervenciones, tomó la palabra mi vecina en la mesa del Consejo, la embajadora Madeleine Albright, quien afirmó que Estados Unidos votaría en favor del proyecto de resolución, pero «sin ilusiones». Después nos recordó: «Los gobiernos que elaboramos el llamado Plan de Washington hemos llegado al acuerdo de mantener todas las opciones abiertas para poder adoptar en el futuro medidas más duras, ninguna de las cuales ha sido prejuzgada ni excluida de nuestras consideraciones. La opinión de mi gobierno sobre lo que deben ser esas medidas no ha cambiado».

Albright actuaba según las instrucciones recibidas, aunque solo por disciplina. Sobre este punto, hace pocos días encontré en la Biblioteca Presidente Clinton una entrevista recientemente desclasificada en la que la embajadora Albright, el 28 de octubre de 1996, le dice a su entrevistador: «(Lo importante) es saber el origen de la posición que defendía entonces y el hecho de que teníamos que fijarla teniendo en cuenta las posiciones del Reino Unido, Francia y el grupo de no alineados, que incluía a países musulmanes. En ese contexto, y ante tantas contradicciones sobre la situación, sobre todo en su fase inicial, el embajador Diego Arria, representante de Venezuela en el Consejo de Seguridad, sostenía una posición muy firme de apoyo a las medidas más duras que proponían las naciones musulmanas y el Movimiento de No Alineados, pero que no compartían en absoluto nuestros departamentos de Estado y de Defensa, los organismos de inteligencia ni la Casa Blanca». Con esta declaración Albright reconocía que se sentía más próxima a nuestra posición en las Naciones Unidas que a la de su gobierno, y que le había resultado «muy difícil reconciliar ambas posiciones cuando los no alineados hablaban de genocidio, como era justamente lo que ocurría en Bosnia». Una contradicción que la impulsó a plantear en Washington: «La necesidad de revisar nuestra política sobre ese conflicto, porque la visión que se tenía de la situación en Nueva York se ajustaba más a la realidad que la nuestra».

Por fin, el presidente del Consejo me concedió el uso de la palabra. Yo era consciente de que aquella era una oportunidad excepcional, porque me permitiría dar a conocer nuestra posición en el escenario de una sesión oficial del Consejo de Seguridad a todos los representantes diplomáticos ante la ONU, ante las cámaras de la televisión y en presencia de los principales medios de comunicación de Estados Unidos y del mundo. Una oportunidad que se nos había negado el 30 de abril, al limitar la presentación del informe de nuestra misión a Bosnia al espacio herméticamente cerrado de las sesiones informales. Pero esa oportunidad también me forzaba a prescindir del habitual lenguaje diplomático que se emplea en la ONU, cómodo instrumento del organismo para disimular la realidad y confundir, y hablar con total claridad, circunstancia que me hacía peligrosamente responsable de lo que iba a decir. De ahí que inicié mi intervención refiriéndome a una dramática correspondencia que el presidente Alija Izetbegovic le dirigió al presidente del Consejo de Seguridad, copia de la cual había recibido tres días antes, así que mis primeras palabras fueron para deplorar que esta comunicación del presidente de un Estado miembro de las Naciones Unidas, que no pudo hacerse presente en aquella sesión sobre el futuro de su país, porque Sarajevo llevaba año y medio bajo los ataques de grupos armados criminales, no había recibido respuesta alguna del Consejo.

—A mí sí me conmovió —añadí de inmediato—, porque mi visita a Bosnia el mes pasado me permite entender muy bien la angustia del presidente Izetbegovic, acorralado en Sarajevo por fuerzas serbias, una realidad que me obliga a hacerme eco de las tribulaciones que lo acosan y advertirle al mundo que tiene razón al señalar que somos cómplices de la tragedia que padece su país. La respuesta de la delegación de Venezuela al presidente Izetbegovic es breve y rotunda: Usted dice la verdad, señor presidente, cuando denuncia que unidades paramilitares serbias, apoyadas directamente por el Ejército yugoslavo, prosiguen su agresión a Bosnia, y que los agresores pueden actuar así porque el Consejo de Seguridad ha atado de pies y manos a su gobierno mientras el pueblo bosnio es asesinado y el país arrasado con impunidad. Un Consejo de Seguridad que dice estar resuelto a ser neutral en el conflicto, pero que de hecho no lo ha sido, porque explícita e implícitamente, al imponer y mantener un embargo de armamentos a la antigua Yugoslavia y extender su aplicación a Bosnia y Herzegovina, tomó una decisión que solo ha servido para ayudar al agresor, que está bien armado, y para debilitar trágicamente al pueblo bosnio, su víctima. Situación, nos recuerda el presidente Izetbegovic en su mensaje, cuyo resultado es irrefutable y contundente: dos terceras partes del país se encuentran ocupadas, han muerto más de doscientos mil civiles, entre dos y tres millones de personas han sido desalojadas de sus hogares, cientos de ciudades y pueblos han sido devastados y miles de mujeres han sido violadas por militares serbios. Ese es el precio que han pagado Bosnia y sus habitantes por la decisión desafortunada de imponerle al país un embargo de armas desde septiembre de 1991 y por la persistente negativa del Consejo a enmendar su decisión de entonces.

Con profunda pena señalé entonces que, a pesar de este dramático mensaje del presidente de un Estado miembro de las Naciones Unidas que estaba en peligro de extinción, los promotores del proyecto de resolución cuya aprobación debatíamos en ese momento carecían de voluntad para frenar la matanza sistemática de la población musulmana de Bosnia, incluidos los habitantes de esas cinco áreas designadas seguras en la Resolución 824. A esas alturas ya no había excusas válidas para seguir silenciando lo que ocurría en Srebrenica desde el 16 de abril, cuando en resolución del Consejo de Seguridad la designamos área segura bajo la protección de las Naciones Unidas. Los no alineados fuimos desde el primer instante partidarios de la creación de estas áreas, pero siempre que los efectivos de Unprofor contaran con el mandato y los recursos necesarios para garantizar la protección de sus pobladores. Esa fue la razón de que Venezuela, Cabo Verde, Djibouti, Marruecos y Pakistán desempeñáramos un papel determinante en la redacción y aprobación de las resoluciones 819 y 824, que crearon las áreas seguras, primero la de Srebrenica, y luego las de Sarajevo, Gorazde, Zepa, Tuzla y Bihac. Sin embargo, ese 4 de junio teníamos que dejar constancia de que durante las consultas informales sobre el proyecto de resolución habíamos solicitado al secretario general y a los representantes de España, Estados Unidos, Rusia, Francia y Reino Unido que la Secretaría General presentara un informe oficial sobre la capacidad de la ONU para poner en práctica el contenido de la nueva resolución sobre áreas realmente seguras, y esa solicitud aún no había sido atendida.

—La verdad —afirmé después— es que con este silencio se pone de manifiesto que cuatro de los cinco miembros permanentes del Consejo solo pretenden dar la impresión de que buscan una solución del conflicto, cuando lo cierto es que, al aprobar a toda prisa este proyecto de resolución, solo pretenden dejar de lado el documento que los integrantes del MNOAL en el Consejo le hicimos llegar al secretario general el 14 de mayo, en el que hicimos una evaluación crítica de esa situación. Ninguna de estas consideraciones, muchas de ellas incluidas en el informe sobre Bosnia que la Secretaría General le presentó al Consejo el 18 de mayo, fue tomada en cuenta por los redactores de este proyecto de resolución. Seguimos sin saber, por ejemplo, qué acciones está dispuesto a emprender el Consejo si los agresores serbios rehúsan retirarse de esas áreas, tal como ocurre en Srebrenica. ¿En ese caso autorizaría el Consejo una acción militar para obligar a los mandos serbios a cumplir esta exigencia de la resolución, o una vez más se nos dirá que no está en condiciones de cumplir con su responsabilidad porque no dispone de tropas ni de recursos financieros suficientes para evitar que esta Resolución 836 solo sea un inservible pedazo de papel? Con igual crudeza deseo recordar que no hace mucho, para repeler la ilegal invasión de Irak a Kuwait, la comunidad internacional desplegó quinientos mil militares y un impresionante arsenal bélico, cuyo monumental costo fue asumido sin pestañear por un grupo de países. En esa ocasión no hubo discusiones ni dudas para actuar como era debido, porque estaba claro para todos que sus intereses estratégicos estaban en juego. No pretendo comparar ambas situaciones, pero me pregunto, si lo que ocurre en Bosnia es tan condenable como lo fue la agresión de Irak a Kuwait, ¿por qué la comunidad internacional no le da a Serbia la misma respuesta que le dio entonces a la desmesura de Saddam Hussein? ¿Será que el rasero con que se mide la agresión serbia a Bosnia es muy distinto al que se empleó para justificar la intervención internacional en el conflicto Irak-Kuwait?

Tampoco podía pasar por alto las consecuencias que acarreaba nuestra pasividad ante los crímenes contra la humanidad que se cometían en Bosnia, y por eso pregunté por qué el Conejo de Seguridad, supuesta instancia superior de la comunidad política mundial, prefería mantenerse indiferente y a distancia de esa tragedia, a pesar de que cada día Serbia avanzaba con aparente impunidad en su proyecto de borrar del mapa a una nación independiente integrante de las Naciones

Unidas, y por qué ni siquiera se reaccionaba ante las atrocidades de una guerra de exterminio sin precedentes en el mundo desde los crímenes perpetrados por el nazismo contra la población judía.

Me resultó muy difícil interpretar el silencio que se hizo en el gran salón del Consejo de Seguridad cuando, poco después de terminar mi intervención, su presidente notificó que se sometía la resolución a votación. Un silencio que no se rompió hasta que trece de los quince miembros del Consejo alzaron sus brazos para aprobar esa Resolución 836 que, a fin de cuentas, sellaba la suerte de Bosnia. Solo Pakistán y Venezuela nos abstuvimos. Fue entonces que miré de frente a mi muy buen amigo y aliado, el embajador Marker, sentado frente a mí, al otro lado de la herradura, los únicos que resistimos la presión de los promotores de esta fatal resolución, mediante la cual el Consejo se apartaba ostensiblemente de los principios y valores fundamentales de la Carta de las Naciones Unidas para ratificar que el organismo, sobre todas las cosas, prefería el apaciguamiento como sentido real de su existencia.

En ese instante sentí la indescriptible satisfacción de no haber acatado la instrucción del ministro venezolano y así ahorrarle a mi país responsabilidad por las consecuencias fatales que tuvo la resolución para el pueblo bosnio, a partir de ese mismo día. Por esta razón, cuando el presidente del Consejo dio por terminada la sesión, Marker y yo, en medio del gran salón del Consejo, nos fundimos en un fuerte abrazo, muy orgullosos ambos de haber votado como lo hicimos, y porque al hacerlo pusimos en evidencia que lo que en verdad estaba en juego en Bosnia no era el desenlace de un conflicto bélico más, sino de una apremiante causa moral. Razón que llevó a Cyrus Vance a declarar que al aprobar esa resolución el Consejo de Seguridad sencillamente le había dado su respaldo a «la política serbia de depuración étnica y a la conquista de territorios por la fuerza». Por su parte, David Owen, en su libro La odisea balcánica, sostiene: «La Resolución 836 fue la decisión más irresponsable que el Consejo de Seguridad adoptó durante los años que participé en el proceso de negociaciones».

Esa votación también explica por qué, cuando Carla del Ponte, fiscal del Tribunal Penal Internacional para la Antigua Yugoslavia, invitó a los miembros permanentes del Consejo a presentarse en calidad de testigos en el juicio a Slobodan Milosevic, todos rechazaron la invitación con el falso argumento de que entonces resultaba imposible anticipar lo que ocurriría después. Como afirmé en una de mis declaraciones durante el desarrollo de ese juicio, la votación del 4 de junio, al igual que toda la política de la ONU sobre Bosnia, fue «el mayor encubrimiento en la historia de las Naciones Unidas».

LAS ÁREAS SEGURAS

Desde mi regreso a Nueva York, a finales de abril, hasta el 4 de junio, el Consejo de Seguridad aprobó tres resoluciones decisivas sobre la guerra en Bosnia y designaron áreas seguras bajo protección de las Naciones Unidas las zonas donde la magnitud del conflicto bélico ponía en mayor peligro a la población civil. Sin embargo, en ninguna de estas resoluciones, tal como denuncié en mi intervención durante la crucial sesión del 4 de junio, se abordaba el fondo del problema, pero todas ellas se limitaban a formular retóricas declaraciones de buenas intenciones para tratar de calmar a la prensa internacional y a la opinión pública mundial, cada día más impacientes por la evidente incapacidad de las Naciones Unidas para resolver una crisis que no cesaba de agravarse.

Muy poco tardarían los hechos en demostrar, de manera muy palpable, por cierto, lo insignificantes que eran estas «exigencias» del Consejo de Seguridad para el dúo Milosevic-Karadzic. Por ejemplo, sobre Gorazde, apenas seis días después de haber sido designada área supuestamente segura, enclave donde más de sesenta mil personas creían haber encontrado refugio de los continuos ataques serbios, la artillería pesada del general Mladic disparó cuarenta y cuatro obuses que dejaron más de cuatrocientas víctimas mortales y un número incalculable de heridos.

Serbia no reconoce las áreas seguras bosnias

Esta información no nos llegó por los canales regulares de la Secretaría General, sino gracias a José María Mendiluce, funcionario a cargo de Bosnia en la Acnur y quien desde nuestro viaje de inspección se había convertido en nuestra fuente más confiable sobre lo que sucedía en esa castigada república de la antigua Yugoslavia. También fue él quien me informó que desde nuestra visita a Srebrenica a finales de abril las tropas serbias habían intensificado sus ataques a la ciudad y sus alrededores, y era prácticamente imposible hacer llegar a sus habitantes los convoyes de las Naciones Unidas con medicamentos y alimentos, y se les había cortado casi por completo el suministro de agua, electricidad y gas. Una situación que se repetía hasta en Sarajevo, la capital del país, donde ese mismo mes de junio disparos de morteros serbios asesinaron a quince jóvenes que jugaban fútbol en una calle de la ciudad, un ataque que se repitió muy pocos días después y que provocó ocho víctimas mortales y numerosos heridos entre los asistentes a un funeral musulmán en el sector antiguo de la ciudad.

Estos ataques a la población civil de ciudades indefensas eran previsibles, porque Unprofor no disponía de medios suficientes para impedirlos, ya que los del P5, aferrados a una cínica interpretación de la neutralidad, se negaban a tomar medidas suficientes para hacer que Serbia respetara los derechos humanos más elementales de la población bosnia y acatara su obligación de frenar la progresiva ocupación militar del país. Limitada la política del Consejo a la opción de alcanzar un acuerdo diplomático con agresores que no estaban dispuestos a dar un solo paso atrás, la verdad irrefutable era que, si el Consejo de Seguridad no cambiaba radicalmente esa política de simple contención y apaciguamiento, la situación humanitaria en Bosnia sería cada día peor.

Por esta razón, durante la reunión que sostuvimos en Zagreb el 26 de abril con el general sueco Lars-Eric Wahlgren, en su condición de comandante general de las fuerzas de Unprofor desplegadas en Croacia y Bosnia, nos manifestó a los embajadores de la misión la dificultad de prestar apoyo logístico a las tareas de asistencia humanitaria organizada por las Naciones Unidas. Precisamente para eliminar este obstáculo, Wahlgren convocó una reunión urgente de los comandantes de las fuerzas militares bosnias, serbias y croatas a celebrarse el 15 de junio en el aeropuerto de Sarajevo. Su propósito era convencer a las tres partes de adoptar un alto el fuego, al menos temporal, que les permitiera a observadores de las Naciones Unidas ingresar a Gorazde, evaluar la realidad de la zona después de los bombardeos y tratar de facilitar la asistencia humanitaria a su población civil.

No fue esta la primera ni la última iniciativa internacional en ese sentido, y, a pesar del moderado optimismo expresado por el vocero de las fuerzas de paz de la ONU, el comandante canadiense Barry Frewer, de que «tal vez en esa ocasión lo lograrían», una vez más se estrellaron contra la implacable resistencia serbia a facilitar cualquier medida que neutralizara el proyecto expansionista de Milosevic y su gobierno. Hasta el extremo de que el general Mladic tardó menos de una hora en notificar que no reconocería Gorazde como área segura hasta que los militares bosnios que la defendían, y los que hacían otro tanto en Srebrenica, depusieran sus armas unilateralmente. Mientras tanto, añadió, sus tropas continuarían profundizando el sitio de Gorazde, Srebrenica y Sarajevo. Brutal confesión mediante la cual las autoridades militares serbias en Bosnia admitían que no pensaban interrumpir su violenta conquista de Srebrenica, que ya había sido desmilitarizada por Unprofor desde el 17 de abril, y de Gorazde, que disponía de muy pocos defensores.

En vista de este desconocimiento absoluto de la Resolución 836 por parte de la máxima autoridad serbia en Bosnia, el general Philippe Morillon le comunicó ese 15 de junio a Sadako Ogata, alta comisionada de la Acnur, que él y su Estado Mayor estaban considerando la opción de retirar a los ocho mil militares bajo su mando desplegados en Bosnia. En su edición del día siguiente, The New York Times confirmaba esta información, al señalar que Morillon, «con rabia y tristeza, advertía que como Unprofor no tenía medios para cumplir su tarea de proteger las entregas de la asistencia humanitaria en las áreas seguras, ni contaba con la autorización para hacerlo por la fuerza de sus armas, no le quedaría otra opción que retirarse del país». Un argumento que coincidía con la denuncia que hice en mi intervención en la sesión del Consejo del 4 de junio, de que, «en lugar de áreas seguras, dejábamos a la población más vulnerable de Bosnia a merced de los agresores serbios, que aprovechaban la situación para continuar aplicando su política de limpieza étnica con total impunidad».

Los países del Movimiento de No Alineados no se rinden

Ante la gravedad de estos sucesos, los embajadores del MNOAL miembros del Consejo nos reunimos el lunes 7 de junio en la sede de la misión de Venezuela y acordamos, en primer lugar, que yo, como era el embajador que mejor conocía al general Lars-Eric Wahlgren, debía llamarlo cuanto antes para confirmar esta información. En segundo lugar, que el embajador de Marruecos, Ahmed Snoussi, el más cercano del grupo a Boutros-Ghali, le solicitara recibirnos a la mayor brevedad. El secretario general le respondió que nos recibiría al día siguiente y de inmediato llamé al general Wahlgren, a pesar de que en Zagreb ya eran las once de la noche.

En esta conversación con el general, después de indicarle que lo llamaba en nombre del grupo, le pregunté directamente cuál sería en su opinión el futuro de las áreas seguras si no se modificaban los alcances y los límites que les fijaba la Resolución 836 y lo medios que se les asignaban a las fuerzas de paz. Sobre todo, porque en Srebrenica, Gorazde y Sarajevo la situación empeoraba a diario. Su respuesta fue, como era de esperar, más bien parca, pero sí me reiteró las reservas que nos había manifestado durante nuestra visita a su comando en Zagreb, y confirmó que, tras el fracaso de la reunión de jefes militares en el aeropuerto de Sarajevo, Unprofor quedaba reducida a ser un mero y distante observador de los ataques serbios a las áreas llamadas seguras, pasividad que anticipaba una inminente ocupación serbia y croata de buena parte de Bosnia. Por último, Wahlgren me reconoció que, como las tropas de Mladic no permitían el ingreso de observadores de las Naciones Unidas a Gorazde y Srebrenica, no contaba con información adicional de primera mano sobre la verdadera situación actual del conflicto en esas zonas. De inmediato les transmití a mis colegas del grupo las observaciones del general, muy útiles para nuestro encuentro del día siguiente con Boutros-Ghali y otros funcionarios de la Secretaría General.

Por supuesto, todos ellos estaban al tanto de lo que ocurría en Bosnia y sabían lo que íbamos a plantearles. Estas dos circunstancias contaminaron el aire que se respiraba en el despacho de Boutros-Ghali, en el piso 38 del edificio de las Naciones Unidas en Nueva York. Mucho más cuando el embajador de Marruecos, al informar del propósito de nuestra visita, sostuvo que el secretario general de la ONU tenía la obligación de fijar su posición ante el notable deterioro de la crisis bosnia tan pronto se aprobó la Resolución 836, entre otras razones, porque la Secretaría General, a solicitud nuestra, había propuesto condiciones básicas imprescindibles para que las áreas seguras fueran realmente seguras, y el empeoramiento se evidenciaba al menos en Srebrenica y en Gorazde, demostración palpable de que esta resolución no servía de nada, pues, como le señaló a Boutros-Ghali, «los miembros permanentes del Consejo ni siquiera esperaron a recibir el informe de la Secretaría General para presentar, a toda velocidad e improvisadamente, el proyecto que iba a someterse a votación».

Después intervine yo y repetí casi textualmente mi conversación del día anterior con el general Wahlgren, mención que hice con toda intención, pues el secretario general, siempre muy atento a que nadie invadiera su terreno, no iba a recibir esa noticia con agrado. Mucho menos porque el relato y la opinión del general ilustraban con absoluta claridad el horrible futuro que les esperaba a esas presuntas áreas seguras. En este sentido, el embajador Marker se refirió a la declaración del general Morillon sobre un eventual retiro de Unprofor de Bosnia, y el secretario general, siempre tan impasible como una momia egipcia, no disimuló su malestar al verse conminado a admitir que teníamos razón. Por otra parte, se lavó las manos al recordarnos que el funcionamiento de las fuerzas de paz no era responsabilidad directa del secretario general, ni siquiera de Morillon, sino que las decisiones sobre Bosnia le correspondían al Consejo de Seguridad.

Sin repetir las informaciones que me había transmitido Mendiluce, le respondí que, al margen de su comentario sobre quién tenía la autoridad para tomar esa compleja decisión, debíamos tener muy presente que el sistemático desconocimiento de las áreas seguras por los militares y paramilitares serbios sin sufrir ninguna consecuencia les hacía percibir a los líderes del mundo musulmán que esta ostensible pasividad de las Naciones Unidas a la hora de atajar los avances de esta atroz política de exterminio de la población musulmana en la antigua Yugoslavia y garantizar la seguridad de sus ciudadanos equivalía a darle luz verde a Serbia para que continuara cometiendo tranquilamente todo género de crímenes en una sangrienta guerra por razones exclusivamente étnicas y religiosas. «Una conclusión —insistí— que señalamos en el curso de los debates suscitados por los proyectos de esas inútiles resoluciones, mientras los miembros permanentes del Consejo presionaban con fuerza a los no permanentes para intentar aprobar sus propuestas por unanimidad, sobre todo la Resolución 836, y de ese modo eludir sus responsabilidades individuales y presentarse ante los ojos del mundo como parte de un monolítico frente internacional. Como sabe el secretario general, no lo lograron porque, a pesar de todas las presiones que ejercieron, el embajador de Pakistán y yo nos abstuvimos en la votación y así salvamos a nuestras naciones de la deshonra de haber sido parte de esa catastrófica decisión».

Para ese momento, yo esperaba que algunos de nuestros comentarios conseguirían modificar en algo las posiciones del secretario general y de alguno de sus más importantes colaboradores presentes, como, por ejemplo, Marrack Goulding, subsecretario general de la ONU a cargo de los asuntos políticos, o de Kofi Annan, subsecretario general encargado de las operaciones de mantenimiento de la paz, pero no lo logramos. Ninguno de ellos, apegados a la estricta disciplina interna que aplicaba Boutros-Ghali a sus subordinados, dijo una sola palabra. De ahí que, nada más terminar este infructuoso encuentro, los tres embajadores que asistimos a la reunión les informamos a los dos ausentes del grupo, los embajadores de Cabo Verde y Djibouti, que habíamos llegado a la penosa certeza de que no encontraríamos en la Secretaría General el menor apoyo a este nuevo esfuerzo nuestro para interrumpir el acelerado ritmo de la agresión serbia. Especialmente, porque era evidente que Boutros-Ghali no estaba dispuesto a poner en peligro su relación con los miembros permanentes del Consejo, de quienes en definitiva dependía su reelección como secretario general. Por nuestra parte, de lo que sí estaba seguro era de que, a pesar de los contratiempos, no íbamos a darnos por vencidos.

Serbia tampoco se rinde

Mientras tanto, algunos hechos muy significativos se desarrollaban en el campo político, como la reunión de Slobodan Milosevic, Franjo Tudjman y Radovan Karadzic el 24 de junio en Ginebra. Esta minicumbre fue organizada por David Owen, en representación de la Unión Europea, y Thorvald Stoltenberg, nuevo representante personal del secretario general Boutros-Ghali, en sustitución de Cyrus Vance. Y como el tema de la reunión era el futuro de Bosnia, también invitaron a Alija Izetbegovic, quien declinó la invitación porque, sostuvo, con esa negociación se pretendía enterrar el plan Vance-Owen y sustituirlo por el viejo plan de dividir Bosnia en tres partes, la serbia, la croata y la propiamente bosnia, entidades autónomas que días antes Tudjman había llamado «unidades constitucionales», proyecto cuya finalidad era despojar a Bosnia de su carácter de nación independiente y soberana. Una idea demasiado parecida al apartheid, pero sin perder el respaldo de las Naciones Unidas y la Comunidad Europea.

Lo cierto es que este nuevo «plan de paz» que presentaba el dúo Owen-Stoltenberg perseguía el propósito de cancelar las negociaciones surgidas del plan Vance-Owen que, si bien establecía la división de Bosnia en diez distritos autónomos, también planteaba la creación de un gobierno central trinacional para conservar la unidad territorial, política y étnica del país, entre otros motivos, un artilugio para dar la falsa impresión de que se desconocía la soberanía serbia en la totalidad de los territorios ocupados militarmente. Por esta razón, Izetbegovic, bajo fuerte presión de las Naciones Unidas, había aceptado a regañadientes suscribir el plan. En su declaración justificaba su ausencia de la reunión convocada por Owen y Stoltenberg aduciendo que el objetivo real de esa reunión que se realizaría en Ginebra era darles el visto bueno a mapas trazados, precisamente, por los responsables de numerosos crímenes de guerra que ya le habían costado la vida a más de doscientos mil musulmanes bosnios.

La propuesta, elaborada a cuatro manos por Tudjman y Milosevic, pretendía encerrar a la población musulmana de Bosnia en dos zonas que apenas ocupaban mil quinientos de los cincuenta y dos mil kilómetros cuadrados de la república, una en el centro del país, alrededor de Sarajevo, y la otra en su zona noroccidental, en Bihac y sus alrededores. En ese momento, los serbios ocupaban setenta por ciento de la superficie total de Bosnia, y para respaldar el plan que proponían Owen y Stoltenberg, «última oportunidad para alcanzar un acuerdo razonable de paz», según Karadzic, la parte serbia exigía que se le reconociera a la Srpska la soberanía plena sobre la totalidad del territorio ocupado por su ejército. La inasistencia de Izetbegovic fue su manera de rechazar la propuesta Owen-Stoltenberg.

El único y muy negativo aspecto de este nuevo plan fue permitirle al Consejo de Seguridad permanecer al margen de lo que en definitiva era la pretensión de aplicar en Bosnia un sistema de división política por razones étnicas y religiosas, una opción que, además de ser lo opuesto a lo que se venía negociando desde hacía más de año y medio, en la práctica, equivalía a concederles a Owen y a Stoltenberg plena libertad para actuar y decidir en Bosnia, autoridad que le correspondía ejercer al Consejo de Seguridad, como artificio para quitarles a sus miembros culpa alguna en una componenda cuyo propósito era borrar a Bosnia de la geografía europea como nación independiente.

La opinión pública internacional no se dejó engañar. La primera voz que le salió al paso a esta conjura fue el diario francés Le Monde, al señalar que en esa reunión en Ginebra «la comunidad internacional se había rendido a la ley de la selva y reconocía que quienes matan, destierran y violan al pueblo bosnio han ganado la partida». A esta denuncia pronto se sumó Morton I. Abramowitz, exembajador estadounidense en Turquía y gran conocedor de la historia y la realidad de esa región, quien en declaración a la prensa sostuvo: «A la población musulmana de Bosnia, que es la parte más débil del conflicto, solo se le presenta el dilema de aceptar la imposición serbia o ser sencillamente borrada de la faz de la Tierra, porque la única ayuda que recibe de Occidente es pura y barata retórica». Por su parte, el vicepresidente Ganic advirtió: «Si, en efecto, la comunidad internacional abandona a Bosnia y permite su disolución, muy pronto el terrorismo arrasará toda Europa». Idéntico señalamiento al que yo había hecho en el Consejo sobre las consecuencias que tendría en todo el mundo el hecho de dejar a los musulmanes bosnios a merced de sus agresores serbios.

La Segunda Conferencia Mundial sobre los Derechos Humanos

Desde días antes, entre el 14 y el 25 de junio de 1993, se celebró en Viena la Segunda Conferencia Mundial de los Derechos Humanos, convocada por las Naciones Unidas, a la que asistieron representantes de todos sus miembros, más de ochocientas organizaciones no gubernamentales y centenares de periodistas. Fue la conferencia mundial con más participación de las auspiciadas jamás por la ONU, pero en la que, por inaudito acuerdo previo de las delegaciones, ninguno de los participantes podría referirse a casos específicos de violación de los derechos humanos. La medida, que afectaba la causa bosnia, fue propuesta por China para impedir que en el curso de la conferencia los representantes del Dalai Lama denunciaran a Pekín por la violación sistemática de los derechos humanos en Nepal. Un acuerdo tan fuera de lugar que The New York Times, en su edición del 16 de junio, señaló que la conferencia se celebraba «en un ambiente misteriosamente alejado de la realidad».

Yo seguí la conferencia desde Nueva York, y en una sesión informal del Consejo de Seguridad expresé mi asombro porque no entendía cómo, en una conferencia de la ONU sobre los derechos humanos, las delegaciones habían acordado guardar silencio sobre violaciones concretas de derechos humanos. Una evidente complicidad del organismo que llevó a Haris Silajdzic, ministro bosnio de Relaciones Exteriores presente en la conferencia, a romper por sorpresa la tranquilidad diplomática de la sesión del 15 de junio de 1993 con una intervención apasionada: «Miles de niños huérfanos y mutilados le recuerdan a la comunidad internacional su criminal complicidad con los agresores serbios de mi país. Lo que ocurre en Bosnia no es un desastre natural. Se trata de un genocidio que se ejecuta a plena luz del día, a la vista de todos ustedes, que dicen tener el poder para hacer justicia en todo el mundo. Por eso vengo hoy a exigirles, en nombre de la humanidad, que tomen las medidas que tengan que tomar para frenar el exterminio de mis compatriotas, quienes al menos en una ciudad, Gorazde, mientras nosotros nos reunimos en esta apacible Viena para hablar de los derechos humanos, es víctima de salvajes ataques de la artillería pesada serbia. Quiero que sepan que nosotros lucharemos y nos defenderemos a pesar de que la comunidad internacional nos haya atado de pies y manos mientras nos asesinan a mansalva y se apoderan impunemente de nuestro territorio, violan a nuestras mujeres y mutilan a nuestros hijos».

La denuncia la hizo Silajdzic con tanta fuerza y pasión que las delegaciones se pusieron de pie y le dieron un cerrado y prolongado aplauso. Luego, a pesar de las protestas de unos pocos, la inmensa mayoría de las delegaciones dejó de lado la «prohibición» de mencionar casos concretos de violación de derechos humanos y aprobó una resolución dirigida al Consejo de Seguridad exhortándolo a tomar «las medidas necesarias» para frenar la matanza sistemática de los musulmanes de Bosnia. Sin embargo, como en tantas otras ocasiones, todo quedó en una simple declaración de buenas intenciones y, aunque no se interrumpió la guerra de exterminio étnico puesta en marcha por los invasores serbios en Bosnia, sí sirvió para darle a conocer al mundo los nombres de Gorazde, Srebrenica, Zepa y Sarajevo, como escenarios de monstruosos crímenes de lesa humanidad.

Dos semanas después de esta conferencia me reuní en Nueva York con el ministro Silajdzic, quien me indicó que su experiencia en Viena le había hecho recordar la intervención del emperador Haile Selassie ante la Sociedad de Naciones, en junio de 1936, inmediatamente después de ser depuesto por las fuerzas militares de Benito Mussolini, que habían invadido Etiopía. El emperador había viajado a Ginebra para denunciar aquella monstruosidad y advertirle al mundo la amenaza cierta que representaba la expansión del fascismo sin que la comunidad internacional reaccionara. Un hecho muy parecido a lo que entonces sucedía en Bosnia y a sus probables consecuencias, de modo que, al llegar esa tarde a mi casa, busqué y encontré entre mis libros el discurso pronunciado por Selassie en Ginebra en aquella oportunidad.

—El Gobierno etíope —dijo Selassie entonces— nunca esperó que otros gobiernos derramaran la sangre de sus soldados para defender a Etiopía. Nuestros guerreros solo pidieron medios para defenderse, y yo les pregunto ahora a las grandes potencias que prometen continuamente seguridad a todas las naciones del planeta, ¿qué piensan hacer para enfrentar y detener el exterminio de un pueblo víctima de tan bárbaros ataques?

Años después, en octubre de 1963, Selassie de nuevo le habló al mundo, esa vez desde la Asamblea General de las Naciones Unidas, y recordó: «Hace veintisiete años subí a la tribuna de la Sociedad de las Naciones en Ginebra para pedir ayuda internacional para defendernos de la agresión fascista. Mi denuncia no fue escuchada por la comunidad internacional. Mi alerta sobre lo que entonces estaba en juego fue ignorada. La historia iba a demostrar muy pronto las consecuencias de no haberle prestado atención a mi advertencia de 1936».

Las semejanzas entre los casos de Etiopia y Bosnia eran enormes. Por una parte, la superioridad abrumadora del ejército agresor; por otra parte, la negativa de la comunidad internacional a ayudar al agredido y negarle el acceso a los recursos y medios necesarios para defenderse. En Etiopía, los agresores italianos emplearon gases asfixiantes y diversos productos químicos para envenenar las tierras de cultivo; en Bosnia, los «medios bárbaros», como los llamó Selassie en su discurso, eran la depuración étnica, la tortura, la violación de mujeres y la instalación de campos de concentración. La historia se repetía con igual crueldad ante la mirada impasible de la comunidad internacional. En 1936 fue Mussolini, entonces eran Milosevic, Karadzic y Mladic. La pasividad internacional era la misma. Como si, en efecto, para las grandes potencias, las causas morales no representaran en 1936 ni 1993 amenaza alguna para la estabilidad y la seguridad mundiales. De ahí que tampoco la comunidad internacional comprendiera en ninguno de los dos momentos el enorme costo que acarrearía no reaccionar ante el reto que representaba admitir la forzada desintegración de una nación integrante legítima de esa comunidad. Mucho menos entendía yo que los cinco miembros permanentes del Consejo, que lo eran precisamente porque fueron los vencedores de la Segunda Guerra Mundial, nada habían aprendido de sus pasados errores y siguieran apartando la mirada para no ver la realidad bosnia ni asumir las obligaciones que les imponía la Carta de las Naciones Unidas.

El apoyo de Estados Unidos a los países no alineados

A finales de ese mes de junio, nuestro grupo de países del MNOAL miembros del Consejo sostuvimos varias reuniones con la delegación de Estados Unidos, cuyos integrantes, a medida que pasaban las semanas, se acercaban más y más a nuestra posición. Tanto que decidimos explorar la posibilidad de presentarle al Consejo un proyecto de resolución que levantara el embargo de armas a Bosnia como única manera de equilibrar el poder de las tropas serbias y bosnias en el campo de batalla. Por supuesto, teníamos muy en cuenta que armar a las tropas bosnias tendría consecuencias, tal como lo declaró el general John Shalikashvili, comandante supremo de la OTAN, al ser consultado sobre este controversial tema en el Congreso de los Estados Unidos. Según él, levantar el embargo de armas a Bosnia en efecto haría más «igualitario» el conflicto, pero también incrementaría el nivel de violencia, razón por la cual, añadió, había mejores opciones, aunque no reveló cuáles. En el fondo, esta posición del general recogía las del Reino Unido y Francia. Por otra parte, también sabíamos de la resistencia del Pentágono tanto al levantamiento del embargo como al uso de la fuerza para atacar instalaciones militares serbias en Bosnia. En esa ambigüedad también se escudaría el propio Clinton, quien el 21 de mayo declaró: «No enviaré tropas a una galería de tiro».

Gracias a la desclasificación de documentos estadounidenses oficiales, se han podido conocer las discrepancias que generaba el caso de Bosnia en el gabinete ejecutivo de Clinton. Por ejemplo, entre marzo y junio, la embajadora Albright sostenía una posición bien distinta a la que defendían el Departamento de Estado, el Pentágono y la Casa Blanca: «Si bien es cierto que en los primeros momentos compartíamos la posición europea, nuestro interés actual (verano de 1993) es resolver de manera definitiva el conflicto, cuya peligrosidad para los intereses de Estados Unidos se ha venido profundizando gravemente. El fracaso de nuestros aliados europeos para resolver la crisis de Bosnia ha puesto de manifiesto la insuficiencia de su política y ha provocado una seria erosión en la credibilidad de muchas naciones en instituciones tan esenciales como la OTAN y la ONU. Nuestra continua renuencia a comandar un esfuerzo colectivo para evitar que la crisis bosnia derive en un conflicto bélico de grandes proporciones en Europa ha puesto en riesgo nuestro liderazgo en el mundo y demuestra que nuestra incapacidad para brindarles apoyo a los musulmanes bosnios dinamita nuestra relación con gobiernos y sectores islámicos moderados. Debemos colocar a Bosnia en un contexto político más amplio y reexaminar nuestra inclinación a dejar la solución del problema en manos europeas. Ahora, con lo que ocurre en Srebrenica, Gorazde y Zepa, ni la parte bosnia del conflicto ni la opinión internacional podrán entender y aceptar que nos mantengamos al margen del embrollo bosnio. En consecuencia, debemos tomar la iniciativa y elaborar un plan diplomático y militar propio para al menos intentar alcanzar una paz duradera en la región y facilitar que el Gobierno bosnio asuma la tarea de autodefenderse, objetivo que solo será posible si propiciamos el levantamiento del embargo y le suministramos a su gobierno apoyo político y material suficientes».

Al adoptar esta posición dentro de su gobierno, la embajadora Albright proponía sustituir los planes de paz alentados por Europa por uno de Estados Unidos como única alternativa real para ponerle fin a la disolución de Bosnia como nación y al exterminio de su población musulmana. Lamentablemente, su gobierno aún no compartía esta posición ni la defendía en el seno del Consejo de Seguridad.

En el marco de nuestras crecientes coincidencias con Albright, los no alineados decidimos presentar al Consejo un proyecto de resolución que autorizara el levantamiento del embargo de armas a Bosnia. Como era de esperar, nuestro proyecto provocó tensiones y debates que pusieron en evidencia lo muy divididos que estábamos los quince miembros del Consejo, pero, a pesar de estas fuertes confrontaciones y la insistencia de Rusia, Francia y el Reino Unido para impedir que nuestra iniciativa llegara a una sesión pública del Consejo, resistimos la presión y logramos que nuestro proyecto fuera incluido en la agenda de la sesión oficial del martes 29 de junio.

Días antes nos habíamos reunido por separado con los embajadores del grupo regional árabe y con los corresponsales de la prensa estadounidense e internacional acreditados ante la ONU, y teníamos la convicción de que dar a conocer públicamente nuestra propuesta produciría un gran impacto. Y así fue. Desde los tiempos de la Guerra del Golfo no se registraba un lleno de tanta magnitud en el gran salón del Consejo, de modo que tan pronto como Juan Antonio Yáñez-Barnuevo, embajador de España y ese mes presidente del Consejo, inició la sesión, anunció que en la agenda del día se incluía el proyecto de resolución que presentamos los representantes de Cabo Verde, Djibouti, Marruecos, Pakistán, Venezuela y, para sorpresa de muchos, Estados Unidos, que por fin adoptó nuestra posición. Luego informó que veintitrés delegaciones, incluidas las de Afganistán, Argelia, las Comoras, Egipto, Estonia, Letonia, Malasia, Siria, Senegal y Turquía, que no eran miembros del Consejo, se habían inscrito para intervenir en el debate.

Tal como le habíamos solicitado, al primero que Yáñez dio la palabra fue al embajador de Cabo Verde, José Luis Jesús, quien destacó que «la falta de voluntad política por parte de las naciones más poderosas del planeta era motivo de profunda preocupación». Era el inquietante mensaje que deseábamos transmitir a la opinión pública. Si el Consejo de Seguridad de las Naciones Unidas no creía oportuno defender a la población civil musulmana de Bosnia, al menos debía permitirle a su gobierno acceder a los medios necesarios para ejercer por su cuenta su derecho a la existencia. «En otras palabras —añadió—, si el argumento que esgrimen es que levantar el embargo de armas a Bosnia sería un remedio peor que la enfermedad, ¿qué medidas proponen para detener el asesinato a sangre fría de miles y miles de civiles bosnios indefensos que perpetran los agresores serbios desde hace más de un año?». Por último, el embajador de Cabo Verde planteó que en aquellos momentos la comunidad internacional le presentaba a Bosnia dos opciones inaceptables, aceptar la matanza de su población musulmana, que era la mayoría del país, o sencillamente aceptar la desaparición de Bosnia como nación independiente. «La única acción para corregir este gravísimo error es aprobar nuestro proyecto de resolución», concluyó.

Le siguió en el uso de la palabra el embajador de Bosnia, Muhamed Sacirbey, quien en tono desafiante se dirigió al embajador de Francia y le señaló que sus argumentos podrían haberse aplicado al pueblo francés para negarle «su derecho a liberarse de la ocupación nazi y del gobierno de Vichy». Después le recordó al embajador británico las voces que en 1939 trataron de persuadir a Churchill de que la única alternativa del Reino Unido para sobrevivir como nación era capitular ante Hitler. Y cuando le llegó su turno, el embajador Marker, de Pakistán, expresó: «Lo que ocurre en Bosnia influirá decisivamente en el futuro de las relaciones internacionales, pues la pasividad del Consejo ante las atrocidades serbias no solo ha estimulado al agresor a continuar su brutal campaña contra el pueblo bosnio sin temor a sufrir consecuencia alguna, sino que enfurece a los musulmanes de todo el mundo, obligados a ser testigos impotentes del exterminio sistemático de su población hermana de Bosnia. La comunidad musulmana no va a contemplar estos crímenes de lesa humanidad sin darles la respuesta debida. A partir de ahora radicalizarán sus posiciones frente a quienes nada hacen para enfrentar la agresión serbia a Bosnia». Antes de dar por terminada su intervención, Marker quiso dejar claro: «Pakistán y otros países islámicos no aceptarán impasibles el exterminio de un pueblo musulmán en el corazón de un continente que se enorgullece de su compromiso de defender los derechos humanos, y de ningún modo admitirá que, tras dieciocho meses de brutal campaña de exterminio en contra de un pueblo indefenso, se nos diga que debemos aceptar esos crímenes como realidad inevitable». Por último, acusó a «los gobiernos que se oponían a la resolución de ser cómplices de lo que a los ojos del mundo era un auténtico genocidio».

El tono con que Marker hizo su denuncia sumió el gran salón del Consejo en un silencio que se fue profundizando a medida que se producían otras intervenciones reveladoras. Por ejemplo, la del embajador de Jordania, Abu Odeh, quien condenó el doble rasero del Consejo ante problemas que involucraban a los pueblos musulmanes: «No entendemos que se le niegue a Bosnia su derecho a defenderse con el argumento de que levantar el embargo de armas aumentaría la violencia y el número de víctimas, y al mismo tiempo se acepte el asesinato de la población musulmana de Bosnia. ¿Qué clase de lógica explica esa contradicción? Los países más poderosos e influyentes del Consejo estiman conveniente abordar la tragedia de Bosnia amparando su falta de responsabilidad política y moral a la sombra de pomposas declaraciones retóricas que enaltecen los fundamentos éticos sobre los cuales construir un nuevo orden mundial en el que imperen la seguridad y la libertad, pero excluyendo a los musulmanes de esa envidiable realidad».

Como era previsible, Dragomir Djokic, embajador de Serbia y Montenegro ante las Naciones Unidas, se opuso al levantamiento del embargo de armas a Bosnia con el argumento europeo de que hacerlo provocaría una agudización de lo que su gobierno calificaba de guerra civil, y acusó a los proponentes de la resolución de negarle a Bosnia la opción de una solución pacífica del conflicto. Inmediatamente después tomó la palabra David Hannay, quien, en nombre del Reino Unido, repitió el razonamiento empleado por sus aliados europeos sobre el embargo de armas y calificó de decisión desesperada nuestra propuesta de levantarlo, lo cual, añadió, en lugar de auxiliar al pueblo bosnio intensificaría el desarrollo de la guerra, situación que justificaría que Unprofor retirara a sus efectivos de Bosnia y cesara la asistencia humanitaria. «Esperamos —concluyó Hannay— que esta propuesta no sea aprobada y lamentamos que el tema del embargo de armas divida al Consejo».

Le siguió el embajador de Francia, Jean-Bernard Mérimée, quien reiteró «en nombre de la paz» que la primera consecuencia que produciría levantar el embargo sería «la interrupción de las negociaciones que se realizaban entonces en Ginebra con la mediación de los señores Owen y Stoltenberg, en representación de Europa y del secretario general de las Naciones Unidas, la retirada de Unprofor de la región y, por consiguiente, el fin de la asistencia humanitaria internacional a la población civil de Bosnia».

Intervino entonces el embajador de España y se sumó a la tesis europea, al notificar que su país se abstendría en la votación: «Estamos convencidos de que la angustia, la frustración, incluso la desesperación, no deben hacernos adoptar medidas cuyas consecuencias podrían ser peores y más perjudiciales para los bosnios. Confiamos en que la razón se imponga y que las partes acuerden una solución negociada del conflicto».

En este punto del debate tomó la palabra la embajadora Madeleine Albright, quien anunció: «Estados Unidos, al votar sí a este proyecto de resolución, reafirma su respaldo al derecho de Bosnia de defenderse. Por supuesto, no se trata de una solución perfecta, pero el embargo de armas a Bosnia no ha tenido el efecto deseado, sino la devastación del país y ha inclinado la balanza en favor del agresor. No creemos que este órgano deba negarle al Gobierno bosnio los medios para defenderse de la agresión brutal de los serbobosnios, con el apoyo de Belgrado. Por esta razón, lamentamos que el Consejo decida hoy no aprobar el proyecto que han presentado los países del MNOAL miembros del Consejo, al cual se ha sumado nuestra delegación».

La cúpula política del mundo desatiende sus obligaciones

Cinco horas después de iniciarse aquella sesión llegó mi turno. Contaba con la ventaja de haber escuchado a quienes rechazaban nuestro proyecto de resolución con idénticos argumentos, que en verdad solo eran pretextos. Un conocimiento que me permitió sostener que el Consejo de Seguridad no era una sociedad de debates para especular filosóficamente sobre escenarios teóricos, sino un organismo ejecutivo cuya principal obligación consistía en actuar de acuerdo con la Carta de la ONU para cumplir y hacer cumplir cabalmente su obligación de garantizar la paz y la seguridad en el mundo. Y eso era precisamente lo que intentábamos hacer los países no alineados del Consejo, ahora con el respaldo de Estados Unidos, al proponer el fin al embargo como fórmula para facilitar un cese del fuego efectivo y duradero, primer paso para resolver el problema bosnio. De ahí que, al comenzar mi intervención, sostuve que los quince miembros del Consejo de Seguridad nos encontrábamos esa tarde ante la responsabilidad histórica de aprobar o rechazar un proyecto que tendría efecto en la resolución del conflicto.

—Espero —sostuve— que la inmensa mayoría de ustedes estén a la altura de este desafío y aprueben nuestro proyecto, porque no podemos concebir que la cúpula política del mundo desatienda sus obligaciones por más tiempo. A fin de cuentas, la vida de muchos miles de civiles inocentes depende de cómo voten hoy nuestra iniciativa, que responde a la necesidad de ponerle fin a la guerra que se libra en Bosnia desde hace dieciocho terribles meses. En ese sentido, me propongo desmontar los juicios esgrimidos por quienes se niegan a intervenir militarmente en el conflicto y a la vez impiden que el Gobierno bosnio pueda ejercer su legítimo derecho a defenderse de la ilegal agresión serbia.

A esas palabras añadí una interrogante que resumía nuestra respuesta a quienes pretendían justificar su oposición al levantamiento del embargo con el argumento de que lo hacían para evitar la profundización de la violencia: «¿Es que acaso la pasividad de la comunidad internacional en Bosnia no ha causado ya más de doscientas mil muertes de civiles? ¿Acaso esa política de no frenar la agresión serbia no ha provocado el desplazamiento forzoso de más de dos millones de personas, la violación de más de veinte mil mujeres y que la Corte Internacional de Justicia y el Congreso Mundial de los Derechos Humanos hayan señalado que Bosnia es víctima de abominables crímenes de lesa humanidad, que incluyen el genocidio? Levantar el embargo para proporcionarle al Gobierno de Bosnia los medios para ejercer su legítima defensa no agigantaría la violencia, sino todo lo contrario, porque hasta ahora, gracias al embargo de armas, los agresores serbios han tenido un paraguas protector que les hemos facilitado al mantener indefensas a las potenciales víctimas de la guerra de limpieza étnica desatada por Serbia en Bosnia con total impunidad».

Inmediatamente después recordé que siempre, desde el primer plan de paz propuesto por el dúo Carrington-Cutileiro, habíamos depositado nuestra esperanza en una solución negociada del conflicto, pero que esa ilusión solo había servido para dejar el destino de Bosnia y de su martirizada población en manos de Slobodan Milosevic, Franjo Tudjman, Radovan Karadzic y Mate Boban.

—No puede aceptarse —sostuve— que la crisis de Bosnia sea una guerra civil, sino que la mayoría de su población, que es musulmana, ha sido víctima de una agresión extranjera. Mucho menos aceptamos que el obstáculo que impide solucionar el conflicto amistosamente sea la terquedad del presidente Izetbegovic, quien en la práctica ha sido marginado de las negociaciones, cuando en realidad son los serbios la causa del problema por haberse opuesto al plan de paz Vance-Owen, propiciado por las Naciones Unidas y la Comunidad Europea, que además contaba con el apoyo del legítimo Gobierno bosnio, y al plan que hoy traemos a la consideración del Consejo como propuesta no desesperada sino legítima, para liberar al pueblo de Bosnia del peso insostenible que representa el embargo de armas que lo condena a su aniquilación.

Resultaba asombroso que esta inocultable realidad no conmoviera la conciencia de la comunidad internacional que, en ese momento, de la mano del dúo Owen-Stoltenberg, desde el Palacio de las Naciones en Ginebra, intentaba legitimar la ocupación por la fuerza militar serbia de dos terceras partes del territorio bosnio, con todas sus devastadoras consecuencias políticas y humanitarias. Y que mientras en Nueva York debatíamos ese 29 de junio sobre el embargo de armas a Bosnia, desde Suiza, Owen declaraba: «Tenemos que poner fin a esta necedad del presidente Izetbegovic, que se niega a participar en las negociaciones, y vamos a tener que considerar llamarlo presidente del Partido Musulmán de Bosnia, que es como lo llaman Karadzic y Boban».

Esta grosera declaración de Owen, que ponía a Izetbegovic al mismo nivel de los impresentables cabecillas de los serbobosnios que masacraban a la población civil de su país, ilustraba a la perfección la naturaleza de la maniobra que impulsaban Belgrado, la Secretaría General y los miembros europeos del Consejo de Seguridad para forzar la aprobación del falso acuerdo de paz que se fraguaba en Ginebra para despojar a Bosnia y a sus habitantes de todos sus derechos como república independiente y soberana. Suerte de resurrección de la vieja y superada política colonial europea, tal como pretendían Owen y Stoltenberg desde Ginebra.

En cuanto al argumento de que levantar el embargo de armas a Bosnia afectaría gravemente el ingreso de la asistencia humanitaria a las zonas de mayor conflictividad bélica, sostuve que de producirse sería consecuencia de no enfrentar con decisión la violación continua de la seguridad en esas áreas. Precisamente, esa había sido la razón para crear las áreas seguras, violadas sistemáticamente por los agresores serbios y croatas. Por eso lamentaba que en el debate se recurriera a la asistencia humanitaria para llenar el vacío político generado por la pasividad de la comunidad mundial a la hora de afrontar el fondo del problema. Es decir que se pretendía tratar un problema esencialmente político solo en términos de asistencia humanitaria, como si a punta de alimentos y medicinas se pudiera solucionar la crisis. A fin de cuentas, la creación de áreas seguras que no lo eran y el envío de esa asistencia humanitaria que los agresores serbios impedían que llegara a manos de la población civil solo eran los mecanismos que empleaba el Consejo de Seguridad para crear la ilusión de que la comunidad internacional estaba comprometida con la tarea de afrontar la crisis y resolverla.

El engaño de las áreas seguras

No tenía sentido insistir en que las zonas que se declaraban seguras constituían un engaño que amenazaba destruir la poca credibilidad que aún conservaba el Consejo de Seguridad. Desde nuestra visita a la zona segura de Srebrenica a finales de abril habíamos denunciado que las fuerzas serbias que sitiaban la ciudad les habían cortado a sus habitantes los servicios de agua potable, gas, electricidad y hasta la asistencia médica. Las epidemias consumían a miles de sus ciudadanos, atrapados sin salida entre la crueldad de sus carceleros serbios y nuestra incapacidad para protegerlos. Lo mismo ocurría en Gorazde, en Tulsa, en Bihac, en Zepa y hasta en Sarajevo, ciudades designadas áreas seguras por el Consejo. Sin la menor duda, porque la comunidad internacional no tomaba las medidas necesarias para neutralizar realmente la voracidad territorial del gobierno de Milosevic. Sobre este punto, me pareció oportuno recordar en mi intervención de esa tarde que en la reunión del Consejo de Europa, celebrada apenas una semana antes en Copenhague bajo la presidencia del francés Jacques Delors, se acordó que en el caso de Bosnia sus miembros «no aceptarían soluciones territoriales dictadas por los serbios y los croatas a los bosnios musulmanes, y que cualquier acuerdo debía estar basado en el plan Vance-Owen, sobre todo en lo que se refería a la independencia, soberanía e integridad territorial de Bosnia».

Aproveché esa resolución del Consejo de Europa para destacar las contradicciones que provocaba el tema de Bosnia en el seno de los gobiernos europeos. Por ejemplo, Felipe González coincidía con nuestra posición al declarar en la capital de Dinamarca: «Si la comunidad internacional no es capaz de resolver el problema bosnio por los medios que tiene a su alcance, y al mismo tiempo rechaza la opción de una intervención internacional que la resuelva, se nos impone la necesidad de reconocer el derecho de Bosnia a la legítima defensa de su soberanía». Muy pocos días más tarde, de hecho, en la sesión oficial del Consejo del 29 de junio, su representante ante las Naciones Unidas, el embajador Yáñez-Barnuevo, se disponía a votar en contra de nuestra propuesta. Esta misma contradicción descomponía la relación del presidente François Mitterrand con Boutros-Ghali, pues para Mitterrand la pasividad del Consejo de Seguridad y la Secretaría General de las Naciones Unidas le permitía a Serbia desconocer esas localidades como áreas realmente seguras, y por eso sostuvo en Copenhague: «Si estuviésemos hablando de la seguridad de nuestras naciones, apenas nos tomaría dos horas, no semanas, adoptar una decisión efectiva, así que si por las razones que sean lo cierto es que no garantizamos la seguridad de la población civil bosnia ni en las zonas que hemos designado como áreas seguras, ¿cómo vamos entonces a explicarles al Gobierno bosnio y a la población musulmana de Bosnia que tampoco les permitiremos defenderse de sus agresores?». En cambio, su representante en el Consejo de Seguridad, el embajador Mérimée, también se aprestaba a votar en contra de nuestra propuesta, por considerarla, dijo, una medida de desesperación.

Por su parte, el jefe del Gobierno alemán, Helmut Kohl, afirmó en esa reunión del Consejo de Europa: «No se puede permitir que la comunidad internacional le dé la espalda a la población musulmana de Bosnia. El levantamiento del embargo es una necesidad y un deber moral». Idéntica postura sostenía la ex primera ministra británica Margaret Thatcher, para quien resultaba «inadmisible que el Consejo de Seguridad le impidiera al pueblo bosnio defenderse por sí mismo y al mismo tiempo no estuviera dispuesto a defenderlo».

Antes de dar por terminada mi intervención repetí que nuestra propuesta era, ante todo, una declaración de principios morales y políticos, razón por la cual teníamos que confiar en que el Consejo de Seguridad la votaría favorablemente, pues resultaba inconcebible aceptar que la defensa de los derechos de un Estado miembro de las Naciones Unidas no contara con el respaldo mayoritario del Consejo de Seguridad: «No acudir en defensa de una nación independiente como Bosnia y Herzegovina, víctima además de una guerra de limpieza étnica, y hacer en cambio todo lo posible para impedirle defenderse, implica responsabilidades morales y políticas de extraordinaria significación. Quienes hoy le nieguen a esa república su derecho de defenderse tendrán que asumir ante el mundo, ante su pueblo y hasta en su conciencia una deuda extraordinaria y trascendental».

Escuché entonces al embajador alterno del Reino Unido, Thomas Legh Richardson, decirle a un funcionario de su delegación: «No es justo criticar a lord Owen, cuando él no está presente para defenderse».

Tampoco yo estaba en Ginebra para decírselo en persona.

Veintisiete embajadores censuran al P5

Nunca se había visto ni se vería en el futuro una sesión con más asistencia que aquella. Tampoco recordaba haber presenciado un debate con intervenciones tan intensas, a favor o en contra. A partir de ese 29 de junio, ninguno de los quince miembros del Consejo de Seguridad podría alegar que no conocía la magnitud de los crímenes de lesa humanidad que se cometían en Bosnia. En mi caso, mientras esperaba el inicio de la votación, recordaba las monstruosidades de las que había sido testigo en Srebrenica, en Ahmici, en Mostar, en Sarajevo, y me preguntaba cómo era posible que miembros permanentes del Consejo sostuvieran que aprobar el levantamiento del embargo de armas a Bosnia representaba una medida desesperada, cuando en realidad era nuestra última oportunidad de evitar su aniquilación total.

Sentía que nuestra posición era la respuesta moral y humanitaria que correspondía darles a los agresores serbios. Si bien no había militares venezolanos desplegados en Bosnia, el embajador británico no tenía derecho de preguntar: «¿Por qué no marchan soldados venezolanos desde Caracas rumbo a Bosnia para detener la matanza?». Sin tener en cuenta para nada la obligación de los miembros permanentes del Consejo de ser consecuentes con las responsabilidades que les impone la Carta de las Naciones Unidas. Triste y terrible experiencia tomar conciencia de que a más de la mitad de los miembros del Consejo no le importaba en absoluto la suerte de un pueblo indefenso.

Yáñez-Barnuevo me sacó de pronto de mi ensimismamiento al anunciar que el Consejo procedería a votar el proyecto de resolución, identificada en los documentos de las Naciones Unidas como S/25997. Luego dio los resultados:

Votos a favor, seis: Cabo Verde, Djibouti, Marruecos, Pakistán, Estados Unidos de América y Venezuela.

Votos en contra: ninguno.

Abstenciones, nueve: Brasil, China, Francia, Hungría, Japón, Nueva Zelanda, Federación de Rusia, España y Reino Unido.

Con esta votación, nuestro proyecto de resolución fue rechazado y la sesión terminó pocos minutos antes de las nueve de la noche, casi seis horas después de iniciada. A esa misma hora, los dirigentes y el pueblo de Bosnia debieron entender que con esta decisión la comunidad internacional los abandonaba. Un sentimiento de desolación se apoderó de mi ánimo. Salí del gran salón del Consejo avergonzado. Definitivamente, las grandes potencias europeas nos derrotaron esa tarde, pero no estaba dispuesto a rendirme, así como así; de modo que, al día siguiente, miércoles 30 de junio, como coordinador de los países de los No Alineados en el Consejo, convoqué a los otros miembros del grupo a una reunión para evaluar la situación y acordar nuestros próximos pasos, pues, a pesar de no haber logrado nuestro objetivo, sabía que no todo estaba perdido.

Por otra parte, tampoco podíamos pasar por alto otros dos asuntos, motivo de gran preocupación para los países del

MNOAL. El primero, la gravedad de la situación generada en Somalia por el asesinato de veinticuatro militares paquistaníes, integrantes de las fuerzas de mantenimiento de paz de la ONU, a manos de los hombres del general Farrah Aidid, uno de los «señores de la guerra» que desde 1991 se disputaban el control del país. El otro, que Estados Unidos, con la autorización del mismo Consejo de Seguridad que tercamente se oponía a que el legítimo Gobierno de Bosnia recibiera la ayuda internacional necesaria para rechazar la agresión serbia, se aprestaba ahora a intervenir directamente en Haití para rescatar la democracia y reinstalar a Jean Bertrand Aristide en la Presidencia que coroneles golpistas le habían arrebatado por la fuerza de sus armas.

La reunión se celebró la tarde del día siguiente en la sede de la Embajada de Pakistán. Antes me había entrevistado por separado con los embajadores de Bosnia, Croacia, Jordania, Alemania, Turquía y con los países del Grulac (Grupo de Latinoamérica y el Caribe), y los puse al tanto de nuestra posición con respecto a Somalia y Haití, pero, sobre todo, con la situación creada en Bosnia tras el rechazo de nuestro proyecto de resolución para levantar el embargo de armas. De manera muy especial me preocupaba el efecto que pudiera tener este revés en el ánimo de nuestro grupo, pero muy pronto el embajador Olhaye, decano del cuerpo diplomático acreditado en la ONU, me devolvió el alma al cuerpo cuando abrió la reunión expresando su satisfacción por lo mucho que habíamos logrado en apenas tres días.

—¿Cuándo han visto ustedes —nos preguntó— que en una sesión pública del Consejo de Seguridad intervengan veintisiete embajadores y que en sus intervenciones critiquen, censuren y hasta condenen a cuatro de los cinco miembros permanentes del Consejo? Nunca. Un éxito de nuestro grupo, sobre todo si tenemos en cuenta que el embajador británico se ha sentido obligado a reconocer que con esta votación el Consejo se muestra dividido a la hora de juzgar lo que en verdad ocurre en Bosnia.

Por su parte, el embajador marroquí sostuvo: «Tampoco podemos desconocer lo mucho que representa el respaldo de los Estados Unidos a nuestra iniciativa: ese es un hecho sin precedentes».

Ante estos comentarios, intervine para destacar que, lamentablemente, los Estados Unidos no presionaron a Francia y al Reino Unido, ni tampoco utilizaron su influencia para sumar los tres votos que nos faltaban para aprobar la resolución. El embajador Marker llamó nuestra atención entonces sobre el hecho de que en todos los comentarios de prensa sobre aquella sesión se criticara fuertemente a los miembros del Consejo que le negaron su apoyo a nuestro proyecto, circunstancia que ponía en evidencia el creciente apoyo que recibía nuestra posición sobre Bosnia y sobre los derechos humanos de su población, y las maniobras secretas de algunos miembros permanentes y la Secretaría General para manipular la situación en favor del proyecto serbio de arrebatarle por la fuerza a esa joven república su soberano derecho de existir.

Aun sin tener este tipo de información sobre los tejemanejes europeos y serbios, sabíamos las dificultades que enfrentaríamos al proponer en el Consejo levantar el embargo de armas a Bosnia. Pero también preveíamos que, de no tener éxito, muchas naciones musulmanas apoyarían a sus hermanos bosnios con el suministro de armamentos y hasta de combatientes, y que, simultáneamente, la causa musulmana atraería a los Balcanes, es decir, a Europa, la presencia de grupos islamistas radicales. Una amenaza que, confirmando la intimidad que vinculaba a importantes funcionarios de las Naciones Unidas con el jefe militar de los serbios en Bosnia, ya nos la había adelantado el secretario de Defensa del Reino Unido, Malcolm Rifkind, al declararle a la prensa que, como Serbia ya había ocupado la mayor parte de Bosnia, el conflicto estaba en su «fase final», y levantar entonces el embargo solo serviría para estimular a los bosnios a «prolongar innecesariamente la guerra con la esperanza de recuperar algunos territorios perdidos». Inconcebible visión de la realidad bosnia, a la que el vicepresidente Ganic, una vez más, reaccionó sin pelos en la lengua para denunciar que «la comunidad internacional toleraba el genocidio y otros crímenes de lesa humanidad contra la población musulmana de su nación».

Durante aquella reunión del grupo también abordamos el tema del tribunal para la antigua Yugoslavia, que formalmente funcionaba desde mayo, pero sin que el secretario general Boutros-Ghali le prestara la menor atención. Tan poca que ni siquiera le había propuesto al Consejo candidatos para constituirlo ni le había asignado presupuesto alguno al nuevo organismo. No sería sino hasta finales de agosto cuando nos remitió una lista de veintitrés candidatos, y los designados no llegaron a La Haya hasta noviembre. El nombrado como primer fiscal del tribunal, Richard Goldstone, magistrado de la Corte Suprema de Suráfrica, no ocuparía su cargo hasta agosto del año siguiente. Tampoco mostraba Boutros-Ghali apuro alguno en designar un alto comisionado de Derechos Humanos, pasividad que mereció duras críticas de las organizaciones no gubernamentales en la Conferencia Mundial de Derechos Humanos celebrada en Viena hacía apenas pocos días.

Mientras tanto, el Consejo de Seguridad aprobó una serie de resoluciones sobre los obstáculos que seguían impidiendo el ingreso de la asistencia humanitaria a ciudades como Mostar y Sarajevo, y que exhortaban a todas las partes a cooperar con los mediadores Owen y Stoltenberg para concluir «lo antes posible, libremente, y de común acuerdo, un arreglo político justo y amplio». Durante las consultas informales previas al debate sobre nuestro proyecto de resolución, los embajadores de Francia y del Reino Unido habían reiterado la necesidad de alcanzar «un arreglo político justo y amplio» entre las partes, y con eso pretendían justificar su confrontación con el presidente Izetbegovic y con nosotros, porque sosteníamos que era imposible hablar de una solución negociada de la crisis bosnia mientras las tropas del general Mladic ocupaban a sangre y fuego dos terceras partes de Bosnia.

BOSNIA SE QUEDA SOLA

A finales de junio, mientras Rusia, Francia y el Reino Unido lograban anular los esfuerzos que hacíamos en el Consejo de Seguridad por levantar el embargo de armas a Bosnia, el ritmo de la guerra se aceleraba con renovada ferocidad. En gran medida, porque al conflicto, que ya duraba año y medio y seguía acaparando la atención de la comunidad internacional, se añadía la pretensión de los jefes bosniocroatas, a pesar de haber suscrito un acuerdo de cese el fuego con las autoridades bosnias, de ocupar Mostar, en el centro del país, para convertirla en la capital de una eventual república croata en Bosnia, que ellos llamaban Herzeg-Bosnia.

Ante la gravedad de la situación, Muhamed Sacirbey, embajador de Bosnia ante las Naciones Unidas, le dirigió una correspondencia al entonces presidente del Consejo, el embajador británico David Hannay, en la que denunciaba el recrudecimiento de la ofensiva militar serbia en todos los frentes, incluidos ahora brutales ataques a Mostar y en la zona del monte Igman, próximo a Sarajevo. La urgencia con que el embajador Sacirbey denunció estos hechos obligó a Hannay a convocar de inmediato una serie de consultas con los miembros del Consejo, que concluyeron con una declaración presidencial, el 22 de julio, que condenaba categóricamente esta escalada y designaba Sarajevo área segura.

Una nación acorralada

De acuerdo con esta declaración presidencial del Consejo, los agresores serbios no solo debían interrumpir sus ataques a la capital bosnia, sino también debían retirarse a una distancia desde la cual dejaran de constituir una amenaza para la seguridad de la población civil de la capital; se les ordenaba a los atacantes serbios y croatas desactivar los obstáculos que bloqueaban la entrega de asistencia humanitaria y la prestación de servicios públicos a las poblaciones bosnias sitiadas y, finalmente, incluía dos aspectos promovidos por el grupo de los países del MONOAL. Uno, mantener abiertas todas las opciones posibles para contener la agresión a la soberanía de Bosnia y la seguridad de su población civil, sin excluir ninguna, en evidente referencia a la opción de recurrir a una fuerza militar internacional, y dos, solicitar a las partes reunirse en Ginebra con el dúo Owen-Stoltenberg hasta alcanzar «un arreglo duradero y equitativo sobre la base de la soberanía, la integridad territorial y la independencia política de la Republica de Bosnia y Herzegovina, así como la inaceptabilidad de la depuración étnica y la adquisición de territorios mediante la fuerza».

Por supuesto, los no alineados estábamos al tanto de que Tudjman y Milosevic rechazaban de plano este proyecto de plan de paz, porque le garantizaba al Gobierno bosnio derechos soberanos que ellos le negaban. Precisamente por eso, habíamos insistido en incluir estos dos condicionamientos en el texto de la declaración. Sin embargo, también éramos muy conscientes de que Izetbegovic no podría negociar en pie de igualdad con Tudjman y Milosevic, ejecutores de la implacable limpieza étnica como fundamento político de sus acciones militares. Desde esta perspectiva, la del 22 de julio, si bien fue una excelente declaración de la comunidad internacional, no pasaba de ser sino eso. A pesar de ello, en la madrugada del día siguiente, el presidente Izetbegovic anunció que, en atención a la solicitud del Consejo, viajaría a Ginebra. Sin embargo, esa misma mañana la artillería pesada serbia inició una serie de fuertes bombardeos a Sarajevo que lo llevaron a comunicarles a los mediadores Owen y Stoltenberg que no podría viajar a Ginebra en ese momento.

A todas luces, aquellos ataques eran la respuesta serbia a la declaración presidencial del Consejo de Seguridad del 22 de julio; y los bombardeos serbios no se interrumpieron en absoluto, hasta que el día 30 una granada de mortero hirió gravemente a Irma Hadzimuratovic, una niña de cinco años, y mató a otras personas, incluida su madre. El sobrecargado Hospital Kosevo, el más importante de Sarajevo, no disponía de los equipos ni contaba con los medicamentos necesarios para tratar las gravísimas heridas sufridas por Irma en la columna, la cabeza y el abdomen, y desde Londres la BBC desató una intensa campaña de información sobre el caso.

John Major, primer ministro del Reino Unido no pudo mantenerse al margen de esta campaña y mandó de inmediato un avión Hércules de la fuerza aérea británica para transportar a la niña a un hospital británico. Durante esa semana de continuos bombardeos, la artillería serbia causó en Bosnia numerosas víctimas mortales diariamente, entre ellas, tres niños y centenares de heridos, pero hasta ese momento la política británica era no evacuar al Reino Unido a civiles heridos, aunque necesitaran asistencia médica especializada. La evacuación de Irma llevó a Sylvana Foa, portavoz de Acnur, a declarar que Sarajevo no debía ser vista como un «supermercado» de refugiados fotogénicos, y preguntó si la evacuación de Irma significaba que el Reino Unidos cambiaba ahora su política, pero solo en el caso de niños heridos, «sobre todo si son menores de seis años, rubios y de ojos azules». Por su parte, el doctor Patrick Peillod, jefe del Comité de Evacuación de las Naciones Unidas, declaró que hasta ese momento el Reino Unido había tratado a los niños bosnios como si fueran animales en un zoológico, y si evacuaba entonces a Irma lo hacía como parte de «una agenda de relaciones públicas».

A estas declaraciones se sumó Faruk Kulenovic, director del Hospital Kosevo, quien sostuvo en un encuentro con la prensa internacional que «los gatos y los perros en el Reino Unido tienen más derechos y reciben cuidados médicos que no tienen ni reciben los habitantes de Sarajevo, una auténtica vergüenza». Para comprender la rabia que transmitían estos mensajes basta recordar que, desde el inicio del conflicto hasta ese día, las armas pesadas serbias y sus francotiradores habían ocasionado, solo en Sarajevo, más de dos mil muertos y más de cincuenta y cuatro mil heridos.

Owen y Stoltenberg adelantan en Ginebra su plan de paz

Mientras la guerra continuaba su sangriento curso, Owen y Stoltenberg adelantaban su estrategia para hacer realidad un plan de paz aceptable para el grupo Milosevic, Tudjman, Karadzic y Boban. Solo les faltaba obtener la aprobación de Izetbegovic, quien, además de oponerse sistemáticamente a suscribir ningún acuerdo que incluyera la partición de su país, añadía entonces que mientras no se le reconocieran a Bosnia sus derechos soberanos, él no participaría en la cumbre de Ginebra. Sobre todo, porque sabía que lo que en verdad pretendían serbios y croatas con la complicidad de los mediadores era obligarlo a firmar un acuerdo que legitimara la transformación de Bosnia en un Estado federal integrado por tres miniestados de carácter étnico, primer paso para reducir la república a prácticamente nada.

Gracias al embajador Sacirbey sabíamos que en el seno del Gobierno bosnio había ciertas vacilaciones, pero también que dirigentes como el vicepresidente Ejup Ganic se oponían con firmeza absoluta a que la diplomacia negociadora lograra borrar a Bosnia del mapa europeo. Esta decisión significaba que, a la gran desventaja militar del Gobierno bosnio para enfrentar a los agresores serbios y croatas en los campos de batalla, tendría que sumar el peligro de que las vacilaciones de algunos miembros del gobierno provocaran una crisis en la cúpula política de la Bosnia musulmana. Esta circunstancia nos alarmó sobremanera y me reuní con Sacirbey, quien se comunicaba con su presidente continuamente, y me comentó, muy mortificado, que Izetbegovic estaba en efecto tan angustiado que le confesó que terminaría viajando a Ginebra, pero que lo haría «resuelto a encontrar una fórmula que realmente le pusiera fin al conflicto, sin contribuir a una partición política y territorial que, a fin de cuentas, era como ejecutar un suicidio colectivo». En definitiva, este era el argumento que empleaba el presidente Izetbegovic para rechazar desde el primer momento cualquier plan de paz que no fuera claramente «equitativo y justo», mientras que para Owen y Stoltenberg, para la Secretaría General de las Naciones Unidas y para los miembros permanentes del Consejo de Seguridad lo importante era imponer la paz a cualquier precio, y por eso aceptaban incluso legitimar las conquistas territoriales serbias y croatas logradas por la fuerza de las armas y la depuración étnica. Una legalidad que, de aprobarse en la minicumbre de Ginebra, le presentaría a los bosnios musulmanes dos únicas y dramáticas opciones, ambas inaceptables: la fragmentación de la república mediante la aplicación de un apartheid, o la continuación indefinida de una guerra en condiciones de inferioridad militar cada vez mayor.

Estos eran los malos aires que soplaban sobre el Palacio de las Naciones en Ginebra al iniciarse las conversaciones que, sencillamente, les presentaban a los representantes del Gobierno bosnio el dilema de continuar una guerra que no podían ganar o ceder a la presión y la impaciencia de los gobiernos más poderosos del mundo, urgidos de pasar la página de la crisis bosnia al precio que fuese, aun sacrificando principios políticos y éticos fundamentales. En medio de esas turbulencias, el presidente Izetbegovic recibió la información de que el Gobierno de Estados Unidos, el único miembro permanente del Consejo de Seguridad que lo apoyaba, estaba de pronto resuelto a respaldar el plan Owen-Stoltenberg, a pesar de que ello significara pasar por alto crímenes tan abominables como la aplicación en Bosnia de la segregación según el modelo surafricano, política que hasta ese instante la Casa Blanca rechazaba con tesón. Un cambio que lo obligaba a reconsiderar su no asistencia al encuentro ginebrino.

Fueron días confusos, hasta que Washington le hizo saber al Gobierno bosnio que, al margen de cualquiera que fuese el resultado de las negociaciones en Ginebra, Bosnia contaría con el apoyo financiero y económico necesarios para superar las calamidades materiales generadas por la guerra. Esta última información hizo que el 26 de julio, finalmente, el presidente Izetbegovic viajara a Ginebra, a pesar de que la nueva posición de Washington en las Naciones Unidas en favor del plan Owen-Stoltenberg transformaba lo que hasta entonces solo era un proyecto de acuerdo en un hecho consumado por contar con el apoyo de los cinco miembros permanentes del Consejo. Falsa solución diseñada por el cuarteto Tudjman-Milosevic-Karadzic-Boban, con el decisivo padrinazgo de Owen y Stoltenberg, que ataba a Izetbegovic de pies y manos y lo dejaba sin el poder de aceptar ni rechazar de plano el acuerdo.

Por esas penosas circunstancias, las declaraciones públicas de los autores y defensores del plan adquirieron esos días una agresividad esclarecedora. Radovan Karadzic, por ejemplo, advirtió amenazadoramente: «Si los musulmanes rechazan la propuesta corren el riesgo de perderlo todo, incluso lo poquísimo de territorio que aún conservan; así que, si no lo suscriben, los croatas y nosotros podríamos repartirnos Bosnia». Owen respaldó esta amenaza con la insólita afirmación de que por culpa del Gobierno bosnio aquellas negociaciones podrían ser la última oportunidad que tenían los musulmanes bosnios de ser incluidos en la Bosnia venidera, y vaticinaba: «Si este acuerdo no se concreta en los próximos días, la oferta de una división negociada entre las tres partes desaparecerá de la mesa y el futuro de Bosnia quedaría en manos del comandante militar de las fuerzas nacionalistas serbias en Bosnia, el general Ratko Mladic».

De acuerdo con estos personajes, los bosnios musulmanes reconocían todas las pretensiones serbias y croatas o tendrían que resignarse a ser exterminados por las tropas de Mladic, el «Carnicero de los Balcanes». Una oprobiosa intimidación al gobierno de Izetbegovic, mortalmente debilitado ahora por un plan de paz concebido para satisfacer los deseos de Serbia y Croacia. Con el agravante de que, para fijar su posición definitiva, al Gobierno bosnio se le daba de plazo una semana. Izetbegovic era consciente de hallarse aislado política y militarmente, sobre todo, porque los serbios, como siempre habían hecho, aparentaban participar en la minicumbre de Ginebra para negociar un plan de paz, mientras que abiertamente amenazaban con desatar una ofensiva final sobre Bosnia, con el respaldo político y militar del gobierno de Croacia.

El fracaso de la Cumbre de Ginebra

El 27 de abril, en su despacho de Zagreb, el presidente Franjo Tudjman nos había manifestado a los embajadores del Consejo que viajamos a los Balcanes que jamás se produciría una alianza de serbios y croatas contra el Gobierno y la población musulmana de Bosnia. Lo mismo nos había asegurado en Split el líder bosniocroata Mate Boban. No obstante, sus tropas irregulares, con el total apoyo del gobierno de Tudjman, acababan de emprender en la zona occidental de Bosnia y Herzegovina, cerca de la frontera con Croacia, una de las operaciones más atroces de todo el conflicto, al despojar de sus hogares a más de treinta mil musulmanes y entregárselos a refugiados croatas, porque ellos, por ser croatas, eran los dueños de ese territorio, razón por la que sus habitantes musulmanes tenían que abandonarlos y marcharse «a Turquía o a cualquier otro país árabe». El periodista español Hermann Tertsch describía muy bien el resultado de esta aplicación de la política de limpieza étnica con una frase espeluznante: «Ahora aquí todos son católicos, todos croatas, todos seguidores fieles del presidente Tudjman». En otras palabras: los croatas y los bosniocroatas habían aprendido rápido y al pie de la letra la lección serbia en una materia tan infame como la depuración étnica.

Ante la puesta en marcha de este plan para borrar del mapa de Europa una nación independiente pero indefensa, y ante la flagrante violación de tantos principios éticos y políticos, yo me pregunté qué papel desempeñaban realmente Owen y Stoltenberg, los supuestos mediadores en el conflicto. Cierto que lo deseable era ponerle fin sin más demoras a la guerra mediante una solución negociada, pero ¿a cualquier precio? ¿Cumplían su tarea de mediadores acorralando al presidente Izetbegovic y al pueblo bosnio musulmán para obligarlos a aceptar lo que ellos llamaban la única solución realista del conflicto, cuando en realidad se trataba de sentenciar la muerte de Bosnia como nación? Lo peor era que Owen y Stoltenberg no actuaban por su cuenta. En esta torcida maniobra operaban de acuerdo con los principales miembros del Consejo de Seguridad, del secretario general de las Naciones Unidas, Boutros-Ghali, y de la Comunidad Europea.

Se trataba de una auténtica conspiración internacional contra los derechos de la población musulmana de Bosnia que se proponía maquillar lo que no era más que la anexión de territorios vecinos con la aspiración de poner en manos de las Naciones Unidas, durante los dos años siguientes, la administración de Sarajevo, y la de la devastada ciudad de Mostar, designada capital de una eventual república croata en Bosnia, en manos de la Comunidad Europea. Al hacerse públicos estos aspectos del acuerdo que se pretendía aprobar en Ginebra, el periodista Kemal Kurspahic, director del diario bosnio Oslobodenje (Liberación, en español), sostuvo en un editorial con su firma que las conversaciones de paz en Ginebra eran en realidad un chantaje a los bosnios musulmanes, ya que la comunidad internacional los obligaba a aceptar los principios de la limpieza étnica para no ser acusados de enemigos de la paz. Luego añadía: «Si en efecto se divide a Bosnia como se propone en Ginebra, se sembrará el terror y la violencia en el país, una tragedia que equivaldría a aprobar la brutal política de exterminio de Radovan Karadzic». Lamentablemente, lo que ocurriría durante los dos años siguientes le daría toda la razón.

Mientras tanto, en Ginebra, el Gobierno de Bosnia y Herzegovina se veía arrinconado y prácticamente sitiado, y los gobiernos occidentales, que entonces debían decidir si en efecto respaldaban con todas sus letales consecuencias la anexión de territorios adquiridos por la fuerza y premiaban así a los implacables ejecutores de la «limpieza étnica», o si por fin optaban por solucionar la crisis mediante el uso de una fuerza militar internacional.

Como solía ocurrir desde siempre, los representantes de países del MNOAL en el Consejo de Seguridad carecíamos de información suficiente sobre lo que en verdad sucedía en Bosnia. Solo gracias a mi relación personal con el embajador Sacirbey estábamos al tanto del desarrollo diario del conflicto y, gracias a ello, supimos que Haris Silajdzic, ministro de Relaciones Exteriores bosnio que acompañaba a Izetbegovic en Ginebra, acababa de denunciar que la comunidad internacional no les presentaba una propuesta de paz, sino «un ultimátum». Una situación similar a la paz ordenada por la fuerza de los vencedores de la Primera Guerra Mundial con el Tratado de Versalles firmado en 1919, que le abrió a Hitler el camino al poder y la instauración del Tercer Reich. Al margen de lo exagerado de la comparación, no cabía la menor duda de que la esencia de aquel supuesto acuerdo de Ginebra era la entrega de Bosnia y Herzegovina a la parte más fuerte y violenta.

En el curso de estas casi diarias conversaciones nuestras, Sacirbey me confesó que su presidente era un «hombre muy sabio, pero demasiado mayor», y tenía la costumbre de oír a todo aquel que se le acercara, una debilidad que lo hacía particularmente manipulable. Sacirbey, nacido y educado en los Estados Unidos, tenía una formación muy distinta a la de los dirigentes de las repúblicas de la antigua Yugoslavia. También me confesó muy privadamente que, antes de que Bosnia tuviese que decidir si aceptaba o no partir el país en tres regiones étnicas, los abogados de su gobierno le habían solicitado a la Corte Internacional de Justicia en La Haya que declarara «nula y sin valor» la división propuesta en Ginebra.

Rumbo a Zagreb a verme con el presidente Tudjman

El desarrollo de la situación tanto en Bosnia como en Ginebra, donde se llevaban a cabo las supuestas negociaciones de paz, nos mantenía a los miembros del MNOAL en el Consejo de Seguridad en un estado de profunda alarma, sobre todo, porque la ausencia de información precisa sobre el desarrollo de la crisis diplomática y militar nos hacía temer que en ambos frentes la crisis bosnia no tendría un final afortunado para la «parte» musulmana del conflicto. Nuestro grupo, en reunión de urgencia presidida por el embajador de Marruecos, Ahmed Snoussi, evaluamos la situación y llegamos a la conclusión de que yo, que en aquellos días iba a dictar una conferencia en el Instituto Internacional para la Paz, en Viena, debía viajar a Zagreb antes de regresar a Nueva York para entrevistarme con el presidente Franjo Tudjman, pues él nos había demostrado que cambiaba continuamente de posición con respecto a la situación bosnia, y después ir a Sarajevo para analizar con el presidente bosnio nuestros próximos pasos.

Inmediatamente después de la reunión del grupo, decidí informar personalmente a Kofi Annan, subsecretario general del departamento de Operaciones de Paz de la ONU, y al secretario general, Boutros-Ghali, para compartir con ellos las razones que nos habían impulsado a tomar esta iniciativa, solicitar formalmente que Unprofor se encargara de mi traslado en un avión del organismo a las capitales de Croacia y Bosnia, y me brindara protección militar durante mi visita a Sarajevo, que continuaba siendo objeto de fuertes ataques de la artillería pesada serbia. También me reuní con los embajadores de Croacia y Bosnia ante las Naciones Unidas, Mario Nobilo y Muhamed Sacirbey, para que les anunciaran a sus gobiernos mi inminente viaje, que haría en compañía de Víctor Manzanares, primer secretario de mi embajada.

Días más tarde, dicté en Viena mi conferencia en la sede del Instituto Internacional para la Paz. No era la primera vez que visitaba el instituto, que me interesaba mucho porque la mayoría de los asistentes a sus actos eran oficiales de rango medio y superior de fuerzas armadas de diferentes países, y el tema central de mi conferencia fue el examen de las guerras y los conflictos armados en la antigua Yugoslavia, y comprobé que mi visión de esa ingrata realidad coincidía con los críticos comentarios que hacían sectores cada vez más amplios en el seno de los estamentos militares europeos sobre el papel que Unprofor desempeñaba en Bosnia. Según ellos y yo, un desempeño que se limitaba a dar apoyo a las acciones humanitarias de la ONU, un despropósito que le impedía cumplir su tarea como brazo armado de la comunidad internacional con el mandato de propiciar un cese el fuego duradero y la seguridad de la población civil.

Después de aquel encuentro en Viena, emprendimos viaje en tren a Zagreb, adonde llegamos poco antes de las siete de la tarde. Allí nos esperaban dos oficiales de Unprofor, quienes, después de acompañarme a dejar mi equipaje en el hotel, me llevaron al Palacio de Gobierno. Como me había hecho saber el embajador Nobilo, el presidente Tudjman y algunos miembros de su gabinete ejecutivo me recibirían a las ocho de esa noche en el mismo palacio donde los visitamos a finales de abril. Y allí, tal como en mi visita de abril, fuimos recibidos por el presidente Tudjman y nos sentamos a la misma y suntuosa mesa, en el centro de un salón con vistas a los hermosos jardines que rodean el palacio.

—Señor embajador —fueron las primeras palabras que me dirigió un Tudjman cordial y sonriente—, ¿se ha puesto la corbata con el escudo de Croacia que le obsequié a usted y a sus colegas? Recuerde que en croata corbata significa Croacia.

No esperaba ser recibido con semejante pregunta, y solo atiné a responder algo así como que aguardaba el fin de la guerra para celebrarlo poniéndome la corbata. Ambos sonreímos, a sabiendas de que no habría nada que celebrar, con corbata o sin ella. Le señalé que lo que ya resultaba evidente era que cada día esa deseada paz parecía estar más distante. Y que, de acuerdo con lo pactado con mis colegas no alineados en el Consejo, la finalidad de mi misión a Zagreb no era distraerme recorriendo caminos sin salida, sino insistir en los temas que tratamos durante nuestro encuentro anterior y habían quedado pendientes, como la necesidad de enjuiciar y condenar a los culpables de la masacre de Ahmici, un crimen que él se había comprometido a investigar, pero de cuyos resultados nada se sabía, y el hecho de que durante los dos meses transcurridos desde aquella entrevista las tropas de Mate Boban habían recrudecido sus ataques a la ciudad de Mostar y a algunos poblados en la región de Medjugorje, a veinte kilómetros de la frontera con Croacia.

Estas denuncias hundieron a Tudjman en un profundo silencio. A un jefe de gobierno como él, que se creía padre de la patria croata, no podía agradarle escuchar aquellas verdades. Sobre todo, porque yo añadí el comentario de que esos hechos afectaban la imagen internacional de su país y amenazaban con ponerlo a él al mismo nivel de Milosevic y Karadzic, reconocidos en el mundo como promotores de una abominable política de depuración étnica en Bosnia. Después le transmití la opinión de los embajadores del grupo de países del MNOAL: «Pensamos que usted no es como Milosevic o Karadzic. Su estatura política, sus credenciales académicas y su trayectoria como oficial superior del ejército lo hacen muy diferente, pero como en nuestro encuentro de abril usted me pidió que habláramos con franqueza, debo señalarle que, si estos graves crímenes no cesan de inmediato, se corre el peligro de que el negado acuerdo suyo con Milosevic en la provincia serbia de Karadjordjevo para repartirse Bosnia y Herzegovina comience a parecer algo muy real».

La sonrisa amable y a la vez altiva del muy vanidoso general y académico Franjo Tudjman desapareció de su rostro y del de su influyente ministro de Defensa, Gojko Susak, considerado el principal arquitecto de la política croata en Bosnia y responsable directo del apoyo de su gobierno a la fuerza militar de Boban. Ambos parecían muy molestos, porque, a sus ojos, yo solo era un miembro no permanente del Consejo y representaba a un país sin influencia en la política europea. No obstante, tomaban en cuenta que yo también hablaba en nombre de los seis países no alineados de ese Consejo y, en consecuencia, nuestra posición era la de la mayoría de los países miembros de la Asamblea General de la ONU. Quizá por eso Susak, a pesar de su malestar, se apresuró a decirme que el gobierno de Tudjman no había tenido parte alguna en esas acciones, y que los culpables de aquel suceso fueron los mandos musulmanes en la zona, una versión que repitió diez días más tarde, al declararle a la prensa que los bosnios no dejaban de acosar y atacar a los bosniocroatas en Bosnia central, y que «las fuerzas armadas de la Republica de Croacia estaban resueltas a proteger las poblaciones de mayoría croata si los musulmanes hacían realidad su amenaza de invadirlos».

Inmediatamente después de pronunciar esta advertencia, Boban se proclamaría presidente de esa supuesta republica croata en Bosnia que ellos llamaban Herzeg-Bosnia, creación que, como era de esperar, Tudjman acogió con gran entusiasmo, hasta el extremo de insistir en que su gobierno «ayudaría a los croatas de Bosnia y Herzegovina a defenderse de cualquier agresión musulmana». En ese punto de nuestra entrevista, le adelanté a Tudjman que una eventual intervención directa de fuerzas militares de Croacia en Bosnia generaría la rápida adopción de las mismas sanciones económicas y comerciales que el Consejo de Seguridad le había impuesto a Serbia, y le recordé que el recién creado Tribunal Internacional para la Antigua Yugoslavia ya investigaba los crímenes de lesa humanidad cometidos en Bosnia por funcionarios civiles y militares de cualquier nacionalidad, fueran autores directos de esos crímenes o formaran parte de la cadena de mandos bajo cuyo cobijo se habían perpetrado. Pensaba que esta suerte de amenaza produciría algún efecto en el ánimo de mis interlocutores, pero lo cierto es que ni siquiera se dieron por enterados. En realidad, al igual que sucedía con los gobernantes serbios, el presidente croata tenía la certeza de que la comunidad internacional no recurriría a la fuerza para hacer respetar las decisiones que tomara ese tribunal.

Otra cosa que me llamó poderosamente la atención fue que la posición de Tudjman en ese momento era notoriamente más terminante que en abril, y que, al referirse a la población étnica bosnia, se limitaba a referirse a ella despectivamente como «los musulmanes». En dos oportunidades, con la peor intención del mundo, le pregunté si con ese calificativo aludía a los ciudadanos de la República de Bosnia y Herzegovina, país miembro de la ONU y tan independiente como Croacia, pero tampoco le hizo el menor caso a mi comentario. Lo que sí me manifestó Tudjman fue su satisfacción porque el Consejo había aprobado la solicitud hecha por su gobierno de extender por un año el mandato de Unprofor en Croacia, aunque se abstuvo de mencionar que esa presencia militar de la ONU en su país tenía la finalidad de frenar los ataques de las fuerzas militares de Serbia a la histórica ciudad de Duvrovnik desde octubre hasta diciembre de 1991.

Nuestra reunión duró dos horas y, al despedirnos, le informé a Tudjman que al día siguiente viajaría a Sarajevo para reunirme con el presidente Izetbegovic y que también le hablaría a él con absoluta franqueza. Tudjman me pidió entonces que le insistiera a Izetbegovic sobre la urgencia de suscribir el plan de paz que Owen y Stoltenberg habían llevado a Ginebra, único remedio, me recalcó, que podría ponerle fin a la guerra. Me limité a señalarle que entendíamos bien que Izetbegovic, asediado militarmente y amenazado por la desaparición de Bosnia como nación independiente, rechazara ese plan. Tudjman hizo como si no hubiera escuchado mi comentario y, en cambio, me pidió reunirme con algunos jerarcas de la Iglesia católica croata. Le respondí con mucha cortesía que lo haría con gusto, sobre todo porque «yo, al igual que él, también era católico».

Al retirarme del palacio presidencial me dije que me marchaba de Croacia sin tener en claro cuál era la posición real y definitiva de Tudjman sobre el conflicto, pero con la convicción de que él era el dirigente político más amoral que había conocido en mi vida. Años más tarde me diría Richard Goldstone, fiscal principal del TPIY, que en su opinión solo la muerte salvó a Tudjman de ser procesado como criminal de guerra en ese tribunal. Al menos, por su responsabilidad en la ejecución de la llamada Operación Tormenta, la mayor batalla terrestre europea llevada a cabo desde la Segunda Guerra Mundial, emprendida por el ejército croata en la provincia de Krajina para recapturar enclaves de Croacia ocupados por serbocroatas en áreas que se encontraban bajo la protección de los cascos azules. Esa operación sería condenada como «acción criminal» por el tribunal para la antigua Yugoslavia, por haber sido un acto de limpieza étnica en contra de ciudadanos serbios, cuya consecuencia directa fue el desplazamiento forzoso de unos doscientos cincuenta mil serbios de Croacia y más de mil muertos en combate. A esta operación se sumaba la instalación de campos de concentración en los que internaron a miles de bosniocroatas de religión musulmana. Hechos que casi igualaban las acciones criminales de Milosevic, aunque el croata demostró poseer mucha más astucia que el serbio para disimular sus culpas, lo cual le permitió conservar el poder hasta el día de su muerte, seis años después. Para ese momento, sin embargo, su desprestigio ya era enorme y ningún gobierno extranjero se hizo representar en su funeral.

De regreso en Sarajevo

A la mañana siguiente, una escolta de Unprofor nos recogió en el hotel y nos trasladó a la zona militar del aeropuerto de Zagreb, donde me esperaban dos sacerdotes católicos que se identificaron como representantes del arzobispo de la ciudad, quien deploraba no poder reunirse conmigo pues estaba fuera de Zagreb y no regresaría hasta después del mediodía. Les respondí que yo también lo lamentaba, pero que como estaba a punto de abordar el avión que me llevaría a Sarajevo no tenía tiempo sino para manifestarles mi preocupación por la brutal violencia con que actuaban las tropas de Mate Boban, un malestar, les dije, que le había expresado al presidente Tudjman: «La masacre de Ahmici no fue una acción de simple violencia, sino uno de los más abominables crímenes de guerra registrados hasta ese momento en las guerras yugoslavas. Crímenes, por cierto, que ni el presidente Tudjman ni Mate Boban habían tratado siquiera de investigar». Para mi sorpresa, los dos sacerdotes asumieron una posición similar a la sostenida por Tudjman y Susak, al alegar que los medios de comunicación exageraban la magnitud del suceso y muy poco o nada decían de los ataques musulmanes a enclaves de bosniocroatas.

Nada más tenía que conversar con los dos curas, así que me despedí de ellos y abordé el avión. Una hora después aterrizamos en el aeropuerto de Sarajevo y a toda prisa recorrimos el mismo pasillo de muros de sacos de arena para llegar al desmantelado edificio del terminal. En los mismos carros blindados de los cascos azules nos dirigimos a la sede de su Comando General, un recorrido por una ciudad notablemente más devastada que en abril, como si acabara de sufrir los efectos demoledores de un gran terremoto. Edificios, viviendas y escuelas destruidos o semidestruidos por los bombardeos serbios, desolación aterradora por doquier, prácticamente sin ningún peatón a la vista. A mi lado, Manzanares no podía enmascarar su asombro. Nunca había estado en Bosnia, y a todas luces no estaba preparado para ver lo que veía. Tan impresionante le resultó esa visión que hace pocos días, mientras escribía estas líneas, lo llamé por teléfono para preguntarle sobre la impresión que le produjo esa primera visita suya a Sarajevo y me confesó que fue inolvidable, pues era la primera vez que veía los horrores de la guerra en vivo y en directo. «La experiencia más importante de mi vida», me dijo.

A las puertas del comando de Unprofor en Sarajevo esperaba encontrarme al general británico Vere Hayes, de tan ingrata memoria, pero quien nos esperaba era el general belga Francis Briquemont, que pocos días antes había remplazado al general Philippe Morillon como comandante de esa fuerza militar de la ONU. Por fortuna, la Secretaría General debió tomar en cuenta mis desencuentros con Hayes y, para evitar nuevas confrontaciones entre los dos, decidió que este no se hiciera presente durante mi visita al comando, así que me sentí muy a gusto al acompañar a Briquemont a su oficina y sostener con él una conversación que resultó muy grata, sobre todo, porque pocos minutos después se nos incorporó Sergio Vieira de Mello, veterano funcionario brasileño de la ONU, que para ese momento era el director de asuntos civiles y políticos de las fuerzas de paz en Bosnia, quien luego me acompañaría en mis gestiones del día en Sarajevo.

Lo primero que me sorprendió de Briquemont fue el contraste de su personalidad con la de los dos comandantes de Unprofor que conocía, los generales Morillon y Wahlgren. Briquemont, hombre de aspecto tranquilo y sonrisa permanente, comenzó nuestra conversación haciéndome saber su deseo de que mi visita al comando fuese mucho menos incómoda que la anterior, y, como es natural, le devolví la sonrisa. Estaba al tanto de que cuando llegó a Sarajevo un periodista le preguntó si venía en plan de general o de diplomático, y él le respondió, sin inmutarse, que eso dependía de la hora del día. Una salida de buen humor que, después de escuchar durante una hora sus opiniones sobre la situación en Bosnia, me hizo pensar que en realidad Briquemont parecía comportarse como general a todas horas todos los días, pues muy seguro de sí mismo, y sin reparo alguno para darme su opinión sobre lo que según él sucedía en el país, nos confesó que tenía poco tiempo en su cargo: «Pero mi experiencia como oficial en la OTAN me indica claramente que la ONU no está estructurada para enfrentar un desafío como el que le presentan los conflictos en la antigua Yugoslavia», y después criticó con dureza extrema el trabajo de los medios de comunicación, siempre muy agresivos, especialmente los norteamericanos, como la cadena CNN, razón por la que había decidido no celebrar las habituales ruedas de prensa que solían convocar Wahlgren y Morillon. Preferí no responder a su comentario, pero me dije que esa decisión de no informar coincidía en mucho con la posición de la Secretaría General y de los miembros permanentes del Consejo de Seguridad. Algo que siempre he considerado un verdadero error.

Mi segunda sorpresa de aquella mañana fue que ninguno de los otros oficiales presentes intervino en la conversación, ni siquiera cuando Briquemont repitió la opinión generalizada en el seno de Unprofor de que quienes con mayor frecuencia violaban los cese el fuego acordado en las áreas seguras eran los «combatientes musulmanes». Según leería años después en las memorias de Owen, los medios de comunicación internacionales y algunas ONG mentían al deformar la realidad con sus falsas denuncias. En esas páginas Owen también afirmaba que en ningún momento las fuerzas de protección habían adoptado una política antimusulmana, y que sus acciones solo perseguían el propósito de ordenar el caos generado por la guerra. Para Owen, las acciones de los bosnios musulmanes eran las que más entorpecían las negociaciones de paz. Lo cierto es que su opinión, a pesar de ser mediador en las negociaciones, nunca fue independiente ni objetiva y respondía exclusivamente a los intereses europeos, particularmente los del Reino Unido, cuya responsabilidad en la ineficiente y errática gestión del conflicto bosnio fue monumental.

En el curso de nuestra visita en abril, el general Wahlgren, en esa misma oficina, me había expresado idéntico parecer. A fin de cuentas, aunque las Naciones Unidas mantenían en el teatro de la guerra asesores políticos de la talla de Vieira de Mello, los generales de los cascos azules imponían su visión del conflicto, como si la ONU fuera en realidad una institución militar. Por ejemplo, el general indio Satish Nambiar, primer comandante que tuvo Unprofor en Bosnia, llegó a declarar que las Naciones Unidas jamás habían actuado con maldad o por error, y que, en todo caso, lo que debía cambiar era «la voluntad política de los países miembros del Consejo de Seguridad». Sin dudas, no le faltaba razón, aunque era diplomáticamente incorrecto decirlo.

Precisamente un día antes, mientras yo todavía estaba en Zagreb, la embajadora Madeleine Albright, presidente ese mes del Consejo de Seguridad, criticó fuertemente las declaraciones públicas de Briquemont sobre la propuesta del presidente Clinton en favor del levantamiento del embargo de armas a Bosnia y de una acción militar multinacional. Lástima que yo no supe de estas opiniones hasta mi regreso a Nueva York, tres días después.

Mi nuevo encuentro con el presidente Izetbegovic

Antes de viajar a Sarajevo, quise saber qué información tenía Unprofor de lo que realmente ocurría en Srebrenica, pero las respuestas que obtuve fueron muy insuficientes. Apenas reconocían que la situación no había cambiado mucho desde mi reciente visita a ese sitiado enclave musulmán. Ni siquiera fueron precisos sobre temas de tanta importancia como la asistencia humanitaria y el racionamiento de los servicios de agua potable y electricidad. Todo ello fiel reflejo de la conducta impropia de los cascos azules en las áreas que habían sido designadas seguras bajo su protección.

Por esa lamentable circunstancia, tal como le dije al general Briquemont, además de reunirme con el presidente Izetbegovic y otros miembros de su gobierno, durante mi visita a la capital de Bosnia deseaba visitar el Hospital Kosevo, el más importante de Sarajevo, y la redacción del diario Oslobodenje. Lo que no podía siquiera imaginar esa mañana era que cuatro meses después Briquemont renunciaría a su cargo declarando su profundo desencanto con el desempeño de Unprofor en Bosnia. The Washington Post, en su edición del 22 de enero de 1994, con la firma de John Pomfret, su corresponsal en Sarajevo, lo había entrevistado después de su renuncia, y Briquemont denunció el papel de la ONU en Bosnia, porque era, sostuvo, «inoportuna, insuficiente, y probablemente porque perjudicaba futuras misiones similares». Añadió que había cumplido su servicio en Bosnia con profundo malestar, porque aquello no había pasado de ser un simple experimento de la ONU, «que había ocasionado la muerte infructuosa de docenas de sus soldados», y criticó severamente el comportamiento del Consejo de Seguridad por haberse limitado a aprobar numerosas «resoluciones que sonaban bonitas, pero nada más».

Lo cierto es que estos comentarios del general belga se parecían mucho a mis reiteradas observaciones sobre el problema, excepto en que su único elogio fue para las fuerzas militares serbias en Bosnia, «que han cumplido sus acuerdos con Unprofor». No repitió, sin embargo, la acertada afirmación que me había hecho en su oficina de que, si las Naciones Unidas de veras hubieran querido ponerle fin a la guerra en Bosnia, tendrían que haber desplegado una fuerza militar mucho más numerosa y con un mandato más preciso, de manera muy especial tan pronto la Asamblea General admitió en su seno a Bosnia y Herzegovina como nación independiente de la Federación Yugoslava en mayo de 1992. Briquemont terminó la entrevista que le hacía Pomfret señalando que, mientras estuvo en Bosnia, sus superiores le ordenaban, «haga esto o aquello, pero en ningún momento se ocuparon de proporcionarle suficiente tropa ni recursos materiales». Su sustituto, el general británico Michael Rose, nada más asumir el cargo, sostuvo lo contrario, al declarar a la prensa que sí contaba con todo lo necesario para cumplir su mandato a cabalidad. Esa afirmación fue el adelanto de una misión duramente criticada por el Gobierno bosnio, al que Rose acusaba de pretender que los cascos azules libraran la guerra que les correspondía a ellos. Tiempo después, Rose fue acusado de ser demasiado complaciente con el general Mladic, a quien ni siquiera consideró que fuera un criminal de guerra. Refiriéndose a Rose, Haris Silajdzic, entonces primer ministro bosnio, denunció que «las Naciones Unidas, en lugar de actuar para que Bosnia dejara de ser víctima indefensa de la agresión de serbios y croatas, limitaban la guerra y la política de exterminio étnico a la categoría de una simple catástrofe humanitaria».

Estas circunstancias y el acelerado deterioro de la situación militar hicieron que mi segunda reunión con el presidente Izetbegovic en su despacho presidencial de Sarajevo fuera muy distinta de la que tuvimos en abril. Ya estaba fuera de toda duda la falta de voluntad de los miembros permanentes del Consejo para propiciar una paz justa y equitativa en Bosnia, y sus acciones se reducían ahora al infructuoso intento de proporcionarle a la población civil bosnia suficiente asistencia humanitaria. En este sentido, Joe Biden, en aquellos días presidente del Comité de Relaciones Exteriores del Senado de Estados Unidos, había propuesto que alrededor de la sitiada capital de Bosnia se estableciera una zona totalmente desmilitarizada y que un fuerte contingente de cascos azules se interpusiera entre las tropas serbias y bosnias, pero el gobierno del presidente Clinton no respaldó su propuesta.

Este contratiempo era realmente desalentador, y al llegar esa mañana al Palacio de Gobierno en Sarajevo me sentía como alguien que va a un funeral para expresarle sus condolencias a un buen amigo. Es decir, que no estaba en condiciones de transmitirle al presidente Izetbegovic ni la menor esperanza sobre el futuro de su país, pero, por otra parte, tenía que ser muy prudente, para que mis palabras no les transmitieran a mis interlocutores bosnios el pesimismo que me embargaba, así que puse mi mejor cara mientras mi buen amigo, el vicepresidente Ejup Ganic, me llevaba al salón de reuniones donde me aguardaban el presidente Izetbegovic, algunos de sus ministros y el general Rasim Delic, jefe del Estado Mayor del Ejército bosnio.

Con su habitual cordialidad, Izetbegovic me agradeció el papel que venía desempeñado Venezuela en el Consejo de Seguridad. En las notas que conservo de aquella reunión leo que tuve la impresión de que me recibían con una extraña mezcla de preocupación por lo que ocurría y cierta esperanza por las gestiones que, a pesar de tantos inconvenientes, yo pudiera impulsar a mi regreso a Nueva York. Quizá por esa razón me sonrió al sentarme, o tal vez porque enseguida me anunció que pronto nos servirían un almuerzo, aunque «sumamente frugal». En realidad, consistió en un «menú de guerra», como advertía una tarjeta mecanografiada en la que se informaba que después de la sopa, también calificada de sopa de guerra, en lugar del cordero tradicional de las comidas musulmanas, se serviría un plato de verduras.

Durante este simulacro de almuerzo de Estado, no dejamos de escuchar la explosión de los obuses y las ráfagas de ametralladoras pesadas serbias, pero el general Delic nos aclaró que esos ataques tenían lugar en otras zonas de la ciudad. En medio de ese insólito almuerzo pude constatar que el presidente Izetbegovic daba la impresión de haber envejecido considerablemente. Estaba mucho más flaco y la expresión de su rostro reflejaba el agobio que sentía. Sin duda, porque ya resultaba inevitable que el proyecto de paz que se discutía en Ginebra era una farsa, que ni siquiera se planteaba el grave problema del sistemático desalojo de la población musulmana de sus hogares, incluso en zonas donde eran clara mayoría. Un tema que ponía de manifiesto lo poco que podía esperarse de la mediación del dúo Owen-Stoltenberg, claramente fatigados después de casi dos años de inútiles planes de paz, causa, me informó entonces Izetbegovic, por la que había decidido viajar a Estados Unidos en los próximos días. A fin de cuentas, dijo, el del presidente Clinton era el único gobierno poderoso del que podía esperarse algo favorable a la causa bosnia. Una esperanza que había cobrado fuerza últimamente, porque Bob Dole, líder de la mayoría republicana en el Senado de Estados Unidos y precandidato presidencial de su partido, le había comunicado que al fin ellos también respaldarían la posición de Clinton y de Al Gore en favor del levantamiento del embargo de armas a Bosnia.

Gracias al embajador Sacirbey y al primer ministro bosnio, yo estaba al tanto de las gestiones que se habían realizado en ese sentido. Ahora me informaba Izetbegovic que, con la intención de aprovechar este apoyo político bipartidista de Estados Unidos, solicitaría ser recibido por el Consejo de Seguridad.

Inmediatamente le dije que me parecía una idea excelente y que, por supuesto, Bosnia contaba con el invariable apoyo de Venezuela y de Pakistán, Marruecos, Cabo Verde y Djibouti.

Luego le hice dos comentarios que para mí tenían gran importancia. El primero, que en mi reunión esa mañana con el general Briquemont, sobre su visión general de la situación, me pareció que el comandante de Unprofor no discrepaba de la política del Consejo de Seguridad de limitar la función de la fuerza a la tarea de facilitar el suministro de alimentos a la población civil bosnia. El segundo, la impresión muy decepcionante que me produjo mi reunión con el presidente Tudjman la noche anterior. Al presidente Izetbegovic no le sorprendió la actitud de Tudjman. «Lo conozco demasiado bien —me dijo—, lo mismo que a su adlátere Mate Boban, pero, a pesar de ello, creo que sería más productivo negociar con los croatas que con los serbios». Una opinión que no entendí del todo, porque, precisamente por esos días, la zona central de Bosnia sufría muy fuertes ataques de tropas bosniocroatas.

El general Delic intervino en este punto para decirnos que tenía información de que los Estados Unidos y la OTAN estudiaban la opción de atacar los emplazamientos de armamento pesado serbio en territorio bosnio, ataques que, de producirse, tendrían un efecto decisivo en el desarrollo de la guerra. Según él, debíamos prepararnos para un recrudecimiento de las hostilidades, pues solo una larga guerra permitiría recuperar los territorios ocupados por los serbios, un objetivo que a esas alturas resultaba imposible alcanzar exclusivamente por medio de una negociación diplomática.

No lo dije, pero personalmente estaba completamente de acuerdo con la opinión del general Delic y la solidaridad que el vicepresidente Ejup Ganic le manifestó. Este decisivo respaldo a Izetbegovic de tan importantes colaboradores me hizo reiterarles que yo estaba allí en representación de los cinco países del MNOAL miembros del Consejo y que a nosotros nos importaba conocer la posición precisa que sostendría su gobierno en las conversaciones de Ginebra, pues, por encima de todo, deseábamos evitar que se produjeran contradicciones entre su posición y la nuestra.

En pocas palabras, Izetbegovic sostuvo que suscribir un plan de paz diseñado fundamentalmente por Milosevic y por

Tudjman, y apadrinado por Owen y Stoltenberg, equivaldría a firmar la rendición de Bosnia, y que, a pesar de las muchas pérdidas humanas y territoriales sufridas, de ningún modo su gobierno aprobaría semejante barbaridad. Por eso, insistió, resultaba indispensable contar con el respaldo de los Estados Unidos, aunque temía que no fuera suficiente, dada la importancia que le daba Clinton a las posiciones de sus aliados franceses y británicos.

—No creo factible que Estados Unidos actúe unilateralmente —admitió.

El vicepresidente Ganic intervino para afirmar que el resultado de las negociaciones en Ginebra, tal como las impulsaban al menos cuatro miembros permanentes del Consejo, terminaría siendo una recompensa internacional a la monstruosa política serbia de exterminio étnico en Bosnia. Nada casualmente, añadió, mientras nosotros estábamos allí, Stoltenberg viajaba a Nueva York en busca del respaldo del Consejo de Seguridad a lo que él y Owen llamaban entonces el «paquete de Ginebra».

Sobre este espinoso tema, les dije que ambos mediadores también buscaban este apoyo porque estaban muy preocupados anticipando que los no alineados en el Consejo estuviéramos preparando una nueva resolución con el propósito de modificar significativamente «el paquete». Luego les informé que esa misma mañana, muy temprano, había hablado con nuestro embajador alterno en las Naciones Unidas, Carlos Bivero, y que él me notificó que los del P5 habían decidido respaldar la solicitud de Stoltenberg, pero que los no alineados la rechazarían si no eliminaban del plan el reconocimiento de la soberanía serbia sobre los territorios conquistados por la fuerza y la aplicación de una política de depuración étnica, pero, lamentablemente, lo cierto era que seguíamos siendo minoría en el Consejo.

Izetbegovic agregó a las palabras de su vicepresidente la explicación de que por esa razón había incluido en la agenda de su proyectada visita a Estados Unidos reuniones con los principales miembros del Congreso estadounidense, donde se seguía la causa bosnia con muchas simpatías, y que trataría de generar un eventual acuerdo bipartidista que, si bien no bastaría para cambiar a fondo la posición del Consejo, al menos pudiera servir para exponer ante la opinión pública internacional la pasividad y hasta complicidad de algunos miembros permanentes del Consejo de Seguridad con Serbia. El presidente Izetbegovic concluyó nuestra reunión confirmando su intención de viajar a Ginebra, y advirtió que antes de suscribir o no «el paquete» lo presentaría a la consideración de su Parlamento.

Ejup Ganic cerró nuestra reunión con una frase terminante: «Si nos quieren liquidar como Estado independiente y soberano, y el mundo lo admite, que así sea, pero que no se nos pida que les dejemos como legado a las futuras generaciones bosnias que nosotros estábamos de acuerdo».

Al abandonar el Palacio de Gobierno, uno de los colaboradores del presidente Izetbegovic se me acercó y me dijo: «Usted debe recordar que cuando nos visitó a finales de abril un grupo de niños los aclamó a ustedes y a los cascos azules a las puertas del Palacio. Ahora, esos mismos niños les tiran piedras a los cascos azules, porque ya no son los protectores de la ciudad ni de su gente».

Los horrores que vimos en el Hospital Kosevo

Durante las últimas semanas se había consolidado mi convicción de que las reuniones de Ginebra no le pondrían fin a la guerra en Bosnia, de modo que salí del Palacio de Gobierno más convencido de que día a día se hacía más evidente el distanciamiento de la comunidad internacional de la realidad que se vivía en Bosnia. Una realidad que se me hizo muy palpable mientras nos dirigíamos al Hospital Kosevo por calles pavorosamente solitarias, sembradas de edificios en ruinas, algunas todavía humeantes. Resultaba imposible no sentirme impotente y frustrado. Desde mi llegada al comando de Unprofor viajaba conmigo Sergio Vieira de Mello, quien diez años después, siendo el alto comisionado de las Naciones Unidas para los Derechos Humanos, considerado por muchos como posible próximo secretario general de la ONU, moriría en Irak víctima de un ataque terrorista dirigido por Abu Musab al-Zarqawi a la sede de la ONU en Bagdad. Entonces en Bosnia, al detenerse los carros blindados de las fuerzas de la ONU frente a la puerta principal del hospital, un edificio de diez pisos con todas sus ventanas hechas añicos y sus paredes agujereadas por los bombardeos, me comentó amargamente que los agresores serbios no se abstenían siquiera de atacar blancos civiles, incluso hospitales como aquel, desbordado de heridos graves, al que, además, le habían cortado los servicios de electricidad y agua potable.

Meses antes, en octubre de 1992, The New York Times había publicado un reportaje firmado por John Burns con el título «A Sarajevo Hospital Works In Horror Beyond Anything» («Un hospital de Sarajevo trabaja en condiciones de horror más allá de todo»), que fue lo que me impulsó a visitarlo. Para su trabajo, Burns entrevistó a uno de los médicos del hospital, quien le declaró que el invierno anterior, sin electricidad, «dormía con un frío helado, y hasta las operaciones quirúrgicas se realizaban con temperaturas que a veces descendían varios grados bajo cero». Durante meses, en el hospital, construido en la ladera de una de las montañas más expuestas al fuego de la artillería serbia, su personal sanitario y sus pacientes corrían el peligro de ser heridos o asesinados por los proyectiles.

El director del hospital nos hizo recorrer el edificio y vimos que hasta en los pasillos eran atendidos heridos graves, tendidos en camillas o en colchonetas colocadas en el piso. Nunca había sido testigo de tanto dolor y desolación concentrados en un solo lugar. Solo el recuerdo de los cadáveres de familias musulmanas carbonizados a sangre fría por los bosniocroatas de Mate Boban en Ahmici se aproximaba a los horrores que presencié en el Hospital Kosevo. En cada uno de sus diez pisos se repetían las mismas terribles escenas de sacrificio y sufrimiento. Al salir a la azotea del edificio, el director del hospital nos mostró un campo deportivo vecino, convertido en improvisado cementerio de guerra.

Me resultaba sencillamente inimaginable el hecho de que el Consejo de Seguridad, por esfuerzo propio, se mantuviera desinformado y al margen de situaciones como la de este hospital situado en pleno teatro de la guerra. La indignación se apoderó de mi ánimo. Nunca se nos había comunicado nada de hechos como aquel. Más inconcebible aún resultaba que Unprofor no hiciera algo para frenar el triunfo de tanta barbarie desatada por los agresores serbios. Me invadió una sensación de desamparo y vergüenza sin límites por formar parte de la cúpula política de un mundo indiferente y cruel. No supe cómo despedirme del director del hospital, aunque creo que mi cara lo decía todo. No hacían falta palabras.

En la redacción del diario Oslobodenje

Al salir del hospital nos dirigimos al centro de la ciudad, pasamos sin detenernos a un costado del puente donde fue asesinado el archiduque Francisco Fernando de Austria, y fuimos directamente a la sede del diario Oslobodenje, el más importante del país, fundado en 1943 como expresión del sentimiento antinazi de Bosnia, que no había dejado de publicarse un solo día desde entonces, ni siquiera bajo la difícil situación que sufría la ciudad. Un periódico que representaba para mí el más inconmovible compromiso con la libertad y una reafirmación diaria de la voluntad de luchar por ella. Durante mi anterior visita a Sarajevo, a finales de abril, uno de aquellos heroicos periodistas me había entrevistado para conocer mi visión de la guerra y porque sabía que años atrás yo había fundado en Venezuela El Diario de Caracas, del que fui director general.

Ahora, por razones de seguridad, nos instalamos en lo que consideraban era el sector de menor riesgo del edificio. Nuestro encuentro con los redactores del periódico se realizó, como había sido nuestra visita al Hospital Kosevo, a la luz de las velas. De nuestra conversación recuerdo muy bien las críticas a la conducta inexplicable de las Naciones Unidas y de sus fuerzas de protección. Un par de meses más tarde, se-le concedió al diario el Premio Sajarov, y la World Press Review de Nueva York distinguió a sus directores, Kemal Kurspahic y Gordana Knezevic, nombrándolos directores internacionales del año 1993 por su «valentía, tenacidad y dedicación a los principios del periodismo». Como prueba de ello debemos recordar que, durante los tres años de guerra contra los agresores serbios, cinco miembros de su personal fueron asesinados y veinticinco resultaron heridos. Reunirme con ellos esa tarde, en plena balacera, fue para mí una experiencia muy especial e inolvidable.

De más está decir que abandonamos el edificio bajo la estrecha vigilancia y cerrada protección de nuestra escolta de cascos azules, que nos acompañaron hasta la escalerilla del avión que nos llevó de regreso a Zagreb. Al día siguiente, aún bajo el impacto que me produjo haber estado en una Sarajevo arrasada por sus agresores serbios, viajé a París invitado por el escritor Bernard Henri-Levy, con quien había desarrollado una buena amistad gracias a nuestra identificación con la causa de la libertad desde el año anterior, cuando asistí al estreno de su película La muerte de Sarajevo, invitado por mi mejor amigo francés, Jean-Luc Lagardère, uno de los más importantes empresarios de ese país, que luego me remitió una copia en formato digital para que se la enviara al presidente Bill Clinton, encargo que pude cumplir con la asistencia de Madeleine Albright, a quien le dirigí un breve mensaje rogándole que «aunque fuera por una rendija de alguna ventana de la Casa Blanca» se la hiciera llegar a su presidente. Para mi sorpresa, pocos días más tarde recibí una nota del presidente Clinton, quien me informaba que el filme de Bernard Henri-Levy no había llegado a sus manos por una rendija, sino por la puerta principal de la Casa Blanca: «Y le confieso que verlo me produjo una gran impresión».

¡El mismo día de mi llegada a París me entrevistó Henri-Levy y hablamos de otra película que estaba realizando, titulada Bosna!, que él esperaba que fuera «un grito del corazón» sobre la matanza de la población civil de Sarajevo desde el estallido de la guerra en abril de 1992. La película registra en tiempo real el genocidio sufrido por los bosnios, el silencio de los países occidentales y, lo más importante, la determinación de los bosnios a no rendirse. La entrevista que me hizo para el filme giró en torno a mi experiencia durante la visita que hice a Srebrenica en abril como coordinador del grupo de embajadores del Consejo de Seguridad. En esa cinta también se entrevista al general Philippe Morillon y al director de la morgue de Sarajevo.

Al final de la jornada intervine en un acto de apoyo a Bosnia organizado por Levy en la calle frente al Ministerio de Relaciones Exteriores de Francia, en el Quai d'Orsay, para protestar por la pasividad de los países europeos ante ese conflicto, circunstancia que no me impidió, a pesar de mi cargo diplomático, pronunciar un breve discurso solidarizándome con la denuncia. De allí, con ese mismo propósito, marchamos hasta la Asamblea Nacional de Francia. Haber participado en estos eventos la víspera de mi regreso a Nueva York fue para mí motivo de gran orgullo.

Ajuste de cuentas

Regresé a Nueva York el 21 de agosto y allí me aguardaba una comunicación firmada por el ministro de Relaciones Exteriores de Venezuela, el general Fernando Ochoa Antich, notificándome mi destitución como embajador de Venezuela ante la ONU, efectiva el 30 de ese mes.

La noticia no me tomó del todo por sorpresa, pues nuestro desencuentro comenzó cuando el 4 de junio, mientras participaba en la sesión oficial del Consejo de Seguridad en la que se aprobó el texto de la Resolución 836 sobre áreas seguras, Ochoa Antich me llamó por teléfono repetidas veces y no atendí sus llamadas. Minutos antes me habían informado desde Caracas que en ese momento el ministro estaba reunido en su oficina con los embajadores de Francia y del Reino Unido en Venezuela y temía que la visita de los dos diplomáticos fuera para presionarlo a que cambiara nuestro voto en el debate. Entonces Ochoa Antich había sido tajante al mandarme a decir que Venezuela tenía que votar favorablemente la resolución, a pesar de que la propuesta constituía una flagrante burla a las condiciones que definían como «seguras» las áreas puestas bajo la protección de las Naciones Unidas, de acuerdo con las directrices señaladas por la Secretaría General y la alta comisionada de Acnur.

Negarme a recibir la llamada del ministro me permitió abstenerme en la votación sin incurrir en una abierta «insubordinación» y así le ahorré a Venezuela la inmensa vergüenza de haber respaldado lo que hasta el día de hoy es considerada una de las más irresponsables decisiones tomadas por el Consejo de Seguridad; pero, teniendo en cuenta la formación profesional del ministro, supe que mi destitución era solo cuestión de tiempo. No suponía, sin embargo, que esta suerte de ajuste de cuentas del general se haría efectivo pocos días antes de que me correspondiera asumir por segunda vez la Presidencia del Consejo de Seguridad. Luego comprendí que la fecha de mi despido, más que el «castigo» de un general molesto con un subordinado, perseguía el propósito de que yo, abiertamente comprometido con los valores irrenunciables de la paz y los derechos humanos, no pudiera apoyar en nombre de Venezuela que el Gobierno y la población musulmana de Bosnia ejercieran su legítimo derecho de vivir en paz. Esta posición que mi ministro-general pretendía alterar para satisfacer los intereses que representaban los embajadores de Francia y el Reino Unido había dado lugar a duras confrontaciones entre sus representantes en el Consejo de Seguridad y yo, posición que compartía por completo el presidente Carlos Andrés Pérez, hombre que tenía muy claros los valores de la democracia y sus responsabilidades como jefe de Estado, que coincidían con los principios universales que habían sido fundamentales en la creación de la ONU. Fuera entonces Pérez del poder, perdí de golpe ese piso político, y eso explica el cambio de rumbo que se demostró en la súbita decisión de alinear la posición de Venezuela con los intereses nacionales de los miembros permanentes del Consejo. Tal como señala Jamsheed Marker en Quiet Diplomacy, sus memorias como diplomático de Pakistán durante décadas, desde mi remplazo, Venezuela dejó de desempeñar el papel que hasta ese día ejerció en el grupo del MNOAL en el Consejo de Seguridad. Esa turbia razón de Ochoa Antich también explica por qué yo fui el único embajador removido de su cargo durante los siete meses que duró el gobierno de transición presidido por Ramón J. Velásquez.

El fin de mi gestión en la ONU

Pocos días después abandonaría la Organización de las Naciones Unidas, pero en ningún momento he renunciado a las causas con las que me había comprometido a fondo en la Asamblea General y en el Consejo de Seguridad: la primera guerra del Golfo, el proceso de paz en El Salvador, las sanciones a Libia por su responsabilidad en actos de terrorismo internacional, la Cumbre de Jefes de Estado y de Gobierno de países miembros del Consejo de Seguridad, el desarme nuclear, la lucha contra el tráfico de estupefacientes, la descolonización en los casos de Puerto Rico y las Malvinas, la paz en Camboya, las sanciones a Irak, la situación de Palestina, la intervención internacional en Somalia, el debate sobre el derecho al veto de los miembros permanentes del Consejo, la creación de la Corte Internacional de Justicia en La Haya, la denuncia de crímenes de lesa humanidad cometidos en Bosnia y Herzegovina, el rescate de la libertad en Haití, el conflicto Azerbaiyán-Armenia-Nagorno Karabaj, Unicef, la denuncia formulada por la República Popular Democrática de Corea del Tratado de No Proliferación de Armas Nucleares, los procesos de paz en Angola y Mozambique; los crecientes desafíos en temas como el desarrollo económico, la cooperación internacional y la tecnología, el problema de la violación de los derechos humanos en Cuba y en Irán, la Cumbre de la Tierra celebrada en Río de Janeiro, la creación del Tribunal Penal Internacional para la Antigua Yugoslavia, el cese del apartheid en Suráfrica, la puesta a punto de lo que ha sido la llamada Fórmula Arria y, por supuesto, la excepcional oportunidad de presidir el Consejo de Seguridad.

Fueron dos años de intensa actividad, y confieso mi satisfacción por haber podido actuar en esos intrincados meandros del quehacer internacional. También porque, gracias a mi tránsito por las Naciones Unidas, pude acumular un caudal de experiencias extraordinarias. De ahí que, a pesar del impacto que me produjo la noticia de mi destitución, esa misma tarde fui a la sesión informal del Consejo para asistir a la presentación que haría Thorvald Stoltenberg de lo que todos llamaban «el paquete ginebrino», propuesto por él y por David Owen de acuerdo con las exigencias de los gobiernos de Serbia y Croacia, ante la indiferencia cómplice de los llamados P5.

En ese encuentro «informal», Stoltenberg repitió los argumentos que él y Owen habían empleado durante los últimos meses con suficiente respaldo de la comunidad internacional, que este plan de paz era «la única opción posible para ponerle fin a la guerra en Bosnia». Los países no alineados del Consejo habíamos acordado no confrontar a Stoltenberg y limitarnos a respaldar la decisión que tomara el Gobierno bosnio de Izetbegovic, la verdadera víctima del conflicto. Al día siguiente tuvo lugar la sesión oficial del Consejo en la que, finalmente, se aprobó la nueva resolución, a sabiendas de que, aun habiendo sido debatida durante más de dos meses, esta resolución tampoco propiciaría un final afortunado de las negociaciones de Ginebra ni acabaría con la guerra.

Continúa la complicidad del Consejo de Seguridad

Desde el primer paso que di en el salón oficial del Consejo de Seguridad, el 3 de enero de 1992, era consciente de que lo que allí se aprobara podría afectar el desarrollo de asuntos tan de capital importancia como la paz y la seguridad mundiales. Una certeza de tanta magnitud que te hace sentir el peso de tu voz y de tus votos, y la responsabilidad que asumes porque esa voz y esos votos representan y comprometen a tu país. En ningún momento de esos dos intensos años de participación muy activa en mis funciones de embajador de Venezuela ante las Naciones Unidas dejé de sentir esta profunda emoción y compromiso.

Conservo, muy fresca en mi memoria, la sesión de aquel 4 de junio de 1993, cuando intervine en el debate para anunciar que Venezuela se abstenía, por estar en desacuerdo con la Resolución 836, cuyo perverso propósito era pasar por alto la obligación que tiene la comunidad internacional de proteger la integridad territorial y los derechos humanos, razón esencial para designar como «áreas seguras» ciertas zonas geográficas en las que su población civil se encuentre sometida a situaciones de alta peligrosidad. Mi compromiso con esa defensa y protección de ciudadanos desamparados selló en aquella sesión mi suerte como representante permanente de Venezuela en las Naciones Unidas y me hizo sentir particularmente satisfecho, porque hice lo que me correspondía hacer, como quedó penosamente confirmado casi dos años más tarde, en julio de 1995, cuando las tropas serbobosnias del general Mladic asesinaron a sangre fría en Srebrenica a más ocho mil hombres y niños solo por ser musulmanes. Un genocidio que, a fin de cuentas, fue posible gracias a las seguridades que brindaba a los agresores el reiterado rechazo de las resoluciones del Consejo a actuar de acuerdo con el Capítulo VII de la Carta constitutiva de la ONU, que autoriza al Consejo de Seguridad a dictar medidas coercitivas y hasta acciones militares con la finalidad de mantener o restablecer la paz. Eso hizo el Consejo cuando decidió constituir una fuerza militar de carácter internacional para enfrentar a las tropas de Saddam Hussein que habían ocupado Kuwait, y eso se negó sistemáticamente a hacer en sus muchas resoluciones sobre Bosnia, a pesar de reconocer y también de exigir una y otra vez el respeto internacional a la soberanía, la integridad territorial y la independencia política de la República de Bosnia y Herzegovina. A pesar, incluso, de insistir en la responsabilidad que tenía el organismo de enfrentar la situación de peligro para la población civil que generaba aquel conflicto y la urgente necesidad de cese del fuego y las hostilidades como condiciones indispensables para alcanzar una «solución política justa y equitativa» a la crisis.

En efecto, la Resolución 859, aprobada 24 de agosto de 1993 a mi regreso de Sarajevo, condenaba sin atenuantes todos los crímenes de guerra y todas las violaciones del derecho humanitario internacional que se cometían en Bosnia, y reiteraba «la profunda preocupación del Consejo ante el evidente empeoramiento de la situación humanitaria en esa república, especialmente por el sitio de Sarajevo, de Mostar y de otras ciudades». Establecía que la anexión de territorios por medio de la fuerza y la aplicación de una política de abominable depuración étnica eran acciones inaceptables y destacaba que quienes participaran en crímenes de guerra asumían responsabilidad personal y-serían juzgados por el nuevo tribunal para Yugoslavia en La Haya. Por otra parte, la resolución sostenía que no sería reconocido ningún cambio de nombre de la República de Bosnia y Herzegovina, ni tampoco en la organización de la república que afectaran su condición de país miembro de las Naciones Unidas. Señalaba que Sarajevo era la capital legítima de Bosnia y que su existencia como centro multicultural, multiétnico y plurireligioso no podía ser alterada por nada ni por nadie. Como conclusión, sin embargo, la resolución exhortaba a las partes a cooperar con el dúo Owen-Stoltenberg, a quienes ratificaba como encargados de mediar en las negociones que se desarrollaban en Ginebra, con el objetivo de «concluir lo antes posible con la firma de un acuerdo político justo y amplio».

Quienes lean el texto completo de esta resolución también quedarán asombrados por la habilidad creativa de sus redactores para encubrir las profundas discrepancias que existían entre los propósitos que decía perseguir el Consejo y la comprobada falta de voluntad de sus integrantes más poderosos para hacer realidad esos supuestos compromisos con los principios y valores de las Naciones Unidas y de la justicia internacional. Para ellos, la prioridad era, por encima de todo, que se firmara sin más demoras el acuerdo y descartar del horizonte bosnio la opción de una intervención militar de carácter internacional, aunque estuviera plenamente justificada para garantizarle a Bosnia el derecho a su soberanía y a su integridad territorial.

A esas alturas del proceso, ya resultaba indiscutible que el manejo de la crisis bosnia por parte del Consejo y de la Secretaría General de la ONU nada tenían que ver con los fundamentos políticos y éticos del organismo. Partir en pedazos un Estado soberano miembro de las Naciones Unidas y pretender concederles la mayor parte de su territorio a Serbia y Croacia como recompensa a sus agresiones militares también constituían, en el terreno de los hechos concretos, crímenes de lesa humanidad. Mucho más si, por otra parte, condenaban lo que a fin de cuentas permitían con su indiferencia. Una manera de decir algo y hacer lo contrario, que desde el primer momento fue la verdadera razón del embargo de armas impuesto a Bosnia: arrebatarle a la víctima de la agresión su inalienable derecho a defenderse de invasiones extranjeras. Contradicción que, a su vez, había producido la redacción de innumerables resoluciones para darle largas al conflicto y conducirlo hasta esta Resolución 859, cuyo único y real objetivo era obligar al Gobierno bosnio a aceptar un plan de paz que, fundamentalmente, respondía a las exigencias serbocroatas, hasta el extremo de que en uno de los puntos más groseros del texto aprobado, hace hincapié en que la finalidad del acuerdo era alcanzar «una solución justa y equitativa», términos que la resolución no define, pero acepta expresamente la anexión de territorios bosnios conquistados por la fuerza y la aplicación de una política de depuración étnica.

Puro cinismo y desvergüenza

Antes de abrir el debate final sobre este proyecto de resolución, la embajadora norteamericana Madeleine Albright informó que el embajador bosnio, Muhamed Sacirbey, había solicitado participar en el debate, y que se le concedía la palabra, pero sin derecho a voto. Bajo la mirada de todos los presentes, mi buen amigo Sacirbey inició su intervención agradeciendo a Venezuela, y a mí personalmente, nuestros empeños por llevar justicia y paz a Bosnia. Leyó los términos que empleó el presidente Alija Izetbegovic en carta pública que le dirigió esa misma mañana al presidente interino de Venezuela, Ramón J. Velásquez: «Venezuela ha pasado a ser la conciencia internacional en el caso de las crisis en la antigua Yugoslavia y Diego Arria, su embajador ante las Naciones Unidas, le ha dado fuerza al liderazgo de Venezuela en la promoción de los derechos de la República de Bosnia y Herzegovina a defenderse y restablecer un Estado de derecho y de justicia». Luego agregó que, sin la acción adelantada por Venezuela en el Consejo de Seguridad, Bosnia se hallaría en una situación mucho peor: «El liderazgo asumido por el embajador Arria ha facilitado que en el caso de Bosnia numerosos países del Este, del Oeste, del Norte y del Sur, musulmanes y cristianos, hayan dejado a un lado cualquier consideración de carácter político para adoptar una posición común en defensa de la justicia internacional y los derechos humanos. Los bosnios nos sentimos entristecidos y francamente preocupados por su sustitución en el Consejo de Seguridad, especialmente en un momento tan crítico para el destino de mi nación. A los bosnios nos daría mucha tranquilidad ver al embajador Arria acceder nuevamente a la Presidencia del Consejo de Seguridad».

Inmediatamente después, Sacirbey entró en materia. «El proyecto de resolución que de inmediato se someterá a votación —sostuvo— reviste para nosotros una importancia muy particular, porque destaca la necesidad de reanudar en Ginebra conversaciones que nos permitan alcanzar pacíficamente una paz justa y perdurable, pero, para lograrlo, el Consejo debe asegurarse de que Owen y Stoltenberg incluyan ese condicionamiento en la agenda de las negociaciones. Y lo advierto porque el primer objetivo del acuerdo debe ser el cese de los crímenes que cometen los agresores serbios en nombre de una supuesta pureza étnica, que aplican en los territorios bosnios ocupados y pasan por alto la violación de más de veinte mil mujeres croatas y musulmanas como política de Estado con la intención, según admiten los propios violadores, de fecundarlas a todas y que tengan hijos serbios. Para que esta abominable práctica sea más humillante, les advertían a sus víctimas que permanecerían secuestradas hasta que sus embarazos estuvieran tan avanzados que no pudieran abortar sin poner sus vidas en peligro». Por último, denunció Sacirbey, estos y otros tantos crímenes de lesa humanidad continuarían cometiéndose en Bosnia si antes no se garantizaba que el resultado de esas negociaciones fuera una paz en efecto justa y equitativa.

El embajador Roble Olhaye, de Djibouti, tomó la palabra entonces y afirmó: «Una vez más el mundo presencia otro intento de obligar a la desafortunada República de Bosnia y Herzegovina a aceptar algo que en realidad constituye un ultimátum disfrazado de plan de paz. Viene adornado con un mapa compuesto de trozos y pedazos desperdigados, penoso reconocimiento de que la agresión y la violencia han sido muy bien recompensados. El aspecto más grotesco de esta propuesta de paz es su débil alusión a los nobles ideales y valores repetidos en cada una de las resoluciones sobre Bosnia aprobadas por este Consejo. Hemos aceptado todo tipo de atrocidades, incluida la aplicación de una política de depuración étnica. Y la indiferencia de la comunidad internacional hace que uno piense que lo que deseamos es que Bosnia desaparezca como nación independiente y soberana. Las negociones en Ginebra, sencillamente, enmascaran ese objetivo y condenan a su población musulmana a la muerte o al destierro. Y mientras debatimos cuál de estos desenlaces los aguardan, Sarajevo, Mostar, Zepa, Srebrenica y otras ciudades y pueblos mueren, una tragedia que obliga a Izetbegovic a negociar lo que quizá sea el capítulo final de uno de los peores engaños de nuestro tiempo».

Todos los presentes quedamos impactado por esas palabras, anticipo de lo que inmediatamente después destacó el embajador Marker, de Pakistán, al advertir: «Los países no alineados integrantes del Consejo insistimos en la urgente necesidad de asumir esta realidad, porque durante los últimos dieciocho meses Bosnia, a pesar de ser un Estado miembro de las Naciones Unidas, ha sido y sigue siendo salvajemente atacado y mutilado como no ha visto el mundo desde el fin de la Segunda Guerra Mundial».

Al embajador alterno del Reino Unido, Richardson, y a Jean-Bernard Mérimée, embajador de Francia, les correspondió salir al paso a esas tres duras intervenciones. «Nos encontramos en vísperas de un momento culminante en esta historia: o bien se impone la razón y el acuerdo de Ginebra hace realidad el deseo de paz, o se impone el extremismo irresponsable de unos pocos», dijo el francés. Sin duda, Mérimée, para no responder a esos graves cuestionamientos, le atribuía a nuestro grupo de países no alineados la responsabilidad de obstruir las negociaciones, por comportarnos con «un extremismo irresponsable», en lugar de respaldar la opción que proponían Owen y Stoltenberg. Por su parte, el embajador Richardson citó la intervención de Stoltenberg en la sesión informal del día anterior para repetir el argumento de que, si «alguna de las partes rechazaba el mapa incluido en el paquete, en realidad solo propiciaría la continuación de la guerra, ya que esa propuesta de acuerdo era la única otra alternativa real a la guerra». Después sostuvo que «su gobierno solo aceptaría un acuerdo aprobado libremente por todas las partes», afirmación a todas luces cínica, pues sostener que no había otra opción, como decían Owen y Stoltenberg, sencillamente ponía en evidencia que ese supuesto plan de paz era en realidad una maniobra para imponer la estrategia serbocroata. De ahí que, antes de dar por terminada su intervención, afirmó: «Owen y Stoltenberg no han escatimado esfuerzos en su lucha por la paz en Bosnia, y son ellos quienes tratan diariamente de poner de acuerdo a las partes, y por ese simple hecho merecen nuestro reconocimiento y respeto».

De este modo, Francia y el Reino Unido insistían en presionar al Gobierno bosnio con la tesis de que no aceptar el acuerdo equivalía a propiciar la profundización de la guerra, sinuosa manera de hacerles entender a los agresores serbios y croatas que continuar negociando en Ginebra el plan de paz de Owen y Stoltenberg les permitía frenar una eventual intervención armada internacional en el conflicto. En el fondo, se trataba de reconocer que todos los considerandos, exhortos y exigencias de aquella Resolución 859 eran simples adornos para endulzar la decisión de poner al legítimo Gobierno bosnio contra la pared: o suscribían el acuerdo tal cual o serían aniquilados por sus enemigos. De esta torcida manera interpretaba el Consejo de Seguridad la afirmación de ser «conscientes de que su responsabilidad primordial, en virtud de la Carta de las Naciones Unidas, era mantener la paz y la seguridad internacionales». Puro cinismo y desvergüenza.

Mi última intervención en el Consejo de Seguridad

Antes de que finalizara el debate tomé la palabra. Fue mi última intervención en el Consejo de Seguridad y la inicié denunciando que los miembros no permanentes del Consejo no habíamos tenido contacto alguno con Stoltenberg sino hasta la tarde anterior en la reunión informal, y teníamos la certeza de que ese era uno de los mecanismos empleados por los del P5 para no perder el control absoluto del proceso. Precisamente con ese propósito, Boutros-Ghali nos mantenía el mayor tiempo posible al margen de las negociaciones, razón por la que entonces le recordé al Consejo que, desde las negociaciones conducidas por Carrington y Cutileiro, la tragedia de Bosnia y Herzegovina se había ido transformando en el eslabón que tenía Belgrado para hacer realidad el sueño de una Gran Serbia. Y que, precisamente con esa finalidad, Owen y Stoltenberg, en lugar de actuar como mediadores, habían asumido la tarea de propiciar la implementación de un plan de dominación religiosa y racista diseñado por los miembros del cuarteto agresor: Milosevic, Tudjman, Karadzic y Boban. Por eso también sostuve entonces que aprobar esa tarde la que sería la Resolución 859 no contribuiría en absoluto a llegar a un acuerdo presuntamente «justo y equitativo» para las partes, como los promotores de la resolución deseaban hacerle creer a la comunidad internacional, sino todo lo contrario, pues lo que se pretendía era que el Consejo de Seguridad validara el ultimátum que les daban los agresores serbios y croatas a sus víctimas bosnias de aceptar la renuncia a sus derechos más legítimos o morir en una guerra de monstruosa desigualdad.

—Si apoyamos el plan Owen-Stoltenberg —advertí—, Bosnia ciertamente pagará el elevado precio de perder su independencia, simplemente, para no morir en el intento de defender su legítimo derecho de ser una nación soberana; pero la comunidad internacional terminará pagando un precio incluso mucho más alto en términos morales y políticos, aunque eso, lamentablemente, no parece preocupar a quienes realmente tienen el poder de hacerle justicia a un miembro indefenso de las Naciones Unidas.

¿Como era posible, pregunté después, que el Consejo se atrincherara tras un muro de indiferencia para no reconocer el recrudecimiento de la agresión serbocroata y aceptara ofrecerle al Gobierno legítimo de Bosnia una propuesta basada en una brutal política de limpieza étnica? «¿Ha sido por eso —les increpé— que Owen ha tratado de lavarle la cara a su plan con el argumento de que, si bien los acuerdos que se aspiran a aprobar en Ginebra presentan ciertas deficiencias jurídicas, debemos tomar en cuenta que su principal objetivo es suprimir los efectos de una sangrienta guerra de diecisiete meses? ¿Es posible que este Consejo de Seguridad tome decisiones que no se ajusten a la legalidad y a los principios de la Carta de las Naciones Unidas? Creemos que no, y nada nos hará cambiar de parecer».

En este punto hice una pausa y luego manifesté: «A mi delegación no le cabe ninguna duda, y lo queremos decir en voz alta, que permitir a los agresores salirse con la suya en Bosnia nos degradará a todos los miembros del Consejo de Seguridad, especialmente a los más poderosos. Hemos intentado señalar los errores que se pretenden aprobar en Ginebra, pero todo indica que tal vez ya sea demasiado tarde para evitarlo. Deseo insistir, sin embargo, en que el Consejo no puede admitir que la fuerza sea fuente de derecho. Si lo aceptamos, todos los miembros de este órgano tendremos una cuota de culpa en las consecuencias de este imperdonable error».

Me refería, por supuesto, a que ni en el «paquete» Owen-Stoltenberg ni en el proyecto de resolución que estábamos a punto de aprobar se hacía la menor mención de la existencia del Tribunal Penal Internacional para la Antigua Yugoslavia, creado precisamente para investigar y juzgar las graves y notorias violaciones de derechos humanos que se venían cometiendo en los Balcanes. Por eso, antes de dar por terminada mi intervención, dije: «Si queremos lograr la paz en Bosnia y hacerla duradera, primero debemos reconocer la razón de ser de ese tribunal y su trascendencia. Sobre todo, porque en gran medida la credibilidad del Consejo de Seguridad depende de que de inmediato inicie y cumpla sus funciones».

Esta referencia al TPIY la hice porque ya era evidente que ni el secretario general Boutros-Ghali ni los miembros permanentes del Consejo estaban dispuestos a activar un instrumento legal de tanta envergadura antes de la aceptación del acuerdo que se negociaba en Ginebra, maniobra mediante la cual creían poder minimizar las consecuencias de los juicios que podrían realizarse. Estaba convencido de que no era accidental que el asunto fuera excluido de las conversaciones en Ginebra, sino que había la intención de evitar, como Radovan Karadzic llegó a reconocer en noviembre de aquel año en conversación privada con Owen, que «no permitirían que un solo serbio fuera extraditado para que fuese juzgado por ese tribunal». Los posteriores acontecimientos demostraron que los agresores subestimaban la capacidad penalizadora del tribunal, al tiempo que sobrestimaban la suya propia para seguir cometiendo crímenes de guerra con total impunidad.

No fue casual, pues, que antes de terminar mi intervención repitiera la acusación que por esos días formuló George Zarycky, director ejecutivo de Freedom House, al afirmar: «Bosnia es una horrible lección. La evasión moral, cuando eclipsa nuestra habilidad de reconocer y responder al mal, mina nuestros valores y nuestras creencias fundamentales, en un momento en que el mundo se hace más pequeño y tantos miran hacia el oeste en busca de liderazgo». Tampoco que, para despedirme del Consejo de Seguridad, dijera: «Como es del conocimiento de los miembros del Consejo, esta ha sido mi última intervención como embajador de Venezuela. He puesto todo mi empeño en cumplir mis funciones en circunstancias que, entiendo, son extremadamente difíciles y comprometedoras. He intentado servir a la comunidad internacional y responder a mis responsabilidades en el Consejo de Seguridad. Y haber sido representante de Venezuela ante este órgano es motivo de mi mayor orgullo como hombre público. Quedo inmensamente agradecido al presidente Carlos Andrés Pérez por haberme dado esta privilegiada oportunidad y quiero decirles, distinguidos colegas y amigos, que no puedo marcharme sin antes compartir con ustedes lo que creo que son las implicaciones que tienen nuestras decisiones, y destacar que mi esperanza es que mañana, cuando contemplemos la devastación de lo que había sido la pacífica nación de Bosnia y Herzegovina, no tengamos que recordar el lamento de Henrique V que pone Shakespeare en sus labios después de la batalla de Agincourt: Shame, and eternal shame, nothing but shame!».

Hacia el ingrato final de la tragedia

Al día siguiente de esta sesión oficial del Consejo, el embajador Ahmed Snoussi, de Marruecos, nos convocó a los representantes del grupo del MNOAL para acordar cuáles serían nuestros próximos pasos, ya que, al aprobarse la resolución por unanimidad, se daba la falsa impresión de que nosotros también la habíamos respaldado sin formular reparo alguno, lo cual no era para nada el caso. Durante el debate los miembros permanentes del Consejo habían manipulado el argumento de que la guerra y el exterminio sistemático de la población musulmana de Bosnia continuaría si el gobierno del presidente Izetbegovic no suscribía el acuerdo, chantaje con el que aspiraban a lavarse las manos acorralando con ese falso dilema a Izetbegovic y a quienes lo apoyábamos, y señalándonos como promotores de un cisma en el seno del Consejo y como enemigos de la paz.

Hace poco releí el libro de memorias de David Owen, publicado en 1995, y sigo sin entender cómo, a pesar del esfuerzo inicial que emprendió, primero con Cyrus Vance y después con Thorvald Stoltenberg, no resistió las presiones y terminó por dejar en manos de Milosevic y Tudjman la conducción final de un proceso negociador que supuestamente buscaba un acuerdo «justo y equitativo». Por otra parte, también llama la atención cómo, en las múltiples referencias que hace Owen en su libro a los informes que sistemáticamente enviaba a muchos de los primeros ministros y jefes de Estado de la Comunidad Europea, no puede disimular que eran Francia y el Reino Unido, no la ONU ni su Consejo de Seguridad, los que conducían las negociaciones de acuerdo con sus intereses nacionales. El Consejo de Seguridad era un simple disfraz para encubrir esa circunstancia y la complicidad del secretario general Boutros-Ghali con los del P5. Esa era la estrategia celosamente manipulada para que los representantes de países del MNOAL en el Consejo no tuviéramos arte ni parte en la interpretación de una música con la que se aspiraba a prolongar la fiesta el tiempo que fuera necesario. Esa realidad se había hecho penosamente evidente desde los primeros debates sobre las áreas seguras y las sanciones económicas a Serbia, y a partir de abril de aquel año 1993 adquirieron una importancia capital en las discusiones que sosteníamos en las sesiones privadas del Consejo. Más allá de las luces y sombras de este órgano, las incongruencias llevaron al holandés Hans van den Broek, comisario de la Comunidad Europea para Asuntos Exteriores, a acusar a Owen y Stoltenberg de propiciar una inaceptable política de apaciguamiento y no de resistencia a la agresión serbocroata.

Cinco días más tarde, el 29 de agosto, el Parlamento bosnio, con mayoría musulmana, finalmente rechazó el llamado «paquete de Ginebra». La votación fue de sesenta y cinco a cero y con ella aprobaba implícitamente la continuación de la guerra por tiempo indefinido. Ya el líder serbio de Bosnia, Radovan Karadzic, había amenazado con nuevas acciones militares dentro de Bosnia, a menos que el Parlamento aceptara suscribir el plan Owen-Stoltenberg. Antes de que los parlamentarios bosnios tomaran esa decisión, Izetbegovic, responsablemente, les advirtió que no esperaran una salvadora intervención militar estadounidense. «Estados Unidos —les dijo— nos apoya, pero no enviará un solo soldado a defendernos. Tampoco debemos olvidar que los militares serbios han desplegado en Bosnia mil tanques, y que, si no encontramos a corto plazo una solución política al conflicto, Bosnia será destruida». El hecho de que, a pesar de esta terrible advertencia, los sesenta y cinco miembros del Parlamento se opusieran a que su gobierno firmara el acuerdo de Ginebra fue prueba muy palpable de la voluntad de la república a luchar por su soberanía hasta la muerte.

Al darse a conocer el resultado de esta votación parlamentaria, Franjo Tudjman, en su condición de presidente de Croacia, notificó que la guerra continuaría sin cesar. Por su parte, Owen declaró que, aunque la propuesta de Ginebra no satisfacía todas las expectativas, era la mejor opción que les ofrecía la realidad al Gobierno y a la población bosnia, y aclaraba que su plan de paz no permanecería mucho tiempo sobre la mesa. La alternativa será, añadió, «la fragmentación del país, el reino de la anarquía, la aparición de caudillos y un caos generalizado».

Apenas una semana después, el 7 de septiembre, el presidente Izetbegovic se reunió en la Casa Blanca con el presidente Clinton, y lo hizo con la esperanza de obtener un apoyo no retórico de Estados Unidos a la causa bosnia, sepultada en Ginebra, y para solicitar que Washington les diera un plazo a los serbios para que levantaran el asfixiante sitio de Sarajevo, que ya llevaba dieciocho meses. Clinton le respondió que no podía hacer nada sin contar con el voto de los otros cuatro miembros permanentes del Consejo y le aconsejó a Izetbegovic que «debía regresar a la mesa de negociaciones en Ginebra y tratar de alcanzar el mejor acuerdo posible».

Era todo lo contrario a lo que esperaba Izetbegovic, quien, al salir de la reunión con Clinton, no hizo ninguna declaración. Al día siguiente, nada más llegar a Nueva York, me recibió en su habitación en el hotel Roger Smith, en compañía de su vicepresidente Ejup Ganic y de su embajador ante las Naciones Unidas, todos sorprendidos por la nueva posición del presidente Clinton. Ganic la calificó de «vuelco en la política de Estados Unidos para Bosnia, que los colocaba en la acera de enfrente a Clinton; un auténtico balde de agua fría», reconoció, pero ninguno de ellos se mostró demasiado sorprendido. Según Izetbegovic, las reuniones que sostuvo en Washington con representantes del Congreso le permitían tener cierto optimismo, una ilusión que no compartían Ganic ni su embajador Sacirbey. Todos, sin embargo, coincidían en señalar la necesidad de manejar la situación muy cuidadosamente, pues no deseaban de ninguna manera dañar sus futuras relaciones con Washington. En primer lugar, porque las buenas relaciones con Estados Unidos tenían un cierto valor disuasivo ante los avances serbios y croatas; y, en segundo lugar, porque sabían que, de agravarse el sitio de Sarajevo, solo podrían contar con el auxilio de los Estados Unidos.

Horas después, el presidente bosnio intervino en una reunión informal del Consejo de Seguridad, convocada por el embajador pakistaní, Jamsheed Marker, bajo una modalidad iniciada por mí en marzo de 1992, que a partir de 1994 comenzaría a ser conocida, hasta el día de hoy, como «Fórmula Arria». Recojo algunas de sus palabras, porque fue la primera vez que el jefe de un Estado que estaba en guerra se presentaba ante el Consejo de Seguridad, oportunidad que aprovechó para advertirles a sus miembros de las consecuencias que tendría la pasividad de la comunidad internacional ante lo que sucedía en Bosnia.

—Tenemos la impresión —les echó en cara— de que no existe nadie aquí que esté en condiciones de aplicar las resoluciones del Consejo de Seguridad, y tampoco existe quien pueda impedirlo. Si por alguna razón este Consejo no está dispuesto a cumplir sus propias resoluciones, entonces debe levantar el embargo de armas que afecta gravemente nuestro derecho a la defensa. En otras palabras, o nos defienden o nos permiten defendernos, porque ustedes no tienen derecho a privarnos de ambas alternativas a la vez. Mucho menos a imponernos un inaceptable llamado plan de paz que en realidad legitima el genocidio y promueve la partición étnica de Bosnia en pedazos, un descalabro que encenderá el fuego de una violencia ciega y feroces ansias de venganza. En segundo lugar, porque cualquier paz que no preste atención a las causas de la guerra solo ofrecerá, en el mejor de los casos, un cese temporal de la guerra, pero no una verdadera solución del conflicto. Este Consejo de Seguridad no puede seguir pasando por alto que una de las partes, Bosnia, es la única víctima de esta guerra de exterminio étnico.

Ante el silencio con que fueron ignoradas las palabras de Izetbegovic, la embajadora Albright, presidente del Consejo, paseó la mirada por el salón y, visiblemente conmovida, preguntó: «¿Es que aquí nadie tiene nada que decir?».

EL PRECIO DE LA PAZ

Dos años después de aquella decepcionante reunión del 4 de junio y de mi intempestiva salida de Naciones Unidas, el 10 de agosto de 1995, al regresar del Center for Foreign Relations de Nueva York, institución en la que me desempeñaba como Diplomatic Fellow, vi en CNN una información impactante: Madeleine Albright, todavía representante de Estados Unidos ante el Consejo de Seguridad, había mostrado en una de sus sesiones informales tres fotografías tomadas por un avión U2 de su gobierno de lo que parecían ser grandes movimientos de tierra en las afueras de Srebrenica. Según Albright, se trataba de enormes fosas comunes donde los soldados serbios habían enterrado los cadáveres de más de ocho mil hombres y adolescentes bosnios musulmanes asesinados a sangre fría por orden del general Ratko Mladic.

Las imágenes y el comentario de la embajadora Albright ocuparon de inmediato la atención de los medios de comunicación de todo el mundo. Para el público en general era una noticia de gran impacto; para mí, no. Yo lo había advertido públicamente desde la propia Srebrenica en abril de 1993, y por eso mi reacción fue una mezcla de rabia, indignación y dolor. Y porque muy pocos dirigentes políticos y diplomáticos internacionales le habían prestado entonces suficiente atención, pero en ese momento se rasgaban las vestiduras y pretendían convertir aquel crimen de lesa humanidad en un suceso simplemente accidental. Desde todo punto de vista, el genocidio de Srebrenica fue un crimen absolutamente previsible y, al enterarme de que en efecto se había cometido, no pude dejar de pensar en los habitantes de ese enclave a quienes en nombre de las Naciones Unidas les prometimos protección, y terminaron asesinados y sepultados en fosas comunes.

Esta realidad fue para mí moralmente más escandalosa que las imágenes que registraban para siempre la ejecución del genocidio. De manera muy especial, porque lo ocurrido fue consecuencia directa de la política de apaciguamiento que adoptaron los órganos de las Naciones Unidas, los miembros permanentes del Consejo de Seguridad y la Secretaría General, cuyo efecto fue dejar el destino de Srebrenica y otras áreas seguras de la región oriental de Bosnia a merced de los agresores serbios. Culpa que habían tratado de disimular con declaraciones retóricas a la prensa y con la redacción de innumerables resoluciones inconsecuentes sin efectos reales en la solución del conflicto.

La invasión y ocupación serbia de Srebrenica

Nadie puede negar que, desde los primeros planes de paz elaborados en 1992, hasta la firma de los acuerdos de Dayton, en noviembre de 1995, el objetivo central del conflicto político, de la guerra y de las negociaciones fue fragmentar Bosnia en pedazos de carácter étnico para impedir que, con su declaración de independencia, la mayoría de su población, que era musulmana, creara, como temían los gobiernos de Francia y el Reino Unido, un Estado musulmán en medio de Europa. Tampoco nadie puede desconocer el papel que desempeñó el grupo del MNOAL en el Consejo de Seguridad, del que Venezuela formaba parte, en la muy difícil tarea de defender los derechos soberanos de la joven república en el Consejo de Seguridad, un espacio minado por los intereses de las grandes potencias mundiales. Quiero decir que, si no nos hubiéramos propuesto defenderla y declarar áreas seguras Srebrenica, Sarajevo y otras zonas, a pesar de que Rusia, Francia y el Reino Unido siempre se opusieron a nuestras iniciativas, Bosnia hubiera desaparecido de la faz de la Tierra como nación independiente.

La vergonzosa doble moral con que el Consejo de Seguridad y los gobiernos europeos actuaron en las repúblicas de la antigua Yugoslavia los convirtió en auténticos cómplices de la siniestra política serbia aplicada en Bosnia, ya que, de haber mostrado la comunidad internacional un mínimo de firmeza hubiera podido impedir desde el primer momento aquella monstruosidad, cuyo último episodio fue el genocidio de Srebrenica. Sobre todo, porque, incluso en esos días cruciales de julio de 1995, si se hubiera hecho algo para frenar la concentración de tropa y armamento pesado serbio alrededor de Srebrenica, se habría impedido la decisiva toma ordenada por el general Mladic el 6 de julio del puesto de observación instalado por Unprofor en las afueras de Srebrenica. Su pasividad les transmitió a los agresores serbios el claro mensaje de que las fuerzas de las Naciones Unidas no actuarían ni siquiera para defender a sus cascos azules.

En esa oportunidad, el general Bernard Janvier, comandante general de Unprofor, asumió la mayor responsabilidad civil en lo que iba a ocurrir, cuando negó su autorización al ataque aéreo acordado con la OTAN para contener la movilización de la tropa y la artillería pesada serbia que se concentraba alrededor de Srebrenica, en evidente preparación de un inminente ataque a la ciudad, agresión que finalmente, sin encontrar oposición militar alguna, se produjo el 9 de julio. Cínicamente, el general Janvier justificó su decisión con el argumento de que Thom Karremans, comandante del batallón holandés desplegado en Srebrenica y sus alrededores, podía repeler cualquier ataque serbio sin necesidad de recurrir al apoyo aéreo, a sabiendas de que esa sería una misión imposible.

Esta decisión del general francés hizo posible que, dos días después, los batallones del general Mladic ingresaran triunfalmente a Srebrenica, sin encontrar ninguna resistencia militar. Durante los tres días siguientes, Mladic, más seguro que nunca de su poder, se encargó de hacer realidad la amenaza formulada públicamente en julio de 1993 por Radovan Karadzic, su jefe político, de que, si llegaba a tomar Srebrenica, por las calles de la ciudad correrían ríos de sangre. Que fue exactamente lo que ocurrió, como se supo algunas semanas después, cuando, al excavar lo que en efecto eran fosas comunes, comenzaron a descubrirse los restos desmembrados de las víctimas de aquella infamante matanza, musulmanes que habían sido secuestrados por la soldadesca serbia del cuartel de los cascos azules en Potocari, donde habían buscado refugio y protección, y luego asesinados a sangre fría en una monstruosa orgía de odio y sangre. Por más que se trate de silenciar la naturaleza de una tragedia que pudo haberse evitado si la comunidad internacional hubiese actuado a tiempo, aquella rendición premeditada de Srebrenica marcaría el principio del fin de la guerra en Bosnia, que se formalizaría meses más tarde con el acuerdo de paz firmado en Dayton, pero al elevadísimo precio de aceptar que los agresores serbios y croatas se apropiaran de casi dos terceras partes del territorio bosnio.

La complicidad de la comunidad internacional

Ante estos hechos, cabe preguntarse ¿por qué Estados Unidos esperó hasta el 10 de agosto de 1995 para revelar la magnitud de este crimen de lesa humanidad, a pesar de que agentes de la CIA habían visto el desarrollo de la masacre en vivo y en directo gracias a los satélites que vigilaban los puntos más críticos de la guerra en Bosnia? Sobre todo, porque esas imágenes, y otras que, si bien nunca fueron hechas oficialmente públicas, pero sí fueron filtradas, muestran a civiles hechos prisioneros por soldados de Mladic que luego aparecen muertos y arrojados a inmensas fosas comunes improvisadas. Hechos que confirmó en junio de 2021 Jovica Stanisic, jefe de los servicios de inteligencia de la Serbia de Milosevic, que también era un colaborador secreto de la CIA, cuando declaró ante el tribunal en La Haya durante el juicio que lo condenó a doce años de prisión.

Lo cierto es que la fecha seleccionada para dar la noticia y mostrar las imágenes no fue fruto del capricho de alguien o del azar, sino que los estrategas de Washington la hicieron coincidir con la llegada a Londres de Anthony Lake, asesor de Seguridad Nacional del presidente Bill Clinton, quien en esa ocasión viajaba a la capital británica a reunirse con representantes de los gobiernos del Reino Unido y de Francia con la finalidad de hacer la última revisión del nuevo plan de paz para Bosnia, elaborado en Washington, cuyos comprometidos términos serían el fundamento del acuerdo de paz suscrito en la base aérea norteamericana de Wright-Patterson en las afueras de la ciudad de Dayton, en Ohio.

Por otra parte, el 11 de julio de aquel año, Boutros-Ghali, haciendo gala de su desconcertante indiferencia por el tema bosnio, le declaró al corresponsal de la BBC: «(La ocupación serbia del área segura de Srebrenica) nos humilla, y tendremos que vivir con eso», pero para quitarle al suceso su importancia, inmediatamente añadió: «En pocos días eso pertenecerá al pasado». Dos días más tarde, Yasushi Akashi, representante del secretario general en Bosnia, de vacaciones esos días fatales en Duvrovnik, ante los insistentes rumores que circulaban sobre crímenes de guerra cometidos por los hombres de Mladic en Srebrenica, le informó el 13 de julio a Kofi Annan que «no le constaba que la población civil de Srebrenica y Potocari hubiera sido maltratada por los militares del general Mladic, pero que le informaron que habían repartido dulces a los niños y cigarrillos a los adultos», y que lo cierto era que los serbios habían evacuado a miles de refugiados civiles que en esos momentos se consideraban desaparecidos. Su conclusión era que «las Naciones Unidas no debían temer que hubiera alguna protesta internacional, pues los vehículos de Unprofor no habían sido utilizados» en esa operación. Días después, el 19 de julio, a la comunicación que recibió de Annan, profundamente preocupado por informes que circulaban sobre atrocidades cometidas por la tropa serbia en la ocupada Srebrenica, Akashi admitió que para ese momento se estimaba que el número de desaparecidos era de «entre cuatro mil y ocho mil civiles».

La creciente preocupación de Annan se debía a que el 17 de julio el periodista Robert Block, del diario londinense The Independent, se había referido a las atrocidades que se incluían en un reportaje audiovisual divulgado por una televisora de Belgrado que le «congelaba a uno la sangre en las venas». Según Block, el locutor serbio que comentaba el video señalaba que lo que a primera vista parecían ser bultos amontonados desordenadamente junto a una pared agujereada a balazos «no eran bultos sino muertos». Para entender mejor el tamaño de aquel atroz suceso, vale la pena mencionar la conmovedora declaración de Mevludin Oric, uno de los poquísimos sobrevivientes de la matanza, quien relató a los investigadores estadounidenses que se ocupaban de reconstruir el hecho que los soldados serbios «los ponían en filas de veinte a veinticinco individuos y después de ejecutarlos y arrojar los cadáveres a fosas comunes se ocupaban de las filas siguientes»: «Cuando llegó mi turno, me tiré al suelo y me escondí entre los muertos que caían a mi lado. Tirado allí permanecí durante el resto del día, y al caer la noche logré escabullirme».

El informe de Kofi Annan sobre el genocidio

Años después, el 15 de noviembre de 1999, Kofi Annan, entonces séptimo secretario general de la ONU, presentó en la Asamblea General un informe sobre Srebrenica que le había solicitado al organismo el año anterior. En ese documento, titulado «La caída de Srebrenica», Annan sostiene que «la razón principal del comportamiento de la Secretaría General para no actuar con la celeridad que exigía la situación fue desconocer el verdadero objetivo militar de los serbios y la naturaleza malvada que ellos encarnaban. Por culpa de ese error y del juicio equivocado de sus funcionarios, Unprofor no pudo cumplir la tarea que le correspondía en defensa del pueblo de Srebrenica, amenazado por la política de exterminio masivo de la población musulmana de Bosnia». Al día siguiente The Washington Post comentó que el informe de Annan, ciento cincuenta y cinco páginas que incluyen comunicaciones clasificadas de la ONU y entrevistas con más de cien funcionarios de la organización, demostraba que esa conducta de las «Naciones Unidas, con su decisión de aplicar una política de apaciguamiento, contribuyó involuntariamente» a que se cometiera el genocidio en Srebrenica. Un apaciguamiento que no fue, como señala Annan, un error involuntario, porque después de cuatro años de brutal agresión serbia de ningún modo podía desconocerse el verdadero objetivo militar de los serbios ni la maldad que los animaba.

Resulta imposible aceptar esa excusa para justificar la posición del Consejo de Seguridad, circunstancia que invalida por completo el informe Annan y descalifica hasta el título que le dio, pues lo que realmente ocurrió no fue «la caída» de Srebrenica achacable a errores y juicios equivocados, sino que el Consejo de Seguridad incumplió su responsabilidad institucional al plegarse al interés de tres de sus miembros permanentes por impedir que la mayoría musulmana de la población de Bosnia propiciara la creación de una república musulmana, aunque ello significara dividir el territorio de esa república independiente y, a fin de cuentas, permitir que se aplicara un perverso sistema de depuración étnica en la propia Europa.

Días antes de la presentación pública del informe, un grupo de funcionarios y personalidades que algo teníamos o habíamos tenido que ver con el caso Bosnia recibimos copia del documento. Como es natural, lo leí con muchísima atención, porque admitía los errores cometidos por la organización y hasta criticaba su comportamiento. Un acto inédito, porque nunca antes un secretario general había asumido públicamente faltas y equivocaciones en el manejo de una situación tan delicada como aquella. También era, sin embargo, lo mínimo que podía hacer para justificar ante la Asamblea General y la opinión pública internacional la conducta impropia de la Secretaría General y del Consejo de Seguridad durante los casi cuatro años que duró esa guerra que culminó con la atroz matanza de miles de civiles en Srebrenica. Era importante, pues, que Kofi Annan, entonces convertido en secretario general, le rindiera cuentas a la Asamblea General, pero no pude menos que reconocer su falta de objetividad en las conclusiones. A fin de cuentas, era mucho pedirle que los responsables de aquella culpable política de apaciguamiento confesaran abiertamente sus faltas y fueran quienes dictaran una sentencia que afectara directamente a Boutros-Ghali, pero también al propio Annan y a los gobiernos de países miembros permanentes del Consejo, como Francia y el Reino Unido. Por esa sencilla razón los graves señalamientos que hace el informe son de carácter general, sin atribuir responsabilidades individuales a ningún funcionario y a ningún gobierno. Fue la condición que puso Annan para presentar un informe de naturaleza tan reveladora, según escribe James Traub, periodista estadounidense que ha contribuido con varios medios de su país, en su libro The Best Intentions: Kofi Annan, publicado en 2006, en el que narra las relaciones de poder en el seno de la ONU en el período de la secretaría general del ghanés.

La Asamblea General de la ONU se pronuncia

De acuerdo con esta decisión «diplomática» de no atribuirle a nadie culpa alguna de lo ocurrido en Bosnia, un mes después, el 16 de diciembre, la Asamblea General aprobó una resolución que se limitaba a señalar que había tomado nota «del informe con satisfacción, por la minuciosidad y franqueza de sus conclusiones». El texto, sin embargo, pone de relieve que la Asamblea General ni siquiera debatió el informe, ya que solo diez de las ciento noventa y tres naciones de la ONU hicieron ese día uso de la palabra, y ninguno mencionó a los gobiernos que pudieron haber impedido la tragedia y no lo hicieron, ni ninguna delegación señaló que el acuerdo firmado en Dayton sirvió en efecto para concertar la paz en la región, pero a cambio de satisfacer las inadmisibles exigencias territoriales de Serbia y Croacia, y que la comunidad internacional aceptara expresamente la legitimidad de un apartheid encubierto con la conversión de Bosnia, reconocida hacía cinco años por las Naciones Unidas como república independiente y soberana, en tres entidades, la bosnia, la croata y la serbia. Una contradicción flagrante entre los principios que se afirmaban en todas las resoluciones del Consejo de Seguridad y lo aprobado en Dayton, lo que ponía de relieve que las Naciones Unidas no estaban interesadas en resolver el problema de fondo de la crisis ni en fijar responsabilidades en el manejo de un conflicto que durante años había ocupado buena parte de la atención de la comunidad internacional. Con ese informe, sencillamente, se quería pasar la página bosnia y mirar en otras direcciones, al nuevo y muy violento conflicto desencadenado por Serbia en Kosovo, por ejemplo, o al desatado en Timor Oriental por los sectores opuestos a su independencia.

Vale la pena tener muy en cuenta que en aquel debate de la Asamblea General del 16 de diciembre de 1999 también se reafirmó la independencia, soberanía e integridad territorial de Bosnia y Herzegovina, la igualdad de los tres pueblos constituyentes de esa nación, el acuerdo de paz firmado en Dayton y ratificado en París el 14 de diciembre de 1995 y en solo seis líneas de la resolución se deplora la espantosa magnitud de la tragedia humana que se produjo antes y después de «la caída de Srebrenica». Una complicidad colectiva que se reflejó en la intervención del embajador de Jordania ante las Naciones Unidas, príncipe Zeid Ra'ad Al Hussein, quien aseguró que estaba admirado por la «franqueza» de un informe que rompía el silencio con el que durante todos los años de la guerra se trató de borrar de la memoria colectiva lo sucedido en Bosnia.

Por su parte, el representante permanente de la Unión Europea calificó el informe de honesto e imparcial, y el de Rusia manifestó su desacuerdo con que el informe atribuyera la mayor responsabilidad a una sola de las partes, la serbia, y destacara el genocidio de Srebrenica como si ese hubiera sido el único episodio lamentable de una guerra en la que se cometieron otras muchas atrocidades. En su muy parcializada opinión, revivir viejas heridas solo serviría para entorpecer el complejo proceso de reconciliación. En 2015, al conmemorarse en el Consejo de Seguridad los veinte años del Acuerdo de Dayton, el representante ruso recurrió a su derecho al veto para impedir que el Consejo adoptase una declaración que reiteraba que lo ocurrido en Srebrenica en julio de 1995 fue un genocidio.

De este modo sinuoso se completó la conversión de un ostensible crimen de guerra imposible de negar en un crimen perfecto. De ello se encargó el maquillaje habitual de la Secretaría General para encubrir infructuosamente, a fuerza de numerosos golpes de pecho, una tragedia que manchará para siempre la historia de las Naciones Unidas.

En la entrevista que me hicieron David Harland y Ahmed Salman, brillantes funcionarios de las Naciones Unidas, para el análisis que preparaban sobre el «informe Annan», recuerdan que, después de aprobar el Consejo su Resolución 819, en abril de 1993, «cinco miembros tuvieron la rara oportunidad, de hecho sin precedentes, de evaluar la situación real de Bosnia sobre el terreno, cuando integrados en una delegación coordinada por Diego Arria, embajador de Venezuela, llegó a Srebrenica el 25 de abril, y a su regreso le entregaron al Consejo un informe con una visión del conflicto muy diferente de la que se tenía en el organismo, oportunidad que aprovechó el embajador de Venezuela para declarar que los miembros del Movimiento de Países No Alineados del Consejo exigían saber si las Naciones Unidas pretendían o no recurrir al uso de la fuerza en caso de que los serbios no respetaran las resoluciones, pero nadie contestó satisfactoriamente esa pregunta. Arria criticó la posición del Consejo afirmando que "lo único que debe hacerse es adoptar medidas de contención y de prevención, crear zonas seguras, implementar una vigilancia rigurosa en las fronteras, reforzar las sanciones, prohibir sobrevuelos militares sobre Bosnia y crear un tribunal penal encargado de juzgar a quienes en esa guerra cometieran crímenes de lesa humanidad"».

También recordaron Harland y Salman que en esa ocasión pregunté si los miembros permanentes del Consejo creían que con solo retóricas resoluciones iban a «convencer a los agresores serbios de renunciar graciosamente a los territorios que habían ocupado a la fuerza». En mi entrevista con ellos les repetí los planteamientos y denuncias que hice sobre el problema en Bosnia durante mi permanencia en el Consejo de Seguridad, pero, dado el tono crítico de mis declaraciones, mis palabras no fueron incluidas en las conclusiones del informe.

Con la resolución de la Asamblea General de la ONU celebrada aquel 16 de diciembre, los 193 países miembros, sin dar explicación alguna, coincidieron en pasar por alto el sacrificio que se impuso a Srebrenica y otras áreas seguras para entregarlas a Serbia, y la disolución de Bosnia como nación independiente y soberana. Resolución para la cual, tal como lo relata el informe Annan, las Naciones Unidas como institución no abandonaron en Bosnia su obligación fundacional, sino que fue una suerte de accidente involuntario y nadie tiene culpa alguna de que todo terminara en Dayton con la aceptación internacional de que criminales de guerra de la calaña de Milosevic, Karadzic y Mladic se salieran con la suya y se quedaran con cuarenta y nueve por ciento del territorio que legítimamente le correspondía a Bosnia.

El trasfondo de la maniobra para ocultar el genocidio

En agosto de 1992, en la Conferencia Internacional sobre la Antigua Yugoslavia que se celebró en Londres, Cornelio Sommaruga, presidente entonces del Comité Internacional de la Cruz Roja, había presentado la propuesta de designar «áreas seguras» en Bosnia para contribuir a ponerle fin de inmediato al hostigamiento continuo y al desplazamiento forzoso de parte de su población civil. La Conferencia respaldó la iniciativa por unanimidad y la incluyó en el documento final de ese encuentro. Esta circunstancia nos sirvió a los países del MNOAL que éramos miembros no permanentes del Consejo de Seguridad para hacer aprobar aquel 16 de abril de 1993 la resolución que declaró área segura Srebrenica y sus alrededores. Una resolución que, lamentablemente, solo sirvió para poner de manifiesto que los gobiernos más poderosos del planeta no tenían la intención de cumplir sus propios mandatos.

Por esta razón no se negaron a aprobar nuestro proyecto de resolución. Por su parte, los mediadores de las Naciones Unidas y de la Unión Europea, Cyrus Vance y David Owen, argumentaron por esos días que la creación de las áreas seguras en Bosnia «alentaría la intensificación de la depuración étnica en esas zonas». Idéntica posición a la que adoptaron los mandos de Unprofor, aunque esgrimieron razones de carácter militar, pues, según ellos, las fuerzas de Naciones Unidas desplegadas en Bosnia no contaban con medios suficientes para defender esas «áreas seguras».

La manipulación de este tema por los miembros permanentes del Consejo se puso en evidencia desde el 6 de mayo de 1993, días después del regreso de nuestra misión a Belgrado, Zagreb y Sarajevo, cuando se aprobó la Resolución 824, que acogía «con beneplácito» el informe de nuestra misión, en particular la recomendación de incluir Sarajevo, Tuzla, Gorazde, Bihac y Srebrenica en la lista de áreas seguras. Años más tarde supe que el secretario general Boutros-Ghali, a espaldas del Consejo, le comunicó directamente al comandante general de Unprofor que esa resolución en realidad «no les imponía la obligación de recurrir a la fuerza para cumplir el mandato». A pesar de que la resolución exigía expresamente «tomar todas las medidas necesarias para garantizar la seguridad de esas áreas», de acuerdo con el Capítulo VII de la Carta de la ONU, que en casos como ese autoriza el uso de la fuerza.

No tengo la menor duda de que Boutros-Ghali consultó la redacción de su muy privado instructivo a los mandos militares de Naciones Unidas en Bosnia con los representantes permanentes del Reino Unido y Francia en el Consejo. A fin de cuentas, la mayoría de los efectivos de las fuerzas de paz en la región eran británicos y franceses. Por otra parte, en el Consejo de Seguridad nadie ignoraba que los principales funcionarios de la Secretaría General se oponían a la designación de esas áreas seguras en Bosnia, con la excusa de que esa decisión violaba una interpretación inmoralmente parcializada de la neutralidad.

Al escribir ahora sobre este penoso asunto, me parece imprescindible citar el trabajo del historiador y periodista Michael Dobbs, director del Centro Simon-Skjodt para la Prevención de Genocidio, publicado en Foreign Policy, en el que señala que «el genocidio de Srebrenica no se produjo de improviso ni tomó a nadie por sorpresa». Según Dobbs, las continuas violaciones de los más elementales derechos humanos cometidos en Bosnia por los agresores serbios desde que estalló el conflicto bastaban para que la comunidad internacional estuviera prevenida, con tiempo suficiente para impedirlo. También insiste Dobbs en señalar que los gobiernos occidentales, sencillamente, optaron por no tomar en serio las señales de lo que inevitablemente terminó por ocurrir y recuerda que Bill Clinton, ya en agosto de 1992, cuando era candidato a la Presidencia de su país, al referirse directamente al fondo de la crisis bosnia, sostuvo: «No podemos permitirnos el lujo de ignorar lo que parece ser la puesta en marcha de una política de exterminio deliberado y sistemático de seres humanos basado en su origen étnico». Dobbs subraya, además, que la primera mención pública internacional del genocidio que ya estaba ocurriendo en Srebrenica la hizo en abril de 1993 «la misión especial enviada por Naciones Unidas a Srebrenica, cuyo coordi-nador, el embajador Diego Arria, de Venezuela, denunció, desde Srebrenica que allí ya se estaba ejecutando "un genocidio en cámara lenta"». Concluye Dobbs sus reflexiones sobre la inexplicable actitud asumida por el Consejo de Seguridad preguntándose por qué, si desde 1992 varias personalidades de reconocida credibilidad internacional habían anticipado lo que terminó por ocurrir en Srebrenica, no se intervino para evitar la tragedia.

Hasta el día de hoy, ninguno de los gobiernos involucrados en lo que yo he llamado el mayor encubrimiento en la historia de las Naciones Unidas ha ofrecido una respuesta convincente a las preguntas de Dobbs. En gran medida, la razón de este libro es contribuir a esclarecer ese silencio desconcertante. Comprendo que se trata de un acontecimiento pasado, pero resulta importante responderlas aunque sea demasiado tarde, aunque solo sea para contribuir a que crímenes de esta naturaleza no se repitan, mucho menos a la vista de una Organización de Naciones Unidas muy venida a menos, entre otros motivos, porque es un organismo maniatado por el derecho al veto de los cinco miembros permanentes del Consejo de Seguridad, circunstancia que hace imposible actuar con independencia en hechos tan monstruosos como los que se cometieron en Bosnia.

Por eso me ha parecido pertinente examinar en todos sus detalles cómo pudo hacerse lo que se hizo en Bosnia con absoluta impunidad, y revelar el entramado de siniestras complicidades que se tejió en el Consejo de Seguridad para dejar en manos de la Secretaría General, y fundamentalmente de los gobiernos de Francia y del Reino Unido, con la cooperación de Estados Unidos y Rusia, el desenlace que tuvo la crisis bosnia.

Un punto clave de esta conspiración en el seno del Consejo de Seguridad que debemos esclarecer es por qué la Secretaría

General silenció la reveladora correspondencia que le dirigió Radovan Karadzic al general Ratko Mladic en la que le ordena «aislar e incomunicar lo antes posible los enclaves bosnios de Srebrenica y Zepa, y así generar en su población una sensación de insoportable inseguridad». El mismo silencio al que recurrió para no dar a conocer la circular que mandó a sus oficiales el 2 de junio de 1995, en la que les ordena «eliminar a los defensores musulmanes de los enclaves de Srebrenica y Zepa». Exactamente el criminal objetivo que había planteado un año antes en una intervención suya ante el Parlamento de la Srpska, en Pale, en la que confiesa su intención de «que desaparezcan completamente los turcos», calificativo que le aplicaba despectivamente a la población musulmana de Bosnia. Correos y discurso que revelan, más allá de cualquier duda, la verdadera razón de la agresión serbia a Bosnia y del genocidio de Srebrenica, y nos obligan a preguntar por qué Boutros-Ghali y sus colaboradores en la Secretaría General desconocían sistemática y premeditadamente la extrema maldad que animaba a personajes como Milosevic, Karadzic y Mladic.

Para completar la visión de esta perversa manipulación de la verdad en el caso de la guerra en Bosnia, resulta oportuno tener presente la comunicación que el general Janvier le dirigió el 24 de mayo de 1995 a Boutros-Ghali para informarle que ya desde esa fecha Unprofor no estaba en condiciones de proteger las áreas seguras de Srebrenica, Zepa y Gorazde, y ¿por qué nada hicieron el secretario general, Estados Unidos, Francia y el Reino Unido para remediar a tiempo esa decisiva insuficiencia material de las fuerzas de la ONU en Bosnia? ¿Sería que para ellos, en lugar de acatar sus propias resoluciones, lo que resultaba más apremiante era cerrar los resortes de la trampa que se preparaba desde la declaración de independencia de Bosnia para asegurar la fragmentación territorial de la nueva república balcánica? Al menos eso revela un informe de los servicios de inteligencia norteamericanos recientemente desclasificado que registra una conversación telefónica secreta que sostuvieron el primer ministro británico John Major y los presidentes Bill Clinton y Jacques Chirac el 27 de mayo de 1995, en la que acuerdan suspender de inmediato los ataques

de la aviación de la OTAN a las posiciones serbias que se con-
centraban en los alrededores de Srebrenica, decisión que mo-
tiva un memorándum que le dirige Anthony Lake al presidente estadounidense, «Solo para sus ojos», en el que su asesor
de Seguridad Nacional le aconseja a Clinton mantener esta decisión en el más absoluto secreto. «En privado —le indica
Lake— aceptaremos una pausa en la defensa aérea de Srebrenica, pero no podemos declararlo públicamente».

Otro de sus consejeros, Alexander Vershbow, le recomienda
también a Clinton que, como la defensa militar de Bosnia es
imposible, lo prudente sería acordar con Serbia la entrega de
algunos pequeños enclaves de Bosnia oriental, Srebrenica por
ejemplo, a cambio de que Serbia le permita al Gobierno bosnio
conservar una parte importante de su territorio. Esta información permite ver claramente la decisión común de los tres gobernantes de no luchar para salvar Srebrenica, porque lo que
en verdad importaba a los mediadores de Naciones Unidas, de
la Unión Europea y de Estados Unidos era negociar con los representantes de Milosevic y Karadzic un acuerdo de paz que
excluyera de los mapas oficiales de Bosnia territorios de esa
nación ocupados por las fuerzas militares de Serbia y Croacia.
Es decir que, en nombre de la paz a cualquier precio, la comunidad internacional estaba resuelta a legitimar, con el acuerdo
que se firmaría en noviembre en Dayton, la apropiación de dos
terceras partes de lo que fue la independiente y soberana República de Bosnia y Herzegovina que, por la vía de la agresión
militar, les habían arrebatado serbios y croatas.

¿Era imprevisible lo que sucedió en Srebrenica?

Otro ingrediente que nos obliga a rechazar de plano el alegato de que en 1995 no se podía anticipar lo que ocurriría en
Srebrenica es que desde marzo de 1993 el Gobierno de Francia
tenía en sus manos el informe de Henry Jacolin, su embajador
en Bosnia, en el que se describe con pelos y señales los métodos
criminales empleados por el general Mladic en Bosnia para exterminar a su población musulmana. Llama la atención que los
jefes militares franceses en la región no tuvieran en cuenta ese

comprometedor documento. Y que en la interpelación a que en 2001 sometió la Asamblea Nacional de Francia a Jean-Bernard Mérimée, representante francés en el Consejo de Seguridad en aquellos tiempos turbulentos, declaró: «Como integrante del Consejo no supe nada de lo que ocurriría en Srebrenica entre julio y agosto de 1995», palabras tan sorprendentes que la Asamblea Nacional concluyó: «Tras escuchar al embajador Mérimée, uno se pregunta si lo que ocurrió fue por incompetencia de todos los embajadores ante el Consejo de Seguridad, por la del embajador Mérimée o por la apatía general de las Naciones Unidas».

En esta ciénaga de indiferencias y culpas, el 9 de julio, mientras los soldados serbios de Mladic se disponían a iniciar la masacre sin nombre de miles de civiles indefensos en Srebrenica, el general Janvier se reunió en la ciudad croata de Split con el general británico Rupert Smith, comandante de Unprofor en Sarajevo, y con Yasushi Akashi, representante del secretario general en Bosnia, y les recomendó, como ya se le había señalado a Boutros-Ghali, «la conveniencia de ceder las áreas seguras en la región oriental de Bosnia a los agresores serbios», con el asombroso razonamiento de que, para militares como ellos, «esa decisión era la mejor, aunque también comprendía que la comunidad internacional no lo aceptara».

No fue, pues, casual que un día después del encuentro de los dos generales y Akashi, el embajador indio Chinmaya Gharekhan, consejero de la mayor confianza de Boutros-Ghali en la Secretaría General, «informara» al Consejo de Seguridad que un grupo de «bosnios musulmanes habían atacado varios vehículos de Unprofor» en las calles de Srebrenica, noticia que fue desmentida casi de inmediato por los mandos de esa fuerza en Bosnia. Ese mismo día, Gharekhan afirmó sin ninguna vacilación que los cascos azules tenían la situación de Srebrenica «bajo control», cuando ya se sabía perfectamente bien que la tropa de Mladic estaba a las puertas de la ciudad y nada ni nadie estaba dispuesto a impedirlo. ¿Cuál era la fuente informativa de Chinmaya Gharekhan? ¿Eran esas informaciones de su propia cosecha o respondían a instrucciones recibidas de Boutros-Ghali, su jefe?

Conocía bien a Gharekhan, porque fuimos colegas en el Consejo de Seguridad, y por eso estoy seguro de que su decisión de manipular los hechos la consultó con Boutros-Ghali o con Kofi Annan. Sobre todo, porque, mientras los batallones serbios entraban en Srebrenica sin combatir, el general Janvier, desde su cuartel general en Zagreb, le dirigió una nota al general Mladic en la que se limitó a expresar su preocupación por la seguridad de sus militares, sin cuestionar el gravísimo asunto de los llamados desplazados del enclave que luego serían asesinados a mansalva. Y ¿por qué el Consejo de Seguridad esperó hasta el segundo de los tres días que duró la matanza de musulmanes en Srebrenica para declarar que el organismo estaba «profundamente preocupado» por el deterioro de la situación y las penalidades que sufría su población civil? En su declaración, el Consejo subraya la necesidad de que las fuerzas serbias presentes en Srebrenica «interrumpan su ataque y se retiren del enclave», una exigencia que el Consejo sabía imposible de satisfacer si no iba acompañada de una amenaza real y creíble de usar la fuerza.

El 9 de julio, aviones de la OTAN habían sobrevolado Srebrenica desde las seis de la mañana, listos para atacar las posiciones serbias apostadas en las afueras de Srebrenica, pero, en vista de que el general Janvier negó su autorización para iniciar el ataque, pronto regresaron a su base en Aviano, Italia. Después, cuando ya era evidente la ocupación serbia del enclave, Akashi notificó que Janvier finalmente había aprobado la intervención de la fuerza aérea de la OTAN, pero solo en caso de que la tropa de Mladic atacara las posiciones de Unprofor en Srebrenica o sus alrededores.

La rendición en nombre de la paz

La realidad incuestionable es que miles de musulmanes adultos y adolescentes habrían sobrevivido al genocidio ordenado por Mladic si el general Janvier y Akashi hubieran autorizado aquellos ataques aéreos de la OTAN. Incluso si lo hubieran hecho el 10 de julio o temprano en la mañana del día siguiente, fecha en que Akashi le comunicó a Kofi Annan que había recibido una llamada del ministro de Relaciones

Exteriores de Alemania, Klaus Kinkel, para informarle que el Gobierno de Holanda exigía que de inmediato se suspendieran todas las acciones militares de Naciones Unidas en Bosnia, acordadas en días anteriores con su apoyo.

En todo caso, tras la ocupación total de Srebrenica y sus alrededores, la noche del 12 de julio, el teniente coronel Thom Karremans, comandante del batallón holandés encargado de proteger esas localidades, le informó al general Janvier y al ministro de Defensa de Holanda que había sostenido dos reuniones con el general Mladic en el hotel Fontana, en Bratunac, a once kilómetros de Potocari, y que en ambas ocasiones Mladic le advirtió a gritos que de producirse un ataque aéreo de la OTAN a sus posiciones él arrasaría a cañonazos las posiciones holandesas. Los videos que registran estos dos encuentros muestran primeros planos de la cara de terror que pone Karremans al escuchar la amenaza de Mladic, quien, por último, con la aparente intención de calmarlo, le ofreció un cigarrillo y un trago de rakia, el licor preferido de los serbios.

En su nota a Janvier y a sus jefes en Holanda, Karremans justificaba su pasividad y sus temores con el ya nada novedoso argumento de que su batallón carecía de los medios necesarios para defender a la población civil refugiada en Potocari, y señalaba que, en su opinión, la única salida de esa situación era una negociación entre las partes, con la mediación de la ONU. Además, les recordaba que él les había llamado su atención sobre este problema en correspondencia que les había dirigido casi dos meses antes, el 25 de mayo, en la que informaba que desde el mes de abril la situación en esa zona se había hecho tan desesperada que su misión ya carecía de razón de ser, porque no estaba en condiciones de cumplirla. Al día siguiente, 13 de julio, sin haber recibido respuesta alguna de sus superiores, Karremans rindió su batallón al general Mladic, en circunstancias en las que los agresores serbios, en un ejercicio de humillación, despojaron a numerosos soldados holandeses de sus uniformes, cascos azules y armamento. El 15 de agosto de 1995, la BBC transmitió un documental basado en un artículo publicado una semana antes por el diario londinense The Observer, en el que se acusa a las Naciones Unidas de haber destruido imágenes del video que mostraba a soldados y oficiales holandeses presentes en la base militar de Potocari mientras soldados serbios organizaban la evacuación forzosa de los miles de civiles musulmanes refugiados allí, un acto que privó al tribunal para la antigua Yugoslavia de imágenes que les habrían permitido identificar a muchos que de una u otra manera participaron en el genocidio de Srebrenica. Nada nuevo, ya que desde 1992 hasta ese fatídico año de 1995, en el Consejo de Seguridad no se había mostrado un solo video o fotografía de las muchísimas atrocidades que se cometieron durante los casi cuatro años que duró la guerra.

Lo cierto es que los jefes de Unprofor en la región, los generales Janvier desde Zagreb y Hervé Gobilliard desde Sarajevo, ambos franceses, carecían de planes para afrontar una ofensiva serbia contra las áreas seguras, sin duda, porque Srebrenica no estaba en la lista de sus prioridades. Una injustificada renuncia a su autoridad, que hizo posible la tranquila ocupación de Srebrenica y Potocari, cuya primera y criminal consecuencia fue que las unidades militares de Mladic separaron a las mujeres de los hombres y adolescentes musulmanes refugiados en Potocari para conducirlos a la fuerza a los bosques cercarnos, donde serían asesinados.

Hace poco vi la película *Quo Vadis, ¿Aida?*, extraordinario filme dirigido por la cineasta bosnia Jamila Zbanic, finalista en los premios Oscar de 2021, que incluye secuencias desgarradoras grabadas en directo de madres desesperadas mientras soldados serbios les arrebatan a sus hijos de los brazos con brutal violencia. También he visto videos que muestran a soldados de Mladic que obligan a arrodillarse a hombres y adolescentes con las manos atadas a la espalda y luego los asesinan con disparos en la espalda. Desde entonces, centenares de patólogos y forenses se han dedicado a localizar e identificar los cadáveres, tarea sumamente difícil porque lo ejecutores del crimen desmembraron los cuerpos y dispersaron sus restos en fosas comunes excavadas en innumerables sitios. Hasta el día de hoy, los especialistas del tribunal en La Haya han logrado identificar a casi ocho mil víctimas. También se ha logrado saber que cerca de veinte mil trabajadores de empresas privadas de Serbia fueron utilizados para transportar en sus camiones los cuerpos y excavar con maquinaria pesada las fosas comunes en las que fueron arrojados. Ninguna de estas empresas ha sido investigada ni procesada como cómplice de semejante encubrimiento.

Un año después, el 6 de julio de 1996, el coronel Karremans fue testigo en el proceso que el TPIY les seguía entonces a Radovan Karadzic y Ratko Mladic, y uno de los jueces le preguntó: «En su opinión, ¿las Naciones Unidas y la OTAN hicieron lo posible para salvar vidas en el enclave?», a lo que el coronel holandés respondió: «No lo hicieron, a pesar de que eran informados permanentemente de la terrible realidad que se vivía allí». Otro de los jueces le pidió que le resumiera las reuniones que sostuvo con Mladic entre el 11 y el 21 de julio, y el oficial contestó que el general serbobosnio le gritó en la cara que solo la entrega de las armas de sus soldados les garantizaría su supervivencia y que, si no las entregaban, sería su muerte. Otro juez le preguntó si en alguno de los encuentros que tuvo con Mladic le pidió información sobre los civiles bosnios evacuados por su tropa, a lo que Karremans respondió que no lo había hecho porque no estaba todavía enterado de lo que había ocurrido. Lo que sí le preguntó a Mladic, declaró, era por qué le había exigido una lista de todos los varones musulmanes de entre dieciséis y sesenta años que estaban refugiados en la base, a lo cual el general cínicamente le había respondido que era para comprobar si entre ellos había algún criminal de guerra. Es bueno aclarar que para el momento de su última entrevista con Mladic habían transcurrido nueve días desde el inicio de la matanza, y Karremans sostenía que aún desconocía lo sucedido y que por eso no podía entonces habérselo informado a sus superiores.

Para nadie es un secreto que ni los del P5 ni los organismos de inteligencia de sus gobiernos compartieron con los miembros no permanentes del Consejo la detallada información que tenían sobre todos los aspectos del conflicto bosnio, incluidos los sucesos de Srebrenica. Sobre este asunto, el general Raymond Germanos, jefe de gabinete del ministro francés de la Defensa, declaró en noviembre a la Asamblea Nacional de Francia que, en efecto, «había sido criminal que se censuraran informaciones sobre los crímenes que se cometieron en Bosnia al calor de la guerra. De haberse sabido a tiempo esas verdades, se habrían podido tomar medidas y salvar decenas de miles de vidas, pero es evidente que el interés nacional de los miembros permanentes del Consejo pesaba mucho más que la obligación de preservar la paz y los derechos humanos». Aunque tarde, conocer la verdad del genocidio de Srebrenica provocó en Holanda una fuerte reacción de la opinión pública y, años más tarde, el Gobierno holandés se vio obligado a dimitir, mientras los tribunales del país dictaban sentencias que, si bien no condenaron a nadie, sí incluían el pago de indemnizaciones a centenares de familias que habían perdido a algún pariente en la matanza de aquel oscuro mes de julio. Nada ni nadie, sin embargo, ha perturbado hasta el día de hoy el sueño de los gobiernos de Francia y del Reino Unido, como si sus generales, que constituían las máximas autoridades militares de las Naciones Unidas en Bosnia, nunca hubieran estado en esa república. Tampoco Estados Unidos ha admitido culpa alguna en lo ocurrido, aunque sus servicios de inteligencia mantenían informados de los acontecimientos a la Casa Blanca, al Pentágono y a la Secretaría de Estado.

A pesar del sistemático encubrimiento de tantas culpas, no han dejado de conocerse graves denuncias acerca del genocidio de Srebrenica. Un ejemplo que debemos tomar en cuenta es la declaración formulada el 10 de julio de 2015 por Joris Voorhoeve, exministro holandés de Defensa en 1995, quien, con motivo de los actos conmemorativos del vigésimo aniversario de la masacre de Srebrenica, sostuvo que «los líderes de las grandes potencias occidentales conocían un mes y medio antes la intención serbia de invadir las áreas seguras de Srebrenica, Zepa y Gorazde», y aseguró que dos de ellos, Estados Unidos y el Reino Unido, por las razones que fueran, prefirieron no compartir esa información con los otros miembros del Consejo de Seguridad. Por su parte, David Harland, que había sido el principal redactor del informe de Kofi Annan a la Asamblea General, me dijo en privado, y luego sostuvo como testigo de cargo en el TPIY, en 2004, que «miles de los musulmanes bosnios asesinados entonces en Srebrenica hoy estarían vivos si no hubiera sido por la debilidad del general Janvier y de Yasushi Akashi».

La más relevante de estas denuncias la hizo el presidente Alija Izetbegovic el 24 de octubre de 1995, durante su intervención en la sesión especial de la Asamblea General de las Naciones Unidas para celebrar el cincuentenario de su fundación, en la que admitió que «las Naciones Unidas siempre han sido una fuente de esperanza», y advirtió: «También ha sido fuente constante de decepción, pues si bien es la mayor y más duradera alianza internacional de la historia, también ha demostrado ser la más ineficaz, y nadie puede negar que por culpa de sus vacilaciones y sus indecisiones mi país ha pagado un precio excepcional, una circunstancia que nos obliga a tener valor y voluntad para llamar agresor al agresor y genocidio al genocidio. No podemos olvidamos de que desde que en 1993 se divulgaron las primeras fotos de los campos de concentración instalados por los agresores serbios en nuestro territorio, el mundo reaccionó con indignación y asombro, pero las Naciones Unidas, que en todo momento conocían el tamaño de ese brutal atropello a la soberanía de Bosnia y a los derechos humanos de nuestros ciudadanos, guardaron un silencio que se hizo más culpable a medida que la agresión se hacía más brutal».

Hace pocos días, mientras escribía estas líneas, llamé a mi amigo Ejup Ganic, vicepresidente entonces de Bosnia, para que me ayudara a entender por qué su gobierno demoró tanto en hacer esa denuncia, y me respondió que lo más grave no fue esa demora, sino que, conociendo «la inminencia de aquella tragedia, nadie hiciera nada para impedirla». Unas palabras que, a fin de cuentas, meten el dedo en la llaga de por qué las Naciones Unidas y los gobiernos de Europa y de Estados Unidos no han respondido las principales interrogantes sobre la verdad de la guerra en Bosnia. Lo cierto es que esas preguntas siguen sin respuesta adecuada, y lo único que se nos ha permitido conocer son algunas de las informaciones recientemente desclasificadas por el Reino Unido, Francia y, sobre todo, Estados Unidos, a pesar de que en la mayoría de esos materiales los datos potencialmente más reveladores han sido anulados por las abundantes tachaduras de la censura. Quizá porque, como nos advierte cínicamente Yasushi Akashi, otro personaje importante de la tragedia bosnia, para justificar lo inadmisible del comportamiento de la comunidad internacional, la misión de las Naciones Unidas «no es llevar la gente al cielo, sino salvarlos del infierno».

El vigésimo aniversario del genocidio

Justamente, para llenar ese vacío informativo, del 29 de junio hasta el primero de julio de 2015, fuimos convocados por el Centro Simon-Skjodt para la Prevención del Delito de Genocidio, el Museo Conmemorativo del Holocausto de los Estados Unidos y el Instituto de La Haya para la Justicia Global más de cuarenta actores gubernamentales, diplomáticos y militares que desempeñamos algún papel relevante en una guerra que concluyó con el genocidio de Srebrenica, para analizar por qué la comunidad internacional fracasó al no impedir aquella tragedia, y sacar algunas lecciones que sirvieran para prevenir la repetición en el futuro de sucesos similares. Entre quienes acudimos a esta convocatoria estaban el exrepresentante especial del secretario general de la ONU para Bosnia, Yasushi Akashi; el exnegociador europeo para la paz en Bosnia, Carl Bildt; los excomandantes británicos de Unprofor, Rupert Smith y Vere Hayes; el superviviente del genocidio de Srebrenica, Muhamed Durakovic; y tres exmiembros del Consejo de Seguridad de aquellos tiempos, los embajadores David Hannay, del Reino Unido; André Erdos, de Hungría, y yo, de Venezuela. El Gobierno bosnio estuvo representado por Hasan Muratovic, ministro responsable de las relaciones de su país con la comunidad internacional por ese entonces, y el ex viceprimer ministro y ministro de Relaciones Exteriores, Zlatko Lagumdzija. También asistió al encuentro el ex primer ministro holandés Wim Kok; su exministro de Defensa, Joris Voorhoeve, y el coronel Thom Karremans. En representación de la Secretaría General de la ONU asistieron Shashi Tharoor, mano derecha de Kofi Annan durante la guerra, y Zeid Al Hussein, alto comisionado de los Derechos Humanos de las Naciones Unidas, quien en los días de la guerra en Bosnia fue asesor de asuntos civiles de la ONU en la región.

Para mí resultó una experiencia muy especial, porque pude examinar documentos que hasta ese momento desconocía, y tuve la oportunidad de compartir mis opiniones con viejos colegas del Consejo de Seguridad, como los embajadores Hannay y Erdos, y hasta con el general Hayes, con quien había tenido serios desencuentros en Bosnia. Lamentablemente, faltaron al encuentro Kofi Annan, Boutros-Ghali y los generales franceses Janvier y Bertrand de La Presle. A mí me bastaba observar a Muhamed Durakovic, milagroso sobreviviente del genocidio de Srebrenica, presencia y testimonio que encarnaban la condena del pueblo bosnio a los culpables directos e indirectos de una tragedia que pudo no haber ocurrido.

Entre los documentos a los que tuvimos acceso esos días sobresalen dos, uno procedente de los archivos del TPIY, que recoge páginas del diario personal de Ratko Mladic, en las que el general reproduce el diálogo que sostuvo el 15 de mayo de 1995 con el oficial principal de asuntos civiles de la ONU en Sarajevo, el ruso Víctor Andreyev, sobre una posible intervención occidental y de la ONU en el conflicto. Notable y sorprendente conversación con Andreyev, quien le dice a Mladic: «Lo que usted debería hacer es, primero, no obstruir la asistencia humanitaria, y si lo hace todo irá como usted desea». Luego Andreyev, que dispone de información privilegiada y confidencial de las Naciones Unidas, le asegura a Mladic que las posibilidades de una intervención de fuerzas militares de Estados Unidos o de la OTAN son mínimas, porque, por una parte, los Estados Unidos y Europa no se ponen de acuerdo en este punto, y porque, por la otra, Rusia no lo permitirá. Agrega entonces: «Diego Arria aspira a ser presidente de su país, y por eso en nuestras reuniones se ha comportado de manera tan exageradamente desafiante, y tiene el respaldo de los países no alineados miembros del Consejo, que son los más radicales y lo que buscan es profundizar la guerra». Mladic también incluye en su diario recomendaciones del ruso, hasta el extremo de que termina diciéndole: «Víctor, tendré que nombrarte mi asesor, porque yo no soy bueno en política», a lo que Andreyev le responde: «No, general, usted es excelente político, usted es grande». Esta escandalosa relación entre el asesor político de las Naciones Unidas en Sarajevo con el llamado «Carnicero de los Balcanes» no me sorprendió demasiado, pues ese era el comportamiento habitual de la delegación rusa en el Consejo, pero nunca me imaginé que ese alto funcionario de la ONU llegaría a revelarle a Mladic, representante militar de una de las partes, la información confidencial que se tenía en las Naciones Unidas de las paralizantes contradicciones de Estados Unidos y Europa que dividían la alianza. Si el tribunal para la antigua Yugoslavia hubiera tenido entre sus funciones la posibilidad de juzgar a funcionarios de las Naciones Unidas, estoy seguro de que Víctor Andreyev habría sido formalmente acusado de alta traición.

El otro documento es el sorprendente informe confidencial que Urs Boegli, representante del Comité Internacional de la Cruz Roja en Sarajevo, les dirige a sus superiores en Ginebra, en abril de 1993, en el que afirma: «El embajador Arria ha criticado la estrategia y el liderazgo de la Unprofor en las negociaciones entre las partes, porque, según él, lo que se propone esa fuerza es desarmar unilateralmente a los militares musulmanes, un propósito que constituye una auténtica vergüenza». Luego sostiene, aunque sin recurrir a otra fuente más que a sus opiniones personales: «Somos conscientes de que con esas afirmaciones el embajador Arria solo pretende consolidar su posición en favor de una intervención militar internacional, y nos acusa de haber respaldado la decisión de no permitir que los representantes de medios de comunicación que nos acompañaban desde Nueva York ingresaran a Srebrenica para que no pudieran informar de lo que en verdad ocurría en ese enclave». Por último, Boegli me acusa de actuar y declarar durante nuestro viaje de inspección a Bosnia como si yo fuera el único representante del Consejo de Seguridad, sin mencionar en ningún momento al resto de los miembros de la delegación de embajadores del Consejo de Seguridad «para eclipsarlos, para monopolizar la atención de todos». Según Boegli, se trataba de un comportamiento que permitía comprobar de lo que yo era capaz de hacer en función de una supuesta pretensión personal de ser presidente de Venezuela. De ahí, concluye Boegli, que yo haya declarado que por culpa de la incompetencia de

Unprofor Srebrenica se había convertido en «una cárcel abierta, en un caso de genocidio en cámara lenta»: «Nos acusa de derramar lágrimas de cocodrilo por lo que solo eran las consecuencias de un "desborde poblacional"».

Se trata, por supuesto, de un juicio de valor inadmisible en un alto funcionario de una organización humanitaria de prestigio universal. Más inaceptable aún resulta saber que fue el general Hayes, jefe del Estado Mayor de Unprofor cuando Boegli redactó su informe contra el representante de una nación integrante de Naciones Unidas en el Consejo de Seguridad, quien le proporcionó a los organizadores de esta importante conferencia internacional sobre el genocidio de Srebrenica copia del informe confidencial de Boegli. Una circunstancia que pone de relieve otra de las muchas complicidades que hicieron posible encubrir crímenes de guerra que anticipaban claramente lo que terminaría ocurriendo en Srebrenica apenas dos años después. Especialmente, porque la fecha de este infame informe de Boegli coincide con la de la comunicación que Sadako Ogata, representante entonces de Acnur en Bosnia, le dirige a Boutros-Ghali advirtiéndole que era inminente una tragedia de grandes proporciones en Srebrenica. Y porque, muy inexplicablemente, fue el general Hayes, ex jefe del Estado Mayor de las fuerzas de paz en Bosnia, quien le entregó copia de ese informe a los organizadores de la conferencia. Otra pieza más en el proceso de complicidades que hizo posible encubrir la matanza y los intentos de ocultarla.

Al finalizar los tres días de reuniones, algunos periodistas se me acercaron. Querían conocer mi opinión acerca del resultado de aquellas reflexiones compartidas por un grupo importante de funcionarios civiles y militares que tuvimos algo que ver con la guerra en Bosnia y sobre el genocidio de Srebrenica como abominable desenlace del conflicto. Como es natural, me tomé mi tiempo para responder, y cuando lo hice fue para reconocer que, después de escuchar y participar en aquellas sesiones de análisis y meditación, lo que me parecía más relevante era la indiferencia general ante la tragedia, como si todos los presentes estuvieran de acuerdo en marcar distancia de la atrocidad y de su significado. Buen ejemplo de ese frío distanciamiento de la realidad nos la ofreció Shashi Tharoor, el funcionario más cercano a Kofi Annan cuando era subsecretario general de las operaciones de paz de las Naciones Unidas durante la guerra, quien hizo gala de la más olímpica indiferencia sobre lo sucedido. Habrá quien diga que precisamente en eso consiste la «diplomacia», y puede que no estén equivocados del todo, pero en una guerra como aquella, en la que la depuración étnica y los crímenes de lesa humanidad fueron parte esencial de la política que guiaba los pasos de una de las partes, resulta desatinado pasar por alto, con la excusa de la neutralidad, las dimensiones morales de la tragedia. A fin de cuentas, estos dos documentos contribuyen a demostrar que los musulmanes bosnios no solo se enfrentaban a invasores serbios y croatas, sino también a altos mandos militares y diplomáticos de las Naciones Unidas y, además, a importantes funcionarios de organismos como la Cruz Roja Internacional.

Las Madres de Srebrenica

Diez años después, en julio de 2005, regresé a Srebrenica para asistir a los actos convocados al cumplirse la primera década del genocidio. Y lo hice invitado por las «Madres de Srebrenica», un grupo de madres, esposas y hermanas de las víctimas que, desde 1995, promueven campañas permanentes para impedir que se olvide aquel crimen de lesa humanidad. Esa invitación fue para mí un gesto emocionante, porque solo invitaron a los pocos que habíamos sido solidarios con su causa desde el primer momento.

El acto principal de la jornada se celebró en las edificaciones que sirvieron de base del batallón canadiense de Unprofor destacado en Potocari, conservadas hasta el día de hoy tal como eran cuando se cometieron las atrocidades diez años antes. Nunca he olvidado el dolor que me produjo dirigirles la palabra a esposas, hermanas, madres de aquellos hombres y adolescentes asesinados en julio de 1995, muchas de ellas presentes cuando dos años antes les había dicho, con absoluta seriedad y convicción, que, en nombre del Consejo de Seguridad, «la cúpula política del mundo», les garantizaba la protección de las Naciones Unidas. Una promesa que no fue cumplida. ¿Cómo pudimos ser entonces tan tontos? Todavía escucho en el Consejo de Seguridad, al conmemorarse el vigésimo aniversario de la masacre en Srebrenica, el 8 julio de 2015, el lamento del príncipe Zeid Al Hussein, quien por aquellos días era alto comisionado de Derechos Humanos de las Naciones Unidas: «No tomamos las medidas correctoras para evitar futuras repeticiones del genocidio de Srebrenica».

Esta culpa de las Naciones Unidas incluyó impedir la difusión de videos y fotografías tomadas durante la guerra en Bosnia, y hasta destruirlas, como era el ejemplo que daba el Gobierno de Estados Unidos, que apenas permitió mostrar tres imágenes de las fosas comunes tomadas por sus satélites, pero, asombrosamente, solo lo hizo un mes después de tenerlas en su poder. Esta política del Gobierno norteamericano de no mostrar los crímenes cometidos en la guerra bosnia llegó al extremo de que en 2001 una corte federal de apelación de ese país prohibió divulgar material gráfico que documentara crímenes de guerra cometidos en Bosnia y solicitados judicialmente por la organización Students Against Genocide.

Hacia la paz en Bosnia

—Hace pocos días —anunció Alija Izetbegovic el 25 de octubre de aquel año 1995 durante su intervención en la Asamblea General de Naciones Unidas—, por iniciativa del Gobierno de Estados Unidos, comenzaron las negociaciones para ponerle fin a la guerra en Bosnia, que nosotros no iniciamos, y que tanto desea y necesita mi pueblo.

Esta información me hizo comprender que las imágenes divulgadas por la embajadora Albright ante el Consejo de Seguridad y el bombardeo de aviones de la OTAN el 31 de agosto contra las armas pesadas emplazadas por las tropas serbias alrededor de la sitiada Sarajevo como respuesta inmediata al despiadado ataque con granadas de morteros al mercado popular de Markala en el centro de la capital bosnia, formaban parte del plan estadounidense para presionar al presidente

Milosevic y obligarlo a sentarse a debatir un acuerdo real y duradero de paz en Bosnia. De ahí que ahora Izetbegovic expresara su regocijo porque «la comunidad internacional por fin comenzaba a hacer lo que debían haber hecho hace mucho, mucho tiempo».

En esa ocasión pude conversar largamente con el presidente Izetbegovic, quien me aseguró que solo el plan de paz propuesto por el Gobierno de Estados Unidos podía darle un giro decisivo al proceso que hasta entonces controlaban los gobiernos del Reino Unido y Francia, con tan funestas consecuencias. Luego de tomar esta decisión, el presidente Clinton designó jefe de su equipo negociador al diplomático de carrera Richard Holbrooke, y como su asesor principal al general Wesley Clark, jefe de estrategia del Estado Mayor Conjunto de las fuerzas armadas norteamericanas. Después convocó para el primero de noviembre a los presidentes Slobodan Milosevic, Franjo Tudjman y Alija Izetbegovic a reunirse con Holbrooke y Clark y no levantarse de la mesa hasta que los tres firmaran un acuerdo de paz. Así fue, y el 21 de noviembre Milosevic, Izetbegovic y Tudjman firmaron el acuerdo, que sería refrendado en un solemne acto protocolar celebrado en París el 14 de diciembre de ese año.

Con la firma de este Acuerdo de Dayton, la República de Bosnia y Herzegovina fue remplazada por un Estado compuesto de dos entidades independientes, la Federación Croata-Musulmana de Bosnia-Herzegovina y la República Srpska de los serbobosnios. Una división territorial que consolidó el sistema del apartheid en su versión serbia, impuesto a sangre y fuego, y que, en lugar de condenar a los agresores, los premió al legitimar la ilegal Srpska y, para más humillación, incluyó Srebrenica entre las zonas que, con el Acuerdo de Dayton, dejaron de ser parte de Bosnia y pasaron a integrarse a la desde entonces reconocida república independiente de los serbios. En los nuevos mapas aprobados por las tres partes del conflicto, a la nueva Federación de Bosnia y Herzegovina, integrada por bosnios musulmanes y croatas, aliados contra la Serbia de Milosevic en los últimos meses del conflicto, se le concedió control soberano sobre cincuenta y uno por ciento de su territorio original. A la Srpska, gobernada por criminales de la calaña de Radovan Karadzic como su presidente, y de Ratko Mladic como comandante de sus fuerzas armadas, quienes en la actualidad cumplen prisión perpetua en cárceles del Reino Unido y Holanda por su responsabilidad en los crímenes de lesa humanidad cometidos en Bosnia para crear lo que ahora es la legítima y soberana República Srpska, le adjudicaron el cuarenta y nueve por ciento restante.

En conversaciones privadas que he sostenido con altos funcionarios del Gobierno bosnio de entonces, supe que Slobodan Milosevic, además de representar los intereses de Belgrado, también había representado en Dayton al ausente Karadzic y, en nombre de ambos, amenazó a Richard Holbrooke días antes de la firma del acuerdo con retirarse de las negociaciones si Estados Unidos persistía en su rechazo a la creación de esa republiqueta serbia de la Srpska. Un chantaje que forzó al presidente Izetbegovic a ceder ante la presión serbia. Por último, aunque no por ello de menor importancia, Dayton y más tarde París le dieron a Milosevic escenario y oportunidad de presentarse ante el mundo como promotor de la paz en los Balcanes. Cuatro años más tarde, por ordenar repetir en Kosovo su exitosa agresión a Bosnia, la comunidad internacional tendría la oportunidad de ponerlo finalmente en su sitio y propiciar su derrocamiento, encarcelamiento y juicio en La Haya por sus crímenes de guerra.

En nuestra entrevista de octubre de 1995 en Nueva York, el presidente Izetbegovic me había dicho que las negociaciones de paz en Bosnia estaban a punto de iniciarse, esta vez en Dayton y a toda prisa para impedir la victoria militar bosnia sobre los agresores serbios gracias a que, desde julio, como reacción a la barbarie del genocidio de Srebrenica, varios países amigos venían proporcionándole a su gobierno suficiente armamento para darle un vuelco decisivo al rumbo de la guerra, y últimamente también Croacia le había ofrecido su apoyo para expulsar de Bosnia a sus enemigos serbios. No le discutí su argumento, pero estaba seguro de que esa eventual victoria militar de los musulmanes bosnios no sería aceptada por los gobiernos que participaban en las negociaciones de paz. Por otra parte, el optimismo de Izetbegovic me hizo recordar que el general Rasim Delic, comandante de su ejército durante mi visita a Sarajevo, me comentó que solo una guerra larga le permitiría al Gobierno legítimo de Bosnia recuperar los territorios ocupados a la fuerza por las armas de los invasores serbios. De ahí la urgencia del mediador Holbrooke de suscribir cualquier acuerdo con tal de ponerle fin a esa guerra, pues, en definitiva, para Estados Unidos también era preferible una Bosnia y Herzegovina fragmentada que una victoria militar de la Bosnia musulmana.

Hoy en día puede decirse que la comunidad internacional, al actuar de manera tan irresponsable durante casi cuatro años de guerra, prosiguió su marcha inexorable hacia lo que terminó por acordarse en Dayton. Una cruenta prolongación del conflicto en gran medida auspiciada por la redundante redacción y aprobación de innumerables e inútiles resoluciones del Consejo de Seguridad, pero el escándalo universal provocado por el genocidio de Srebrenica obligó —y para eludir riesgos mayores— a que se firmara en la base aérea de Dayton un precipitado y comprometido acuerdo de paz.

En todo caso, a punto de terminar los veintiún días que duró el encierro de Dayton, un nuevo obstáculo estuvo a punto de matar el acuerdo antes de nacer, porque, sin la menor duda, los términos de la paz que se pretendía alcanzar constituían un sacrificio muy duro para los bosnios musulmanes, hasta el extremo de que el presidente Izetbegovic lo calificó de «acuerdo injusto y amargo». A esta queja Holbrooke respondió con la infeliz frase: «Es un buen acuerdo y usted no tendrá una alternativa mejor». En esa tensa confrontación, intervino duramente el entonces secretario de Estado norteamericano Warren Christopher, quien, a pesar de ser hombre que se caracterizaba por no perder nunca la compostura, en esta ocasión alzó la voz para plantearle al presidente bosnio un dilema terminal: «Tiene usted una hora para decidirse. O firma o hemos llegado al final de este proceso», se levantó de su asiento y se marchó del salón donde estaban reunidos. Semejante intimidación resultó suficiente para que el presidente Izetbegovic firmara el acuerdo al día siguiente.

El desenlace del drama

El principal beneficiario del Acuerdo de Paz de Dayton fue el pueblo de Bosnia. Los términos del acuerdo y su texto definitivo fueron elaborados por funcionarios del Departamento de Estado norteamericano. Según el historiador estadounidense Derek Chollet en su libro The Road to the Dayton Accords, disponible en las redes sociales desde 2003, y con base en numerosos documentos desclasificados poco antes, Dayton fue fruto de un cambio radical en la política estadounidense sobre el asunto, pero también sobre la credibilidad de su liderazgo en la OTAN, creada por los vencedores inmediatamente después de la Segunda Guerra Mundial: «Durante los tres años y tantos que duró la guerra de Bosnia, la posición de los Estados Unidos ante esa situación fue no inmiscuirse en los esfuerzos que se hacían para ponerle fin al conflicto, y justificaba su pasividad en la confianza que le ofrecía la incipiente alianza política con sus socios europeos para resolver el problema por su cuenta. Sin embargo, la respuesta que hasta ese momento le había dado Europa al desafío que le presentaba Bosnia a la comunidad internacional fue de gran irresponsabilidad. La culpa de Washington no fue menor, hasta que el gobierno del presidente Bill Clinton, en busca de un rápido éxito en materia de política exterior, de la noche a la mañana convirtió la paz en Bosnia en su gran prioridad, objetivo que finalmente alcanzó en Dayton».

El estudio de Chollet es el análisis más completo que se conoce sobre cómo el gobierno de Clinton condujo su plan de paz para Bosnia hasta ponerle punto final en Dayton, aunque este proyecto representó para la comunidad internacional pagar un elevado precio; pero Chollet tampoco hace la más mínima crítica a las múltiples irregularidades que jalonaron ese proceso, como fue la cesión a Serbia y a Croacia de buena parte del territorio bosnio. Mucho menos, que la ocupación militar de más de media Bosnia por tropas regulares y paramilitares de Serbia y Croacia se sustentó en la aplicación de una espantosa política de «depuración étnica», el mismo sistema surafricano de discriminación racial condenado por todo el mundo, cuya más repugnante acción fue este asesinato en masa de más de ocho mil ciudadanos bosnios por la única razón de ser musulmanes.

En las reuniones realizadas en Dayton aquel mes de noviembre también participaron representantes de Francia, el Reino Unido, Alemania y Rusia, aunque su presencia fue meramente testimonial, pues todo el desarrollo de las negociaciones lo manejaron los negociadores norteamericanos. Tanto que la representante del Reino Unido, Pauline Neville-Jones, comentó con mucho malestar que los negociadores les informaban de los avances que hacían día a día, pero nunca les consultaron nada. Afortunadamente, agregaría yo. En todo caso, debemos recordar que lo pactado en Dayton afectó a casi tres millones y medio de bosnios musulmanes que aún viven en uno de los Estados más frágiles del mundo, sometidos a enormes dificultades económicas y a un auténtico estancamiento político, porque el Acuerdo de Dayton diseñó una estructura constitucional para la actual Federación Bosnia compleja e inoperante, con una Presidencia rotatoria de serbios, croatas y bosniacos, con cuotas de carácter étnico en las instituciones públicas y puertas distintas para ingresar a las escuelas según la etnia de cada alumno, complejidad a la que debemos sumar la presión constante de la República Srpska, que no renuncia a su pretensión de anexar la otra mitad del territorio bosnio y crear una Gran Serbia. Irónicamente, el Acuerdo de Dayton podría terminar siendo el camino para hacer realidad esa fantasía del dúo Milosevic-Karadzic, que a fin de cuentas fueron los ganadores con el acuerdo. No obstante, todas estas limitaciones, la comunidad internacional puede sentirse satisfecha de haber facilitado el fin de la guerra, aunque esa paz haya sido posible gracias al perfeccionamiento del apartheid en plena Europa.

EL PRINCIPIO DEL FIN
DE MILOSEVIC

De la misma manera que el genocidio de Srebrenica precipitó la firma de los Acuerdos de Dayton y el fin de la guerra de Bosnia, el recrudecimiento en 1999 de la agresión del gobierno de Slobodan Milosevic a la pequeña provincia de Kosovo provocó el derrocamiento de Milosevic, su encarcelamiento y, por último, su traslado, el 29 de junio de 2001, a la prisión holandesa de máxima seguridad de Scheveningen, en las afueras de La Haya, reservada para presuntos criminales a ser juzgados por el Tribunal Penal Internacional para la Antigua Yugoslavia.

La desenfrenada obsesión de Milosevic por crear una Gran Serbia a expensas de territorios pertenecientes a otras repúblicas balcánicas y gracias a las insuficiencias y complicidades de la comunidad internacional para impedirlo, me perseguía desde 1991, y entonces, en abril de 2003, con la sorpresiva llamada telefónica de la fiscal Del Ponte, había cobrado un ímpetu renovado, pues su invitación a incorporarme al juicio que se le seguía a Milosevic me permitía suponer que, finalmente, se materializaría mi compromiso con el pueblo bosnio que había asumido ante la ilegal agresión serbia que desencadenó una guerra cuya expresión más execrable fue el genocidio cometido por militares y paramilitares serbios entre los días 12 y 14 de julio de 1995 en Srebrenica y sus alrededores.

Mi primer viaje a La Haya

Al día siguiente de mi primer contacto telefónico con la fiscal Del Ponte, recibí una llamada de dos de sus principales colaboradores, el fiscal Geoffrey Nice, encargado de llevar adelante el juicio contra Milosevic, y Bretton Randall, inspector jefe de investigaciones del tribunal, para ponerme al tanto de lo que la Fiscalía esperaba de mí y avisarme que en los meses que faltaban para mi participación en el juicio ellos me orientarían en la tarea de preparar un testimonio escrito que, según las normas del tribunal, debía entregarles a los jueces, a la Fiscalía y a la defensa antes de comparecer ante ellos. En este caso, a la Fiscalía le interesaba, sobre todo, que yo me extendiera en detallar las numerosas señales que permitían anticipar, mucho antes de que ocurriera, la aterradora masacre de miles de civiles desarmados en Srebrenica, sin que la comunidad internacional hubiera actuado a tiempo para impedirla.

Durante los meses siguientes, con la ayuda de Randall, hombre de gran experiencia profesional, me dediqué al complejo trabajo de desenterrar de mi memoria y de mis archivos personales los materiales que necesitaría para estar a la altura de ese inmenso compromiso jurídico y moral que comportaba presentar evidencias que demostraran la responsabilidad que tuvo Milosevic al desencadenar una auténtica guerra de exterminio étnico en Bosnia.

Con el paso de las semanas, los consejos de Randall y el apoyo de los embajadores Jamsheed Marker de Pakistán y Roble Olhaye de Djibouti, ambos colegas míos en el Consejo de Seguridad, di por terminada la tarea de preparar mi testimonio sobre la conjura en la que participó un sector de la comunidad internacional en la misión serbia de deshacer la integridad territorial de una nación que apenas tres meses antes de que empezara esa guerra había sido admitida por la Asamblea General de la ONU como miembro pleno de la organización, y castigar a la mayor parte de los ciudadanos de esa joven república con la aplicación implacable de un sistema de brutal discriminación racial.

Finalmente, el viernes 19 de septiembre de 2003 viajé a La Haya, y, a pesar de la lluvia y del frío inclemente, no pude resistir la tentación de dirigirme esa misma noche al edificio sede del tribunal, una construcción sin ningún valor arquitectónico situada a un kilómetro del hotel, antigua base de una importante compañía holandesa de seguros. Era un escenario muy distinto al magnífico palacio donde a no mucha distancia funcionaba la Corte Internacional de Justicia, pero lo sugestivo del edificio no dependía de su aspecto físico, sino de la calidad de la justicia que se administrara en su interior, donde por primera vez desde los juicios de Núremberg y Tokio el mundo sería testigo de procesos judiciales que pondrían en evidencia a los principales responsables de terroríficos crímenes de lesa humanidad cometidos por un régimen en repúblicas vecinas en nombre de una supuesta política de Estado.

Le di varias vueltas al edificio, mal iluminado y discretamente custodiado por unos pocos agentes de seguridad, y por último me senté en un banco frente a su entrada principal. Me sentía sumamente orgulloso de haber sido uno de los promotores más activos de la creación de este tribunal. Y de pronto exclamé en voz alta: «¡Dios mío, no puedo creer que estoy aquí!». Tres días después, Slobodan Milosevic sería trasladado desde la prisión de Scheveningen y tendría la oportunidad de contribuir a hacerles justicia a centenares de miles de víctimas. No creía haber experimentado nunca una emoción tan fuerte, y esa misma noche, al regresar al hotel, les escribí la siguiente carta a mis tres hijas, Karina, Camila y Manuela:

«Hoy sentí una profunda satisfacción que quiero compartir con ustedes, pues muy pronto el ex jefe de Estado de la antigua Yugoslavia, preso en una cárcel muy cerca de aquí, será juzgado en este tribunal. Se trata del mismo personaje que durante muchos años se burló de la comunidad internacional que hoy lo procesa por criminal y genocida. Es, sin dudas, el destino que aguarda a estos verdaderos monstruos. El mundo se ha hecho muy pequeño para que puedan burlarse indefinidamente de sus víctimas. Siento que cuando mi país y las circunstancias me llevaron al Consejo de Seguridad no evadí la responsabilidad de defender los principios fundamentales de la humanidad. No podía haber sido de otra manera. No me hubiese perdonado que ustedes tres consideraran algún día que yo no había estado a la altura de ese compromiso con mi país y con el mundo. Les escribo esta nota porque siento que algo importante de lo que pueda dejarles a ustedes es haber sido parte muy activa de un proceso de tanta significación, sin renunciar a los principios, en el seno del principal organismo político del mundo: el Consejo de Seguridad de las Naciones Unidas».

A la mañana siguiente me reuní con el fiscal Geoffrey Nice y el inspector Bretton Randall, le dimos su forma definitiva a mi testimonio escrito y dos días después me encontré muy temprano en la mañana con la fiscal Del Ponte, quien lo primero que hizo al recibirme en su oficina, luego de agradecerme que hubiera aceptado ser parte de su equipo, fue decirme que tenía malas noticias que darme:

—Cuando el señor Milosevic supo que usted había llegado a La Haya y sería testigo de cargo en su juicio, se le subió tanto la tensión arterial que nos hemos visto obligados a posponer el proceso, y, como no sabemos cuándo podremos reanudarlo, me temo que tendrá que regresar a Nueva York hasta entonces. Lo deploro mucho.

A cambio de esta mala noticia, Del Ponte me propuso un encuentro con todo el personal del tribunal para que compartiera con ellos, informalmente, mi experiencia durante aquellos años de guerra en Bosnia, de modo que esa misma tarde me reuní con unos doscientos de sus funcionarios, a quienes, en primer lugar, les confesé que para mí había sido muy penoso ser parte de una comunidad internacional cuya actuación en el caso de Bosnia fue una lamentable mezcla de indiferencia, prejuicios raciales y culpas, circunstancias que hicieron posible aplicarle a un país independiente y soberano como Bosnia un sistema de discriminación basado en el apartheid. También les conté que en abril de 1993 me había reunido en el ayuntamiento de Srebrenica con una nutrida representación de su población, a la que de muy buena fe le anuncié, en nombre del Consejo de Seguridad, supuesta cumbre política del mundo, que contaban con la protección de las Naciones Unidas.

—No me queda más remedio que admitir —les confesé— que no les cumplimos. Por eso acepté ser testigo de cargo en el juicio contra Slobodan Milosevic. No para reparar nada, porque el daño causado por aquellos hechos es irreparable, pero sí como una mínima colaboración personal en el esfuerzo por condenar a los culpables de aquellos crímenes y contribuir a que no se repitan.

Al día siguiente, a la espera de que mejorara la salud de Milosevic, volví a Nueva York.

Nuevamente citado al juicio de Milosevic

Cuatro meses después de aquella frustrada visita a La Haya, había vuelto a ser citado por la fiscal Del Ponte a declarar como testigo de cargo en el juicio contra el exgobernante serbio el martes 10 de febrero de 2004, y regresé a Holanda el viernes 6 por la tarde. En el aeropuerto de Ámsterdam me recibió un funcionario de seguridad de las Naciones Unidas, asignado por el tribunal para conducirme a mi destino. Durante la media hora que duró el trayecto, consciente de lo que significaba el hecho de ser el único testigo en el juicio que había sido miembro del Consejo de Seguridad en tiempos de la agresión serbia a Bosnia, y de que once años antes había contribuido muy activamente a la creación de este tribunal que finalmente juzgaba a Milosevic, me sentí profundamente emocionado.

Se trataba, sin la menor duda, de un punto de inflexión histórico en el panorama del derecho penal internacional, porque por primera vez los culpables de crímenes de esa magnitud tendrían que responder no al juicio de las naciones que los habían derrotado, como había ocurrido después de la Segunda Guerra Mundial en Núremberg y Tokio, sino al clamor de sus víctimas, y nada, ni los intereses políticos ni por altas que fueran sus pasadas jerarquías, les permitirían escapar de las implacables manos de la justicia. Una oportunidad excepcional.

Durante el tiempo transcurrido desde el 12 de febrero de 2002, primer día del juicio a Milosevic, yo había seguido su desarrollo como si fuera una serie de televisión y, lamentablemente, había comprobado que Milosevic había logrado convertir el tribunal en el escenario de un espectáculo cuyo principal actor era él. Los jueces, los fiscales, los testigos y los representantes de los medios de comunicación solo teníamos la función de desempeñar el papel de figurantes encargados de adornar su protagonismo. El lenguaje corporal de Milosevic y el verdadero propósito de sus interminables intervenciones dejaban bien en claro la desmesurada dimensión de su ego y el desprecio que sentía por jueces, fiscales y testigos, así que llegué a La Haya con la convicción de que yo no representaría ese papel subalterno.

Por supuesto, Milosevic era dueño de un gran talento político, incluso para demorar indefinidamente el desarrollo del juicio y, en consecuencia, prolongar, también indefinidamente, su presencia en primer plano recurriendo a dos argucias legales. La primera, negar continuamente la legitimidad del tribunal, entre otras razones, porque, aseguraba, los cargos que se le atribuían, sobre todo los crímenes de lesa humanidad cometidos en Kosovo, solo tenían fundamentos políticos y perseguían el objetivo, igualmente político, de destruir su imagen y su legado. «Un océano de mentiras construido por Occidente», denunciaba cada dos por tres, que lo había obligado a organizar «una defensa heroica para enfrentar la agresión política y militar de la OTAN». En realidad, era una astuta maniobra para transformar el proceso judicial en un debate más o menos retórico, entre filosófico y literario, dirigido a sus partidarios en Serbia, que seguían todas las incidencias del juicio por televisión. La segunda, aprovechar su condición de hipertenso para ralentizar el desarrollo del proceso, como yo había podido comprobar meses antes, cuando el diferimiento del juicio por supuestas razones médicas me impidió declarar en la fecha prevista y me obligó a retornar a Nueva York. Ardides judiciales tan grotescos que el juez jamaiquino Patrick Robinson, presidente del tribunal, más de una vez le reclamó a Milosevic que su comportamiento como abogado defensor de sí mismo solo podía ser considerado de «petulante y pueril».

Idéntica visión a la que tenía la fiscal Del Ponte, quien en su libro La caccia relata que para reunirse por primera vez con

Milosevic había ordenado que lo llevaran a una sala vacía del edificio del tribunal. «Su arrogancia —señala Del Ponte— era en todo momento la de un auténtico capo di capi mafioso». Según ella, Milosevic ya no era el soberbio y autosuficiente gobernante que durante años se había cansado de engañar a diplomáticos y políticos de todo el mundo, pero seguía comportándose con una arrogancia que solo le servía entonces para repetir una sarta de quejas y protestas de niño malcriado. Un comportamiento tan insoportable que, a los pocos minutos de estar con él, Del Ponte se levantó bruscamente de su asiento: «Llévenselo», les ordenó a los funcionarios, y se marchó. Luego dijo que ni en esa ni en ninguna otra ocasión le estrechó la mano.

Los excesos serbios en Kosovo

Bretton Randall vino a recogerme al hotel a las ocho de la mañana del martes 10 de febrero. Deseaba que llegáramos temprano para tener tiempo de desayunar con el fiscal Nice, y al entrar en el edificio me condujo directamente a un puesto de control donde revisaron mi credencial de secretario general asistente de la ONU. Unos cincuenta metros más allá, en un segundo puesto de control, me entregaron un distintivo que me identificaba como testigo y que debía conservar visible mientras permaneciera dentro del edificio. Luego nos dirigimos a la cafetería donde ya nos esperaba el fiscal Nice, quien después, poco antes de las nueve de la mañana, guio mis pasos hasta una pequeña y mal iluminada sala de espera.

Me costaba hacerme a la idea de que dentro de nada tendría ante mí a Milosevic, formalmente acusado de haber cometido docenas de delitos, un hombre cuya conducta criminal había denunciado sin descanso durante los casi dos años que represento a Venezuela en el Consejo de Seguridad de las Naciones Unidas. Era el final de la turbia historia política de Milosevic, cuyo desenlace se había iniciado el 24 de marzo de 1999, cuando la OTAN, casi cuatro años después de la firma de los Acuerdos de Dayton, libre de las contaminaciones políticas y diplomáticas que desvirtuaron sus decisiones, bombardeó objetivos militares serbios situados alrededor de Belgrado. Fue la llamada Operación Fuerza Aliada, justificada por las autoridades de la alianza como acción de carácter humanitario para proteger a la población de Kosovo, pequeña provincia de la antigua Yugoslavia, de mayoría albanesa y musulmana, sometida desde hacía años a los excesos de las fuerzas militares del gobierno serbio presidido por Slobodan Milosevic.

Este conflicto había tenido su origen en 1989, cuando Milosevic le arrebató a Kosovo la autonomía que, como provincia socialista integrante de la República de Serbia, el mariscal Tito le había otorgado constitucionalmente al final de la Segunda Guerra Mundial. A partir de ese momento, la crisis kosovar se había agravado continuamente y, para ese año 1999, ya había causado más de catorce mil víctimas mortales y más de ochocientos mil refugiados, que habían buscado amparo en Albania y Macedonia para escapar de la misma y abominable política de depuración étnica y religiosa que Milosevic había aplicado exitosamente, y con total impunidad, en Bosnia y Herzegovina.

Días antes de aquel primer bombardeo de la OTAN, los gobiernos de Estados Unidos, el Reino Unido, Francia, Alemania y Rusia hicieron un último esfuerzo para evitar la acción militar y superar políticamente una situación que cada día se tornaba más explosiva. Para ello convocaron a las partes a una reunión en la ciudad francesa de Rambouillet. El encuentro se inició el 6 de febrero y finalizó dos semanas después. La delegación federal yugoslava estuvo encabezada por el presidente de Serbia, Milan Milutinovic, mientras que el presidente de la República Federal de Yugoslavia, Slobodan Milosevic, permanecía en Belgrado. La delegación de los separatistas de Kosovo estuvo presidida por Hasim Thaci, antiguo guerrillero del Ejército de Liberación de Kosovo y ahora primer ministro del gobierno interino de la provincia. La conferencia la dirigieron los ministros de Relaciones Exteriores británico y francés, Robin Cook y Hubert Védrine, a los que en ocasiones se sumaron Madeleine Albright, secretaria de Estado norteamericana, y Joschka Fischer, ministro de Relaciones Exteriores de Alemania.

El proyecto de acuerdo, que incluía la devolución a Kosovo de su autonomía, aunque con ciertas limitaciones, fue rechazado desde Belgrado por Milosevic, porque, según él, aceptarlo equivalía a crear otra república independiente de la Federación Yugoslava. En ese proyecto también se establecía la retirada de Kosovo de los militares y policías serbios y su sustitución por efectivos de la OTAN, como fuerza de estabilización que garantizara la paz. Como era de esperar, los delegados de Kosovo le dieron su respaldo a la propuesta, pero Milosevic y sus representantes en Rambouillet la rechazaron de plano.

Su experiencia en Bosnia seguramente le hizo pensar a Milosevic que la única consecuencia real de su negativa a firmar ese acuerdo apenas se traduciría en una serie de amenazas más o menos retóricas de la comunidad internacional. Grave error, porque no era sensato suponer que la OTAN, bajo la influencia decisiva de Estados Unidos, reaccionaría exactamente igual que el Consejo de Seguridad de las Naciones Unidas. En todo caso, este ataque aéreo le demostró a Milosevic que acababa de dar un fatal e irreversible paso en falso, pues las decisiones de esa alianza militar del Atlántico norte no dependían de las habituales componendas diplomáticas que condicionaban el funcionamiento de la ONU, circunstancia a la que de improviso se sumó Rusia, que, por intermedio de su presidente, Boris Yeltsin, respaldó sin la menor vacilación los bombardeos de la Operación Fuerza Aliada en Serbia.

La OTAN le pone fin a la impunidad serbia

A partir del 24 de marzo, y a lo largo de los cuatro meses que duró la Operación Fuerza Aliada de la OTAN, se emplearon casi mil aviones, pertenecientes a diez de los países miembros de la alianza, que hasta su conclusión, el 11 de junio, llevaron a cabo treinta y ocho mil misiones de combate contra objetivos militares serbios, tal como de manera tajante lo había advertido el presidente Bill Clinton el primer día de los bombardeos: «Si el presidente Milosevic no está dispuesto a hacer la paz, entonces nosotros vamos a limitar su capacidad para hacer la guerra». Una firmeza que setenta y ocho días después, el 9 de junio de 1999, obligó a Milosevic a rendirse y firmar el Tratado de Kumanovo, mediante el cual sus tropas abandonaron definitivamente Kosovo y cuarenta y cinco mil militares de la OTAN ingresaron en la provincia para garantizar la estabilidad y consolidación del nuevo Estado. Todo ello gracias a que la OTAN hizo lo que las Naciones Unidas no habían hecho en Bosnia y Herzegovina.

El 28 de junio de 1999, el ex secretario de Estado norteamericano Henry Kissinger le declaró al diario londinense Daily Telegraph que el proyecto de acuerdo discutido en Rambouillet, al incluir la exigencia a Serbia de admitir la presencia de tropas de la OTAN en su territorio, «fue una provocación y también un pretexto para iniciar los bombardeos a Serbia, porque era evidente que ese acuerdo no sería aceptado por ningún serbio».

Diez años más tarde, al reflexionar sobre su desempeño como fiscal jefe del tribunal para la antigua Yugoslavia, Carla del Ponte admitió que en un principio también había cuestionado la legalidad de los ataques de la OTAN, pero que los hechos terminaron por demostrarle que la rápida rendición de Milosevic en Kosovo en realidad había corroborado el fracaso de la diplomacia empleada en Bosnia para enfrentar situaciones que, a fin de cuentas, solo podían resolverse con firmeza y poder aéreo. Exactamente lo que sostuvo el historiador John Keegan al afirmar que Kosovo marcó un punto de inflexión en la historia de las grandes crisis internacionales, que se cerró el 17 de febrero de 2008, cuando ciento diez de los ciento noventa y dos Estados miembros de las Naciones Unidas reconocieron a esa antigua provincia yugoslava como nación independiente y la convirtieron en la séptima república balcánica, a la par de Serbia, Eslovenia, Croacia, Macedonia, Bosnia y Herzegovina y Montenegro. Pocos días más tarde, sin embargo, Vojislav Kostunica, expresidente de Serbia y en ese momento su primer ministro, preguntó en un discurso pronunciado en Belgrado ante una multitud enardecida: «¿Qué es Kosovo? ¿Alguien sabe dónde está Kosovo o a quién pertenece Kosovo? ¿Hay alguien entre nosotros que piense que Kosovo no nos pertenece? Pues sí, Kosovo le pertenece al pueblo serbio desde siempre, y así será por siempre».

Derrocamiento y encarcelamiento de Milosevic

Al producirse la agresión serbia a Kosovo, el tribunal en La Haya reaccionó inmediatamente. Tanto que el 27 de mayo de 1999, en plena guerra de la OTAN contra Serbia, acusó a Milosevic de haber cometido crímenes de guerra y de lesa humanidad. Serían los primeros de los muchos delitos que le imputarían por las decisiones que había tomado desde mayo de 1989, primero como jefe de Estado de la República Serbia, y después, a partir de 1997, como presidente de la Federación de Yugoslavia, hasta el 24 de septiembre del año 2000, cuando fue derrotado por Vojislav Kostunica en las elecciones de ese día, derrota que a pesar de haber sido por un margen muy amplio nunca reconoció Milosevic. Ni siquiera lo hizo después del 5 de octubre, cuando, por negarse a aceptarla, fue derrocado por un masivo movimiento popular de desobediencia civil no violenta liderado por la organización Otpor, que había nacido en los centros universitarios del país.

Cinco meses más tarde, el 31 de marzo de 2001, el TPIY le exigió al nuevo Gobierno serbio que le entregara a Milosevic, pero este se resistió encerrándose en su casa de Belgrado, curiosamente llamada Villa Pacífico, y amenazó con que si la fuerza policial que rodeaba su residencia insistía en hacerlo preso para entregarlo al tribunal de La Haya, él mataría a su mujer y a su hija y se suicidaría. Los nuevos gobernantes serbios conocían la trágica historia familiar de Milosevic, su padre, su madre y un tío se habían suicidado, y temían que Milosevic cumpliera su ultimátum, circunstancia que los indujo a proponerle entregarse a cambio de no ser puesto en manos del tribunal de La Haya, donde sin duda sería condenado a cadena perpetua, sino ser procesado en Belgrado. Durante los dos meses siguientes quedó bajo la custodia de las nuevas autoridades serbias. El primer ministro Zoran Djindjic era partidario de entregarlo, mientras que el presidente Kostunica, a pesar de ser profesor de Derecho constitucional en la Universidad de Belgrado, sostenía la tesis equivocada de que la extradición era ilegal porque no se le entregaba a otro país, sino a un órgano de la Naciones Unidas, como era el tribunal. Se inició entonces un debate judicial en el seno de la Administración, pero bajo la presión del Gobierno de Estados Unidos, que le advirtió al serbio que si en un plazo de dos meses no entregaban a Milosevic no se le levantarían las sanciones financieras vigentes desde 1992, el primer ministro Djindjic ordenó trasladarlo a La Haya el 26 de junio, en una operación tan secreta que incluso el presidente Kostunica se enteró de la noticia por la radio. Por cierto, esa fecha no fue casualmente seleccionada por Djindjic, pues ese es el día de San Vito, la fiesta más importante del candelario litúrgico serbio. Seguramente quería una doble celebración.

Milosevic ingresa a prisión

El juicio a Milosevic comenzó ocho meses después de su llegada a La Haya. No fue una tarea fácil. Muchas personalidades, como el embajador Holbrooke, por ejemplo, que desde los tiempos de las negociaciones en Dayton sostenía que Milosevic era un líder con quien Estados Unidos siempre podría razonar y negociar, le facilitaron argumentos a Milosevic para tratar de eludir su obligación de responder por los múltiples cargos que le imputaba la fiscal Del Ponte, como señaló Hubert Vedrine, ministro francés de Relaciones Exteriores, quien, según relata la propia Del Ponte en su libro Confrontations with Humanity's Worst Criminals and the Culture of Impunity (publicado originalmente en 2008 por Feltrinelli Editore con el título La Caccia, en español La caza: Yo y los criminales de guerra), insistió hasta el último momento en que Milosevic fuera juzgado en Belgrado, porque de otro modo el país se desestabilizaría. Había otras personalidades, como el general Colin Powell, entonces secretario de Estado norteamericano, y el primer ministro serbio Djindjic, que no se dejaron seducir por los supuestos encantos de Milosevic e hicieron posible su entrega.

Mientras aguardaba a que me condujeran a la sala del tribunal, sentí un gran júbilo personal, porque, como quiera que fuera, aquel hombre que poco más de diez años antes, el 19 de noviembre de 1988, había logrado reunir en Kosovo a un millón de personas en apoyo a su pretensión de arrebatarle su autonomía a la provincia, la mayor concentración humana realizada en los Balcanes desde el día de su liberación de los nazis en 1945, había sido derrotado democráticamente por su pueblo y estaba ahora sometido a la justicia internacional. Un hecho excepcional, pues, a pesar de haber sido jefe de Estado y de Gobierno de su país durante tantos años, había acumulado un extenso prontuario criminal, que incluía delitos de genocidio y otros crímenes de lesa humanidad, pero finalmente había sido trasladado a la cárcel de Holanda, en un helicóptero de la OTAN, acusado de ser el principal responsable de muy viles acciones cometidas por sus subordinados en Kosovo, Croacia y Bosnia y Herzegovina. Fue el primer jefe de Estado y de Gobierno en ser internado en una prisión simplemente como un preso más, identificado con un número, en su caso el 39, y en ser juzgado por un tribunal penal internacional.

Durante los cuatro meses que había esperado en Nueva York la nueva citación para regresar a La Haya y declarar en el juicio, Milosevic había seguido explotando en su defensa el viejo tema de la victimización. Y había profundizado su interpretación de héroe nacionalista humillado por el poder imperial de Estados Unidos. Con la ventaja para él de que este tribunal no podía condenar a ningún acusado a la pena de muerte, como sí había ocurrido en los juicios de Núremberg y Tokio. Quizá este detalle contribuyó a que tres años después el Alto Tribunal Penal de Irak, para evitar el espectáculo que ofreció Milosevic en La Haya, enjuició a Hussein en Irak y pudo condenarlo el 5 de noviembre de 2006 a la horca.

La fiscal Carla del Ponte acusa

El primer día del juicio a Milosevic, el 12 de febrero de 2002, la fiscal Del Ponte abrió el proceso con una intervención en la que sostuvo: «La ley no es un concepto abstracto, sino un instrumento vivo encargado de proteger nuestros valores y regular el orden de la sociedad civilizada. Hoy, como fiscal jefe del tribunal, presento ante ustedes al acusado Slobodan Milosevic, imputado por la comunidad internacional. El juicio que comienza hoy servirá para evocar el terrible destino que corrieron millones de croatas, bosnios y albaneses víctimas de Milosevic. Este tribunal escribirá solo un capítulo de esa tragedia, el más desgarrador, pero también servirá de advertencia ejemplar a otros posibles candidatos a caer en la tentación de cometer violaciones del derecho internacional humanitario».

Milosevic hizo su primera intervención dos días después, el 14 de febrero. Afirmó entonces que desconocía la legalidad del tribunal: «Porque no fue creado con base en ninguna ley, sino por decisión del Consejo de Seguridad, que no tiene competencia para juzgarme».

Abogado de profesión, aunque nunca ejerció, había sido autorizado por el tribunal a ser su propio defensor, pero no revelaba que contaba en Belgrado con un equipo de abogados de toda su confianza. Sin duda, entre todos habían acordado la estrategia de no responder directamente a los cargos en su contra, sino aprovechar que el proceso era televisado en Serbia para divulgar mensajes políticos suyos, culpar a sus acusadores de manipular la realidad políticamente y usar el juicio como instrumento para jactarse de ser el gran pacificador de los Balcanes traicionado por quienes habían sido sus aliados en la comunidad internacional. Y así, cada vez que comparecía ante el tribunal, Milosevic, que entonces tenía sesenta y dos años de edad y padecía de una «presión arterial peligrosamente alta», hacía ver que corría peligro de sufrir un infarto en cualquier momento. Con ese pretexto cancelaba con frecuencia sus comparecencias en el tribunal y, cuando asistía, pronunciaba interminables peroratas, siempre de carácter político, dirigidas a su público en Serbia. Milosevic, y de eso yo tenía plena conciencia desde antes de viajar a La Haya, sabía perfectamente bien que desde un punto de vista estrictamente jurídico no podría desmontar los argumentos de la Fiscalía, y empleó a fondo su gran experiencia política para manipular la información sobre el desarrollo del juicio en los medios de comunicación serbios.

Por fin me enfrento a Milosevic

Exactamente a las nueve en punto de la mañana de ese martes 10 de febrero de 2004, una ujier y dos agentes de seguridad de la ONU vinieron a recogerme a la pequeña habitación donde me habían aislado media hora antes y me condujeron por un corto pasillo hasta una escalera de diez escalones que desembocaba en el salón donde se celebraba el juicio.

Uno de los funcionarios que me acompañaban me había hecho pasar por una puerta lateral reservada para los testigos y, nada más entrar, me detuve unos segundos para recorrer con la mirada el escenario. Vi al lado izquierdo una «pared» de grueso vidrio blindado detrás de la cual se encontraban sentados en unas sillas de color azul un centenar de periodistas y público en general. A mi derecha, en primer plano, estaba la mesa de los fiscales y sus asistentes. Frente a mi puesto de testigo, que estaba delante de la pared de vidrio, se ubicaban los jueces en un estrado a un nivel ligeramente superior. A mi izquierda, en el «banquillo de los acusados» y custodiado por un par de agentes de la ONU, estaba Milosevic, vestido de traje azul marino y corbata roja, atuendo habitual de los jerarcas políticos de Serbia, quien me miraba a los ojos, su prominente mandíbula alzada exageradamente, en ostensible imitación del desafiante gesto con que Mussolini solía enfrentarse al mundo. Gesto ridículo que me dio la impresión de que Milosevic lo había ensayado mil veces delante de un espejo, porque a fin de cuentas lo único que le importaba en aquel momento crucial de su vida era la imagen suya que registraran los fotógrafos y las cámaras de televisión.

Durante unos segundos, Milosevic y yo nos observamos atentamente. Yo tenía la satisfacción de haber sido uno de sus más severos críticos, pero ahora lo veía con otros ojos. Habían pasado diez años y eso hizo que en un primer momento no entendiera por qué Milosevic me miraba con una expresión de injustificada satisfacción. Una impresión que me llevó a preguntarme si con esa mirada Milosevic expresaba su secreta convicción de que la comunidad internacional no llegaría a condenarlo ni a sentar un decisivo precedente que facilitara en el futuro acciones capaces de disuadir a tiempo la repetición de aquellas atrocidades. En todo caso, durante esos primeros momentos Milosevic exhibía una gran frialdad y se mostraba distante de la realidad del juicio.

Esta actitud me hizo muy cuesta arriba el deseo de interpretar cabalmente su talante. Diplomáticos amigos que lo habían tratado me habían prevenido, pero presentí que más allá de su muy calculada frialdad había mucho de indiferencia y hasta de desprecio por los demás. Después, a medida que pasaban los minutos y las horas, fui sintiendo que el león no era tan fiero como él pretendía. Sin duda, porque después de haber vivido una carrera política exitosa en su país y en sus relaciones con la comunidad internacional, tenía sobradas razones para creer que, incluso ante la grave situación que ahora afrontaba, estaba por encima de todo y de todos. Al menos, me dio la impresión de que a mí no me tenía en cuenta. En realidad, era como si no tuviera en cuenta a nadie. Razón, por lo tanto, por la que tampoco le importaba lo que yo o cualquiera respondiera a sus palabras. Lo único que de veras parecía importarle era repetir hasta el cansancio sus argumentos, una serie de consignas políticas convertidas en juicios de valor. Y eso era lo que le había visto hacer en innumerables ocasiones gracias a las imágenes de la televisión: aprovechar la condición de actuar como abogado defensor de sí mismo para ser él quien iniciaba los «diálogos» que sostenía con los testigos, jueces y fiscales, y para transmitirle a su gente en Serbia, con su actitud en todo momento desafiante, que a pesar de las circunstancias seguía siendo el líder invencible que había sido. Aunque a veces, cuando lo miraba de soslayo mientras me escuchaba, creía percibir que se concentraba a fondo para entender bien lo que le decía.

Por otra parte, a medida que pasaba el tiempo, quizá porque, aunque su intención fuera presentarse como un personaje que no ha perdido su poder de antaño, no pude sino verlo como lo que realmente era, un hombre cargado de penas que nada tenía que ver con lo que había sido. Por fortuna, tras esa máscara de falsa superioridad, yo veía los horrores que había visto en

Sarajevo, en Ahmici, en Srebrenica; revivía aquellas imágenes de hechos que jamás debían haber ocurrido, y solo lamentaba que otros criminales, Karadzic, por ejemplo, o Mladic, no estuvieran todavía sentados en ese banquillo de los acusados junto a Milosevic, su particular patrón del mal. Y que junto a ellos también se sentaran, por su grado de complicidad e indiferencia en la comisión de esos crímenes abominables, algunos importantes representantes de la comunidad internacional.

Hace poco llamé a Londres al fiscal sir Geoffrey Nice, quien al responder mis preguntas sobre el juicio y sobre el comportamiento de Milosevic me dijo que en su opinión esa actitud de indiferencia y distanciamiento que mostraba Milosevic era en verdad el resultado del esfuerzo que hacía por simular una fortaleza casi épica, con el propósito de que sus compatriotas no lo vieran ni escucharan como un ídolo derrumbado y humillado por sus adversarios, condenado a pasar los últimos días y noches de su vida encerrado en una celda holandesa.

Quizá por eso, antes de dirigirme a mi sitio, sin dejar de mirarlo, le hice a Milosevic una leve inclinación de cabeza para transmitirle mi convicción de que sí, claro que valía la pena haber viajado a La Haya y hacer todo lo que estuviera a mi alcance para contribuir a que por fin se les hiciera justicia a los centenares de miles de víctimas causadas por su delirante obsesión de crear una «gran» Serbia, imperial y ultranacionalista.

Mientras ocupaba mi sitio, de espaldas al público y de frente a la mesa de los jueces, a unos doce o catorce metros de mi puesto, también me sentí feliz porque ya contábamos con un tribunal penal de carácter internacional que, de manera independiente, podía establecer la responsabilidad individual de quienes habían participado en la ejecución de acciones criminales contra civiles desarmados, bajo el amparo que les otorgaba el perverso privilegio de una impunidad fruto de un poder ejercido sin mecanismo alguno de control. Una impunidad que, como había ocurrido en Bosnia, contaba con la complicidad automática de los negociadores internacionales, mucho más inclinados a llegar a algún acuerdo entre las partes que a hacer justicia. Una deformación de principios éticos irrenunciables que hacía factible el imperio del mal, como lo había logrado el nazismo, y que en nuestro caso nos remitía a crímenes de lesa humanidad, auténticos actos de terrorismo cometidos por autoridades militares y civiles del gobierno de Milosevic en Croacia, en Bosnia y luego en Kosovo.

Al mirar discretamente a mi alrededor pude ver que el salón, al igual que la fachada del edificio, carecía de adornos meramente decorativos que valiese la pena destacar. Un escenario muy-diferente del que nos tienen acostumbrados el cine y la televisión, cuando convierten las peripecias judiciales en espectáculo de masas. Diferencia que, por otra parte, le imprimía a este espacio casi monacal un alto grado de majestad, que se ajustaba perfectamente a la trascendencia de lo que allí se debatía y denunciaba. Sin elementos que distrajeran la atención de nadie. Como reseñaría la escritora croata Slavenka Drakulic después de asistir a varias sesiones del juicio, lo majestuoso del lugar era lo que le imprimía peso a lo que allí se procesaba. Y a ello contribuía el austero espacio, y le facilitaba a la comunidad internacional estar a la altura de su obligación moral de condenar a los culpables de violar los derechos humanos de civiles cuya única culpa era ser diferentes.

De estas reflexiones me apartó de pronto un funcionario del tribunal para darme el equipo de traducción simultánea a los tres idiomas que se hablaban en la corte, el serbio, el croata y el bosnio. Milosevic, en su papel de defensor de sí mismo, me interrogaría en serbio. Los jueces, en cambio, hablarían en inglés. Por el momento, el silencio, el más absoluto silencio, reinaba en el salón. Hasta que la misma ujier que me había conducido a la sala reapareció por otra puerta lateral y nos pidió, en inglés y en francés, ponernos de pie, mientras los jueces Patrick Robinson, de Jamaica, y O-Gon Kown, de Corea del Sur, ambos vestidos de togas negras con bandas rojas en los hombros y una suerte de bufandas blancas al cuello, ingresaban a la sala y ocupaban sus asientos. Luego, el juez Robinson le dio la palabra a Geoffrey Nice, el fiscal principal del caso.

El fiscal Nice toma la palabra

Lo primero que hizo Nice al dirigirse ese día a todos los presentes fue darme a conocer como su testigo de aquella jornada:

—Se trata —dijo— de Diego Enrique Arria Salicetti, venezolano, quien ha sido embajador y representante permanente de Venezuela ante las Naciones Unidas en 1991, 1992 y 1993, gobernador de Caracas y actualmente es secretario general adjunto de la ONU y asesor especial de Kofi Annan, su secretario general.

El juez Robinson me hizo entonces la pregunta usual en estos casos: «¿Jura usted solemnemente decir la verdad, toda la verdad y nada más que la verdad?».

—Lo juro —respondí.

Inmediatamente después, el fiscal Nice informó que él les había entregado a los jueces y a la defensa las sesenta y cuatro páginas del testimonio escrito en el que resumía lo que iba a declarar en esa vista del juicio, se volvió lentamente hacia mí y me preguntó si yo reiteraba todas las denuncias que había formulado en ese documento.

—Por supuesto que sí —respondí con firmeza, y él me recordó que en mi testimonio yo afirmaba y denunciaba a los gobiernos de los principales países de la comunidad internacional de haber ocultado informaciones de mucha importancia sobre sucesos tan execrables como el genocidio de Srebrenica, y que los criticaba duramente por no haber tomado a tiempo medidas que podrían haber frenado la política de limpieza étnica aplicada despiadadamente por las autoridades civiles y militares serbobosnias que actuaban en Bosnia con apoyo de Belgrado con la finalidad de facilitar la apropiación ilegal de buena parte del territorio de la república independiente de Bosnia. También me recordó que yo destacaba en mi testimonio escrito que el apaciguamiento como política del Consejo de Seguridad y la Secretaría General de la ONU había propiciado un clima de impunidad tal que hizo posible que se llevara a cabo incluso un genocidio en cámara lenta en Srebrenica y sus alrededores, como yo denuncié desde esa misma ciudad el 26 de abril de 1993, cuyo desenlace, dos años después, fue la masacre de más de ocho mil hombres y adolescentes varones bosnios musulmanes.

No esperé a que el fiscal continuara y le agregué a su comentario que deseaba dejar constancia de que reiteraba todas las denuncias que él acababa de resumir, así como todos los puntos, sin excepción, que incluía en mi testimonio escrito: «Denuncias que fundamento en mis intervenciones formuladas hace más de diez años en el seno del Consejo de Seguridad de la ONU. También deseo aclarar que, cuando me refiero en mi testimonio a la existencia de una infame cultura de impunidad, advierto que fue creada por los funcionarios de la Secretaría General y de los gobiernos de los más poderosos países miembros del Consejo de Seguridad, adoptada como política oficial de las Naciones Unidas, tal como quedó demostrado con el incalificable encubrimiento del asesinato de Hakija Turajlic, primer viceministro de Economía bosnio, cometido el 8 de enero de 1993 por soldados serbios mientras Turajlic se encontraba custodiado por un destacamento de cascos azules franceses».

Cuando le correspondió a Milosevic su turno como abogado defensor de sí mismo, no perdió un segundo en formalidades.

—Como usted sabe —dijo, para exponer una vez más su tesis sobre el origen de los conflictos en Bosnia—, esta desafortunada guerra fue provocada por la prematura fragmentación de la antigua Federación Socialista de Yugoslavia y la creación de pequeñas repúblicas independientes. ¿Está usted de acuerdo?

—Sí, señorías —respondí, a sabiendas de que esa y sus próximas preguntas aspiraban a recibir un simple sí o un simple no como respuesta, táctica empleada por los abogados litigantes para impedir que los testigos amplíen sus argumentos. Por eso, en lugar de responderle directamente a él, me di media vuelta para mirar a los jueces de frente y decirles—: como sostengo en mi testimonio, quiero dejar bien en claro que mi país siempre fue partidario de preservar la integridad de Yugoslavia, y eso hicimos hasta el día que en Belgrado se dejó de respetar la política federativa que Josep Broz Tito había promovido. La guerra se desató en Bosnia, como antes había ocurrido en Eslovenia y Croacia, por decisión del acusado, quien nunca ha sido ni la sombra del mariscal Tito, tal como demostró al iniciar las llamadas guerras yugoslavas desde finales de 1991, incluido el prolongado y brutal bombardeo de Duvrovnik, a pesar de que esa ciudad era y es parte de la república independiente de Croacia, y a pesar de haber sido declarada patrimonio histórico de la humanidad por la Unesco. Por último, también deseo aclarar que en ninguna de mis denuncias y acusaciones me he referido al pueblo yugoslavo en su conjunto, porque no se le puede culpar colectivamente por las prácticas criminales promovidas por el gobierno que presidía el acusado.

Desde el primer día del juicio, Milosevic insistía en señalar que los conflictos bélicos que habían azotado a la antigua Yugoslavia en realidad eran parte de una guerra civil como resultado del desmembramiento de la vieja federación, argumento que yo rechacé desde el principio y que entonces refuté sin vacilación, porque, como señalé, de haber sido esa la razón de aquellas guerras, Serbia jamás hubiera sido sancionada por el Consejo de Seguridad, ni denunciada nunca en más de cincuenta resoluciones aprobadas por ese organismo: «Las guerras yugoslavas, señorías —insistí—, no fueron consecuencia de conflictos internos, sino de una auténtica guerra de agresión iniciada por el acusado con la finalidad de aplicar en las repúblicas vecinas una inadmisible política de limpieza étnica y anexar a Serbia extensas porciones de las otras repúblicas que habían integrado la antigua Yugoslavia y que luego, una a una, habían proclamado su derecho de ser independientes. Lo repito: por esa razón, por haber desatado esas guerras y sus terribles consecuencias es que el acusado está siendo juzgado aquí».

Milosevic, de nuevo, recurrió a su ya muy gastada falsa interpretación de la historia, y el juez Robinson lo interrumpió.

—Basta, señor Milosevic —le reclamó—. Ya le he advertido en varias ocasiones que no insista en este punto, pues es a nosotros, no a usted, a quien le corresponde definir la verdadera naturaleza de esas guerras.

Yo no dejé pasar esta oportunidad y argüí que Milosevic empleaba una estrategia doble. Por una parte, promovía interminables discusiones que nada tenían que ver con los hechos que se le atribuían y, por otra, trataba de llevar el juicio a un terreno exclusivamente político. Hasta ese momento, su estrategia le había permitido retrasar durante años la intervención de la comunidad internacional en el conflicto de Kosovo, pero los desmanes cometidos por sus tropas en esa provincia terminaron por rebasar la paciencia de Estados Unidos y Europa, que en esta ocasión no acudieron a las Naciones Unidas en busca de acciones, sino a la OTAN.

—Gracias a esa afortunada decisión —añadí entonces—, hoy tenemos aquí al señor Milosevic, repudiado por su propia gente, que lo hizo preso y lo ha enviado a La Haya para que sea juzgado por un tribunal internacional. Y debo confesar que, al igual que tantos de nosotros que esperábamos con ansiedad y urgencia que algún día sucediera esto, al saber que la población de Serbia, harta de sus excesos, lo había derrocado, sentí un gran alivio, una enorme satisfacción. Ahora estoy seguro de que, tal como ha ocurrido con el acusado, otros criminales de guerra, todavía fugitivos de la justicia, pronto estarán aquí.

De inmediato, Milosevic pasó al contrataque. En primer lugar, denunció que las autoridades bosnias habían contratado a consultores de relaciones públicas estadounidenses para falsear la realidad. Después, que mi presencia en el juicio como testigo de cargo era parte de esa estratagema.

No le dejé continuar.

—Estoy aquí, señorías —lo interrumpí, y le di de nuevo la espalda para dirigirme a los jueces—, para asistir a la Fiscalía con el único propósito de que las atrocidades y los crímenes cometidos por órdenes o con el respaldo del acusado no queden impunes. Solo por eso acepté participar en este juicio como testigo de cargo.

En ese punto intervino el fiscal Nice, quien me pidió que aclarara para todos qué efectos reales habían producido las múltiples resoluciones del Consejo de Seguridad sobre la responsabilidad de Serbia y de Milosevic en el estallido y desarrollo de la guerra en Bosnia, y yo le contesté que muy poca.

—Definitivamente, esas resoluciones siempre dejaban bien en claro que las Naciones Unidas, si bien condenaban la agresión serbia a Bosnia, jamás emprenderían acciones de fuerza para frenarlas, razón por la cual Belgrado continuó tranquilamente sus ataques a esa nación que ya era reconocida por la comunidad internacional como Estado independiente y soberano —sostuve.

Nada impidió, sin embargo, que Milosevic, tal como yo había previsto, usara mi presencia en el tribunal para repetir, una y otra vez, su versión heroica y ultranacionalista de lo ocurrido, sin perder en ningún momento la calma, excepto cuando lo comparé muy negativamente con el mariscal Tito. Solo en esa ocasión a Milosevic medio se le descompuso la expresión, pero rápidamente recuperó la compostura. Lo cierto es que, aunque siempre me habló con desenfado y aires de gran suficiencia, en papel de típico y vulgar perdonavidas, en ningún momento, de las seis horas que duró mi declaración como testigo, se dirigió a mí con agresividad. Se comportaba como un perfecto psicópata, convencido de su inocencia, pero también de que no valía la pena intentar defenderse de acusaciones específicas porque resultaba imposible desactivar «la conspiración internacional en su contra». De ahí que sus intervenciones se limitaban a tratar de desacreditar mi testimonio y hacerme perder la paciencia repitiéndome preguntas que no eran tales, sino pomposas declaraciones políticas, que yo, por supuesto, ignoraba. Lo que sí hice finalmente fue solicitar que los jueces le indicaran a Milosevic «hacerle preguntas al testigo y no declaraciones políticas sobre las que, como testigo, nada tiene que decir», pero Milosevic no les hizo el menor caso. Y continuó en su empeño de generar conmigo un debate político ajeno por completo a la materia del juicio, con la pretensión de transmitirle a su devota audiencia, que seguía por televisión desde Serbia todas las peripecias del juicio, sus mensajes políticos.

Reproducir aquellas seis horas de preguntas y respuestas darían para un extenso y aburrido libro, así que me he tomado la libertad de resumirlas y reajustar el orden de nuestras intervenciones, tal como se recogen en la documentación oficial del juicio.

Resumen de mi confrontación con Milosevic

Con la finalidad de no dejarme arrastrar por la estrategia de Milosevic, había decidido presentarles a los jueces un resumen de las manipulaciones que convirtieron las acciones del Consejo de Seguridad en el caso Bosnia en una persistente negación de la realidad, a pesar de que todos sabíamos lo que en verdad ocurría allí. De manera especial, desde que regresamos de nuestro viaje de inspección al teatro de la guerra y le entregamos al Consejo un pormenorizado informe de lo que vimos en Bosnia. Se trataba, insistí, de una contradicción artificialmente generada, porque desde que estalló el conflicto algunos miembros permanentes del Consejo, en especial los del Reino Unido y Francia, temían la constitución de un Estado con población de mayoría musulmana en el centro de Europa, lo que consideraban un peligro inadmisible para los intereses políticos de la región. Incluso prefirieron olvidar que Sarajevo había sido la capital más ecuménica y multiétnica de Europa, y falsamente decidieron atribuirle la culpa del conflicto a un supuesto y antiquísimo enfrentamiento entre cristianos y musulmanes.

Los países del MNOAL que éramos miembros del Consejo de Seguridad veíamos alarmados cómo se aplicaba en Bosnia una política diametralmente opuesta a la adoptada poco antes en el caso de la invasión de Irak a Kuwait. Al margen de las dimensiones políticas y humanas que las diferenciaban, lo cierto es, destaqué en mi intervención, que Bosnia era tan víctima de una agresión militar de Serbia, como Kuwait lo había sido con la invasión militar iraquí. Lo único que las diferenciaba era que Bosnia no producía petróleo y, por lo tanto, su guerra nunca fue una prioridad para la comunidad internacional. Esta situación llevó al Gobierno bosnio a denunciar al Estado serbio ante la Corte Internacional de Justicia, CIJ, por su responsabilidad en el genocidio en Bosnia.

314

En mi testimonio escrito y en ese momento en el tribunal, recordé que el 8 de abril de 1993 la CIJ ordenó, con el voto favorable de todos sus magistrados, que el Gobierno de la República Federativa de Yugoslavia tomara de inmediato «las medidas a su alcance para evitar la comisión del crímenes contra el pueblo de Bosnia y Herzegovina, incluidos, entre otros, el asesinato, las ejecuciones sumarias, las torturas, las violaciones, la llamada limpieza étnica, el bombardeo de centros de población civil y el internamiento de civiles en campos de concentración».

Milosevic me respondió retador.

—Señor Arria. ¿No es verdad que usted ha citado solo una parte de la decisión de la Corte Internacional de Justicia? ¿Niega usted haber mencionado la versión amañada sobre el conflicto que divulgó el Gobierno de Bosnia como si fuera el fallo de esa Corte, con la parcializada intención de dañar la posición de Serbia?

Dirigiéndome de nuevo a los jueces, recalqué que con ese fallo la máxima instancia judicial de las Naciones Unidas se había pronunciado por primera vez en su historia sobre un caso de lo que yo había calificado de genocidio en cámara lenta, y lo había hecho basándose en las múltiples evidencias que se le presentaron. Luego añadí que, en efecto, solo me había referido a una parte de la decisión: «Pero, señorías, si ustedes lo consideran necesario, podemos tomarnos unos minutos para leer la totalidad de esa sentencia».

En ese momento volvió a intervenir el juez Robinson para preguntarle a Milosevic si él se refería a que el párrafo ciento setenta y nueve de mi testimonio escrito se asemejaba a la declaración formulada por los abogados del Gobierno de Bosnia: «Algo que, según usted, no puede ser atribuido en este juicio a la Corte Internacional de Justicia».

Milosevic le respondió de inmediato.

—Señor Robinson, usted sabe muy bien, y espero que también lo sepa el señor Arria, gracias a su experiencia diplomática, que cuando la Corte Internacional de Justicia toma medidas provisionales, solo lo hace porque está obligada a acatar las disposiciones de la Convención para la Prevención y la Sanción del Delito de Genocidio del 9 de diciembre de 1948.

El juez Robinson, después de oír parte de una larga declaración del acusado sobre este tema, finalmente lo interrumpió para decirle que ellos tenían en sus manos el texto completo de la decisión de la CIJ: «Y ya hemos tomado una decisión sobre ella, así que, por favor, prosiga».

Milosevic cambió el rumbo de sus argumentos y sostuvo que él nunca había sido informado de las atrocidades que según sus acusadores se cometieron en Bosnia, oportunidad que aproveché para recordarles a los jueces que en mi testimonio escrito yo había destacado que el gobierno del acusado, por intermedio de su embajador en Caracas, enviaba protestas a nuestro ministro de Relaciones Exteriores y al presidente Carlos Andrés Pérez por los continuos señalamientos que yo hacía en las sesiones públicas y privadas del Consejo sobre esos desmanes, lo cual indicaba que el acusado había estado en todo momento al corriente de lo que discutíamos en nuestras reuniones y debates. Es decir, que siempre estuvo «perfectamente informado de la situación en Bosnia».

Milosevic la emprendió entonces contra mí, porque, según él, mis críticas a Boutros-Ghali por no haber compartido con el Consejo de Seguridad en pleno todas las informaciones que recibía del personal civil y militar de Naciones Unidas desplegado en Bosnia era «otra denuncia infundada del señor Arria», por lo que yo les aclaré a los jueces que en la visita de inspección que hicimos a la región en abril de 1993 nos llevamos la desagradable sorpresa de que los militares de Unprofor no tenían el control de la situación en Srebrenica, a pesar de que esa población había sido designada por el Consejo de Seguridad área segura bajo protección de los cascos azules.

—Eran las tropas serbias y los paramilitares serbobosnios quienes controlaban sin ningún disimulo la situación en Srebrenica y en otras áreas de esa región fronteriza de Bosnia, realidad de la que la Secretaría General no nos informó en absoluto. Tampoco el general británico Vere Hayes, jefe del

Estado Mayor del general Philippe Morillon, que nos acompañó en nuestro recorrido por Bosnia, ocultó que la verdadera intención de su «acompañamiento» era precisamente no informarnos de nada, y que su propósito, por instrucciones de la Secretaría General o de sus jefes en Londres, era lo contrario, que no conociéramos la verdad de lo que ocurría en esa región. Peor aún, señorías, fue gracias a esa frustrante labor de silenciar la verdad que entendí por qué las Naciones Unidas nunca habían enviado misiones de inspección al teatro de ninguna guerra. Para entender esta denuncia, basta tener presente que los efectivos de Unprofor, antes de ingresar en Srebrenica, despojaron a todos los miembros de la delegación de sus cámaras fotográficas, y que solo yo desacaté esa disposición, decisión que me permitió hacer numerosas fotos de lo que veíamos y que luego le entregué al corresponsal de la agencia Reuters, integrado a nuestra delegación, y así llegaron a publicarse en la prensa internacional. Con ese mismo objetivo de encubrir la realidad fue que tampoco se les permitió a los corresponsales de la prensa internacional trasladarse con nosotros a Srebrenica, una medida del todo irregular, para que no se informara que la ciudad era como un inmenso campo de concentración, en el que los cascos azules más bien actuaban como los «kapos» de los campos de concentración nazis. Estos hechos eran indicios sólidos que permitían anticipar la masacre que escandalizaría al mundo dos años después, y que ya estaba entonces tan en marcha que así lo denuncié desde la propia Srebrenica. Esa situación la describimos en todos sus inquietantes detalles en el informe de nuestra misión que le entregué al Consejo de Seguridad el 30 de abril de 1993, y quisiera agregar ahora que nuestra denuncia ni siquiera fue objeto de análisis y debate en el Consejo. Esta circunstancia pone claramente de manifiesto que la Secretaría General y los miembros permanentes del Consejo decidieron no ver lo evidente para no sentirse obligados a actuar en defensa de los derechos humanos de la población civil musulmana de Bosnia, a la que incluso se le había suspendido el suministro de agua potable, electricidad y gas. Lo cierto es que nadie puede alegar que ignoraba esta realidad, porque allí el único crimen que no se cometió entonces fue el que alguna vez Bertrand Russell calificó como «crimen del silencio» —afirmé.

La respuesta de Milosevic a mi alegato fue preguntarme si mi testimonio había sido elaborado a la medida de los intereses de la Fiscalía, y llegó al extremo de provocarme con una pregunta insultante:

—¿Fue esa la tarea que le asignaron?

Su impotencia para responder mi denuncia era tan evidente que no me di por enterado. Y una vez más le di la espalda a Milosevic y me dirigí a los jueces para reiterar que mi presencia en el juicio como testigo de cargo obedecía y se fundamentaba exclusivamente en la posición que había sostenido con firmeza más de diez años antes en el Consejo de Seguridad.

—Señorías, ni en mi testimonio escrito ni en mis palabras de hoy he incluido nada que no haya denunciado en esas reuniones y en mis declaraciones públicas de entonces. Eso explica por qué el acusado, con mucha razón, por cierto, en lugar de responder directamente a mis señalamientos, se limita a expresar su disgusto y alegar que al denunciar yo a los miembros permanentes del Consejo y a la Secretaría General lo he hecho de acuerdo con intereses que nada tienen que ver con la verdad de la historia, y por eso me acusa de señalar malintencionadamente a Boutros-Ghali y a sus colaboradores más cercanos por encubrir esa verdad. Como si el acusado en este juicio no fuera él, sino yo. Aprovecho la ocasión, señorías, para reiterar que sí se nos ocultaba y se le ocultó a la opinión pública gran parte de la información sobre Bosnia que llegaba a la Secretaría General y a los gobiernos más poderosos del planeta, es decir, a los miembros permanentes del Consejo. Tan cierto que en su momento denuncié esta operación como el mayor encubrimiento en la historia de las Naciones Unidas. Y tan es así que no ha sido sino hasta hoy, aquí en La Haya, que pude leer la carta que Sadako Ogata, alta comisionada de la ONU para los Refugiados, le envió al secretario general Boutros-Ghali el 18 de marzo de 1993 advirtiéndole que una auténtica catástrofe humanitaria estaba a punto de estallar en Srebrenica y urgiéndole a informar de esta situación a los líderes principales de la comunidad internacional. Sin embargo, a pesar de su evidente trascendencia, Boutros-Ghali no la compartió con el Consejo, como era su obligación, al menos no lo hizo con sus miembros no permanentes. Sin embargo, señorías, la verdad es que, incluso si Boutros-Ghali hubiese compartido esa información, ninguna acción se habría emprendido, porque los principales países ya habían decidido no tomar alguna otra medida, de lo cual por supuesto el secretario general era muy consciente.

Muchos se preguntarán por qué Milosevic no dejaba de defender a Boutros-Ghali de mis afirmaciones sobre el ocultamiento de aspectos relevantes de lo que sucedía en materia de crímenes de guerra y de derechos humanos en Bosnia. Su insistencia respondía a la evidente estrategia de presentarme como una voz disidente de la política oficial de las Naciones Unidas y descalificarme como testigo válido de la Fiscalía. Sin duda, Milosevic sabía que sus argumentos no afectarían el criterio de los jueces, pero, como ya he señalado, sus intervenciones nada tenían que ver con el proceso judicial en su contra, sino que solo pretendían influir en la opinión pública de su país, desde donde, como es natural, se seguía con enorme interés el desarrollo del juicio.

Al pensar y actuar de este modo, Milosevic pasaba por alto que en la reunión del Consejo de Seguridad celebrada el 25 de mayo de 1993 yo había levantado mi brazo para respaldar la resolución que creaba ese tribunal, y que lo había hecho precisamente con la intención de que se pudiera procesar a todos los indiciados por crímenes atroces, como era el caso que nos ocupaba.

—Señorías, es el acusado, a quien denuncié y acusé durante años, el único imputado en este juicio. Que yo sepa, ni a Boutros-Ghali ni a los principales miembros de la comunidad internacional, que ciertamente tienen mucho que explicar por su irresponsable política de apaciguamiento sin reaccionar ante la enorme tragedia que sufría la población civil de Bosnia, se les ha sentado en el banquillo de los acusados. Y quisiera agregar que el señor Milosevic fue quien les proporcionó a sus socios serbobosnios los tanques, municiones, armamento, uniformes, elementos que fueron vitales para acometer las atrocidades.

Milosevic me interrumpió.

—Esa es una afirmación absurda, señor Arria, pero sigamos adelante.

Yo continúe con mi razonamiento:

—Permítanme agregar algo más, señorías. Desde los primeros días del conflicto y de los planes elaborados para dividir Bosnia y Herzegovina en pedazos de carácter étnico, los serbios, con el respaldo de los negociadores designados por las Naciones Unidas y la Comunidad Europea, ubicaban a Srebrenica en el espacio del territorio que desde Belgrado se reclamaba para Serbia. Esa fue la razón del hostigamiento a la población civil de Srebrenica, en su mayoría musulmana, y la razón del genocidio cometido en julio de 1995. Por ese motivo, desde que los negociadores de los Acuerdos de Dayton trazaron los mapas de la futura Bosnia, Srebrenica y otras áreas vecinas fueron incluidas en el territorio que se le adjudicó a la llamada república Srpska, liderada por los autores de esa matanza. Tenían que borrar de esos mapas, que ya estaban dibujados en Belgrado, a unos cuantos miles de bosnios musulmanes para disuadir reacciones a la apropiación ilegal de esos territorios, legitimada por la comunidad internacional en Dayton. Solo así los serbios suscribirían los Acuerdos de Dayton. Razón también por la cual al gobierno del presidente Alija Izetbegovic, tal como él lo había advertido, fue forzado a suscribirlo. Ese fue el precio de la paz en Bosnia.

—¿Qué quiere usted decir, señor Arria —me preguntó entonces Milosevic—, que la paz firmada en Dayton fue un mal acuerdo?

—No sé cómo se sentirá el acusado, pero yo, muy satisfecho de que hayan cesado las muertes. Sin embargo, para lo que fue la República de Bosnia y Herzegovina, los Acuerdos de Dayton no pudieron haber sido peores. No estamos para juzgar a la comunidad internacional. Esa es y será la tarea de una futura opinión pública mejor informada que la de entonces. Aquí lo que se está juzgando son los crímenes de guerra cometidos en Bosnia por los agresores serbios, especialmente el genocidio de Srebrenica.

Un aliado del acusado simula ser amigo del tribunal

Después de un breve receso del juicio, Milosevic recurrió a un supuesto informe de Boutros-Ghali, cuyo contenido nadie más que él conocía, en el que se exoneraba a su gobierno de responsabilidad en el envío de militares serbios y armamento a Bosnia. Yo aproveché sus palabras para referirme extensamente al informe sobre Bosnia que Kofi Annan, sucesor de Boutros-Ghali en la Secretaría General, presentó en noviembre de 1999 a la Asamblea General de la ONU, en el que se señala que el grueso del ejército serbobosnio de la llamada república Srpska no era producto de un acto de magia, sino del hecho de que sus oficiales y la mayoría de sus tropas formaban parte del ejército regular de Serbia, así como la artillería, los tanques, los aviones y demás equipo militar cedido a esa espuria república por el acusado. Milosevic volvió entonces a recurrir al falso informe de Boutros-Ghali, y mencionó que el embajador Peter Hohenfellner, representante de Austria ante las Naciones Unidas, entonces presidente del Consejo de Seguridad había ordenado la no circulación de ese informe entre los miembros del Consejo para evitar que su contenido exculpatorio pudiera impedir la aprobación de sanciones a Serbia que proponían los enemigos de su gobierno en el Consejo.

La reacción de los jueces fue interrumpir el careo entre Milosevic y yo, que ya nada nuevo le aportaba al juicio, y llamó a declarar al abogado británico Steven Kay, que había sido designado por el tribunal como uno de los tres *amicus curiae*, figura creada por el tribunal con la intención de tener a mano a expertos que les garantizaran a los acusados suficiente asistencia especializada e imparcial. Lo cierto es, sin embargo, que la misma definición de la función de esos «amigos del tribunal», que incluía el derecho a interrogar testigos, le permitió a Kay, al ser convocado, modificar sustancialmente su papel de simple consultor para pasar a ser un verdadero defensor de Milosevic, un cambio de piel que se puso en evidencia nada más escuchar su planteamiento inicial, particularmente peligroso.

—¿Usted sabía —fue su pregunta— que el presidente Izetbe-govic, en vista de que la guerra había generado la llegada a Srebrenica de una cantidad desmesurada de refugiados, prohi-bió a comienzos del año 1993 que la población de la ciudad la abandonara?

Le respondí a Kay que no tenía esa información, pero admití que no me sorprendía que hubiera tomado esa decisión, por-que nada de extraño tendría que buena parte de los habitantes de Srebrenica hubieran deseado marcharse de un sitio donde sufrían tanto. Pero Kay, como había hecho Milosevic en sus in-tervenciones, insistía una y otra vez en el mismo tema, con in-tención de confundir a los jueces.

—No sé con exactitud cuántos habitantes tenía Srebrenica por aquellos días —continuó desarrollando su razona-miento— ni el número de refugiados que llegaron a la ciudad de repente. Tal vez usted pueda corregirme, pero, según me han comentado, Srebrenica tenía entonces alrededor de diez mil habitantes y los refugiados que de pronto llegaron a sus calles eran más de cuarenta mil. ¿Estas cifras son correctas?

—No puedo despejar sus dudas —repliqué—, pero sí puedo decirle que la población de Srebrenica antes de que estallara la guerra era de entre quince y veinte mil habitantes, y cuando yo la visité, en abril de 1993, allí no había condiciones de vida aceptables ni para quinientas personas. Lo que quiero decirle es que antes de que se convirtiera en un infernal escenario de guerra, Srebrenica era una zona muy grata para sus habitantes y para sus visitantes.

—Pero, según tengo entendido —insistió Kay—, Srebrenica y sus alrededores fueron designadas área segura porque el nú-mero de refugiados que ingresaban a ella superó rápidamente y en mucho la capacidad de la ciudad para acogerlos.

—Esta es la primera vez que escucho semejante disparate —le respondí—. A Srebrenica llegaban miles de refugiados, que no llegaban a sus calles de paseo, sino huyendo con lo que lle-vaban puesto para escapar de la abominable depuración étnica que los serbios aplicaban implacablemente por donde pasaran.

Por otra parte, señor Kay, no puedo entender cómo usted se refiere a ellos como si fueran simples «objetos importados», cuando en realidad eran víctimas humanas obligadas a escapar a toda carrera del canallesco y criminal acoso serbio.

—En todo caso —volvió Kay a la carga—, ¿no fueron las horribles condiciones relativas al suministro de agua, alimentos y medicamentos, y la falta de viviendas para enfrentar este súbito y desmesurado crecimiento de la población de Srebrenica la causa de todo lo que ocurriría después?

—Por supuesto que no —le respondí—. Ocurrió todo lo contrario. No había suficientes viviendas porque las que había fueron destruidas por el continuo ataque de la artillería pesada serbia desplegada alrededor de Srebrenica. Y no había medicamentos ni agua ni electricidad, porque las autoridades militares serbias habían cortado el suministro de todos los servicios públicos a la ciudad. Esa es la verdad que no puede disimularse con falsos argumentos ni llamando «importados» a las víctimas. Los agresores serbios fueron los únicos responsables de la tragedia de Srebrenica.

Me resultó desagradable arremeter contra Kay, pero su cinismo no me permitía soslayar la perversidad que encerraban sus preguntas. Mucho menos cuando Kay le mintió groseramente al tribunal al afirmar que los serbios de Bosnia eran quienes defendían la ciudad de los ataques que lanzaban a diario fuerzas militares bosnio musulmanas que la sitiaban desde hacía años. Vieja argucia de los totalitarismos de atribuir a la víctima la culpa del crimen. Mentira que me obligó a recordar que durante mi visita a Srebrenica en abril de 1993 no vimos a ningún defensor bosnio de la ciudad que tuviera armas que no fueran ligeras y a todas luces muy viejas, tal como comprobaron los efectivos de Unprofor cuando procedieron a desarmar unilateralmente a los defensores bosnios de Srebrenica. De ahí que le recordé al tribunal que tanto José María Mendiluce, representante de Acnur en Bosnia, como su superior, la señora Sadako Ogata, nos habían planteado que, además de los continuos bombardeos serbios, era el bloqueo de la ciudad lo que acosaba criminalmente a su población civil, y que esto había transformado Srebrenica en un depósito de víctimas de la guerra de exterminio étnico desatada por los agresores serbios en la zona.

—Esa fue la causa, señorías, no las consecuencias. Precisamente, por esa razón el Consejo de Seguridad aprobó una resolución designando áreas seguras primero Srebrenica y después otras poblaciones vecinas y la propia Sarajevo, capital de Bosnia.

Kay finalmente abandonó el tema y me preguntó por qué, cuando después de visitar Srebrenica fuimos a Belgrado y nos entrevistarnos con Radovan Karadzic, decidimos no reunirnos con Milosevic, jefe del Gobierno serbio, y le respondí que sencillamente preferimos no interferir en las negociaciones que por esos días adelantaban los mediadores Owen y Vance con el ahora enjuiciado Milosevic: «Pensábamos, y sigo pensando, que eran él y su ciego fanatismo ultranacionalista serbio los responsables de los crímenes cometidos en Bosnia y otras repúblicas de la antigua Yugoslavia».

Kay regresó entonces al tema de Srebrenica para señalar que Karadzic había ofrecido restablecer el suministro de agua y darles paso libre a los convoyes humanitarios, y que a él le parecía convincente el argumento del «doctor Karadzic de que en abril de 1993 sus fuerzas y sus medios eran tan obviamente superiores a las de sus adversarios que si él hubiera querido habría podido ocupar Srebrenica sin mayores contratiempos».

—En realidad —le contesté—, Karadzic no mentía. Y así lo dijimos en el informe de nuestra misión a Bosnia; sin embargo, no es menos cierto que sus fuerzas estrangulaban la ciudad lentamente, pero sin descanso y diezmaban a su población. Como he declarado hace poco, días antes de ocupar militarmente la ciudad, sus fuerzas ya tenían el control total del enclave. Cuando finalmente el general Mladic ingresó a Srebrenica al frente de sus batallones, la ciudad ya era en realidad una cárcel abierta. Tan era así que cuando visité Srebrenica en abril de 1993 llegué allí en un vehículo blindado de Unprofor, y en el que nos seguía, junto al general Hayes, conversando amigablemente, iba el jefe militar serbio de la zona, el coronel

Rodic. Me sentí sumamente avergonzado de que el pueblo pudiera creer que los embajadores de la misión del Consejo de Seguridad éramos aliados y amigos de sus verdugos. Si eso no es señal inequívoca del grado de dominio y control serbio de la ciudad, no sé cómo podría explicarse.

Kay saltó de su asiento.

—Una cosa es recorrer la ciudad y otra muy distinta apoderarse de sus calles, de su gobierno, de infraestructura —dijo.

—¿De qué calles habla el señor Kay? —les pregunté a los jueces—. En Srebrenica no había calles transitables ni infraestructuras disponibles. Allí solo había pobre gente desesperada por no tener techo, agua, atención médica, alimentos ni medicinas, todos víctimas indefensas de las epidemias y los bombardeos, presas fáciles de quienes atacaban el enclave con impunidad. Si el señor Kay hubiese estado allí con nosotros, no diría lo que acaba de decir. De paso, le indico que el embajador ruso en el Consejo de Seguridad, que era miembro de nuestra misión, a pesar de su conocida alineación en favor de los intereses serbios, firmó sin chistar el informe en el que denunciamos la tragedia que se vivía en Srebrenica.

Como es comprensible, el juez Robinson, que hasta ese momento no había escuchado ese argumento de la sobrepoblación en Srebrenica esgrimido por Kay, me preguntó si las insostenibles condiciones de vida en la ciudad se debían a esta o a otras causas.

—Señorías, el señor Kay nos ha ofrecido una visión de lo que sucedía en Srebrenica muy diferente de lo que en verdad sucedía allí. A manera de ilustración, les informo que cinco días antes de nuestra llegada a Srebrenica, el mismo coronel jefe de los contingentes serbios que sitiaban la ciudad ordenó atacar con una batería de morteros pesados una escuela en la que, cuando la visitamos, pudimos ver, horrorizados, los restos de niños despedazados por esos disparos en el patio de la escuela. Una escena dantesca que no habríamos podido inspeccionar si el señor Mendiluce, representante de Acnur en la misión, no me hubiera sugerido privadamente que le exigiera al general

Hayes que nos llevaran a ese lúgubre escenario de la violencia criminal de los atacantes serbios. En otras palabras, Srebrenica y sus habitantes estaban a merced de un ejército de asesinos que sentían, como no hacía mucho había declarado públicamente Karadzic, que tenían a los habitantes musulmanes de la ciudad «atrapados como ratas». Señorías, en abril de 1993, la población de Srebrenica sobrevivía a muy duras penas en las calles de la ciudad, sin esperanza alguna de salvación.

El juez Robinson, quizá para dar por terminada la inaudita intervención del supuesto e imparcial «amigo del tribunal», le cedió entonces la palabra al fiscal Nice, quien deseaba preguntarme cómo podría demostrar que la visión que el acusado y sus defensores nos ofrecían era absolutamente opuesta a la real y que la que yo y otros testigos presentábamos del conflicto bosnio no formaba parte de una infame campaña de relaciones públicas del Gobierno bosnio para llevar al señor Milosevic al tribunal y condenarlo por crímenes que él no había cometido.

—Señorías, mi visión del conflicto bosnio nada tiene que ver con una siniestra campaña de propaganda sucia para encubrir lo que realmente pasó en Bosnia. Desde que ingresé al Consejo de Seguridad actué teniendo muy en cuenta que representaba a mi país ante la comunidad internacional, y me comprometí a no ser un simple espectador, mucho menos silenciar lo que en verdad sucedía para ajustarme a los intereses de los gobiernos más poderosos del planeta. Puedo asegurarles que ese fue el difícil camino que decidí emprender en el Consejo al ocupar el asiento que le correspondía a Venezuela. Por esa razón no podía permanecer ciego y sordo mientras las evidencias de la agresión serbia a una nación militarmente indefensa se acumulaban en nuestros escritorios. A estas alturas, todo el mundo sabe que la versión que el acusado ofrece de los sucesos ocurridos en Bosnia, el genocidio de Srebrenica en primer término, la desmintió por completo el informe que en noviembre de 1999 presentó Kofi Annan, actual secretario general de la ONU, en el que muy valientemente denunció el encubrimiento de lo que realmente ocurría en Bosnia por parte de un sector importante de la comunidad internacional, que lo incluía a él mismo como responsable de las operaciones de paz de la institución. En este sentido no puedo dejar de remitir a los jueces de este tribunal a las innumerables denuncias que formulé en el Consejo de Seguridad, de manera muy especial, después de haber visto personalmente lo que significaba la política de «depuración étnica» que aplicaban los subordinados del acusado en Bosnia.

El juez Robinson se dirigió entonces a mí:

—Muchas gracias, embajador Arria. Así concluye su testimonio en este juicio. Queda usted en libertad de marcharse.

—Muchas gracias, señorías.

Me levanté de mi asiento y me dirigí a la puerta por donde había ingresado en la sala del tribunal, sin ninguna alegría, pero con la plena satisfacción de haber cumplido con mi deber, y acompañé a la ujier hasta la misma pequeña habitación donde seis horas antes había esperado mi turno como testigo de cargo. Allí vinieron a despedirse de mí, la fiscal jefe Carla del Ponte, y el fiscal Geoffrey Nice.

Juicio final

De regreso en Nueva York mucho pensé sobre el efecto que pudo tener mi testimonio en el juicio. Por supuesto, al salir del edificio del tribunal en La Haya también dejaba atrás el enorme peso que cargaba desde la primera llamada que me hizo la fiscal Del Ponte. Creía que de alguna manera mi testimonio escrito y mi declaración ante los jueces había contribuido a que sucesos como aquellos no se repitieran. Eso era lo que le daba sentido a la lucha que emprendimos en el Consejo de Seguridad los gobiernos de Cabo Verde, Djibouti, Marruecos, Pakistán y mi país, Venezuela, para los que el conflicto en los Balcanes, más que una crisis militar, constituía un problema moral. Así que, si bien el juez Robinson había dado por terminada mi intervención en el juicio, no podía borrar de mi conciencia aquella experiencia, quizá la más dolorosa de mi vida pública internacional.

La primera noticia directa desde La Haya sobre el desarrollo del juicio a Milosevic la recibí el 16 de junio de ese año 2004, en correspondencia firmada por el fiscal Nice, quien me informaba que Steven Kay había presentado al tribunal una moción en la que solicitaba se retirara la acusación contra Slobodan Milosevic de que estaba vinculado al genocidio de Srebrenica, «en vista de que la Fiscalía no había presentado suficientes evidencias de su responsabilidad en ese delito de lesa humanidad».

Luego me indicaba Nice que se había opuesto decididamente a esa moción y que había recurrido a testimonios como el mío como evidencias para rechazarla, y me enviaba copia de la comunicación que le había presentado a los jueces y que aquí me tomo la libertad de reproducir: «De acuerdo con las evidencias presentadas por el embajador Diego Arria, jefe de la misión de embajadores del Consejo de Seguridad de la ONU a Bosnia y Herzegovina enviada a Srebrenica en abril de 1993 para determinar la situación sobre el terreno e informar al Consejo de Seguridad, el enclave de Srebrenica permaneció rodeado por las fuerzas serbias desde 1993 hasta 1995, tiempo durante el cual decenas de miles de refugiados musulmanes bosnios sobrevivieron en una ciudad superpoblada en miserables e inhumanas condiciones, y, por lo tanto, los crímenes cometidos allí durante ese tiempo permiten llegar a la conclusión de que el acusado, Slobodan Milosevic, tenía pleno conocimiento de las intenciones que animaban a sus subordinados en Srebrenica y demuestran que el genocidio cometido en julio de 1995 era claramente previsible desde mucho antes».

Por último, Nice me informaba que la Sala Plena del tribunal «negó la moción presentada por el *amicus curiae*, y se determinó que el testimonio de Diego Arria contribuyó a esclarecer la naturaleza y la responsabilidad del acusado Slobodan Milosevic en la comisión del genocidio de Srebrenica».

Misión cumplida, pensé al terminar de leer su mensaje, y confieso que esa noche dormí como hacía meses no dormía.

Seis años después de mi participación en el juicio a Milosevic, la abogada Judith Armatta, que había asistido desde la primera fila a todas las audiencias en representación de la Coalición para la Justicia Internacional, presentó su libro Crepúsculo de impunidad, publicado por la Universidad estadounidense de Duke en 2010, auténtica y fascinante guía de ese proceso, en una de cuyas páginas recuerda que fui yo, en mi condición de embajador de Venezuela ante las Naciones Unidas, quien llamó la atención del Consejo de Seguridad sobre lo que realmente ocurría en Bosnia, a pesar de que sus miembros más poderosos y los más importantes funcionarios del organismo lo disimularan sistemáticamente: «El informe que, como coordinador de la misión de embajadores que realizó un viaje de inspección a Bosnia en abril de 1993, el embajador Arria le presentó al Consejo de Seguridad —indica Armatta— llevó a las Naciones Unidas a aprobar una resolución en la que reconocía que en Srebrenica estaba en marcha un genocidio, que al ser citada ampliamente por los medios de información colocó a Milosevic bajo los reflectores de la opinión pública internacional».

Armatta señala en su trabajo que, «al responder el embajador Arria a las preguntas que le hizo Milosevic durante su comparecencia en el juicio que se le seguía en La Haya, demostró que desde 1993 Milosevic estaba al tanto de la tragedia que ya se gestaba en Srebrenica, y su testimonio consolidó la acusación a Milosevic y de las maniobras que se realizaron en las Naciones Unidas para encubrir la verdad de lo que ocurría en Bosnia».

Por otra parte, la periodista Florence Hartmann, del diario francés Le Monde, después portavoz del tribunal y asesora de la fiscal Del Ponte, en su libro Le Sang de la realpolitik, l'affaire Srebrenica, escribe: «Diego Arria, embajador entonces de Venezuela ante el Consejo de Seguridad y ahora asesor especial de Kofi Annan en Nueva York, al intervenir en el juicio a Milosevic destacó que desde 1992 se advertía de señales de alerta muy claras de lo que finalmente ocurrió en julio de 1995 en Srebrenica. Su testimonio en el tribunal marcó un punto de inflexión en el desarrollo del juicio».

POST MORTEM

Enfrentar a Slobodan Milosevic en el tribunal fue una experiencia que me acompañó desde que regresé de La Haya a Nueva York y me reincorporé a mis labores como asesor especial del secretario general de la ONU, Kofi Annan. En ningún momento, sin embargo, me pasó por la cabeza que menos de un año después volvería a acudir a esa corte como testigo, pero esta vez no para acusar a alguien, sino para respaldar con mi testimonio al principal defensor bosnio de Srebrenica.

Recibí la «invitación» en un correo electrónico fechado el 30 de febrero de 2004, firmado por la abogada y escritora bosnia Edina Becirevic, a quien había conocido socialmente días antes en una conferencia internacional sobre la soberanía de las naciones celebrada en Estocolmo. En aquella ocasión, Becirevic me informó que era parte del equipo legal que se ocupaba de la defensa de un comandante bosnio musulmán, de nombre Naser Oric, acusado de haber cometido crímenes de guerra en localidades vecinas a Srebrenica, aunque, me advirtió entonces, la Fiscalía no había podido presentar pruebas de su presunta responsabilidad en esos delitos.

En el juicio a Milosevic, Steven Kay, supuesto «amigo» imparcial del tribunal, me había preguntado si yo estaba al tanto de crímenes cometidos por agresores bosnios contra civiles de origen serbio en Srebrenica. Luego supe que se refería a Oric, un bosnio residente en el pueblo de Potocari, que había sido integrante de la unidad policial encargada de la seguridad de Milosevic, y que al inicio de la guerra en 1992 fue designado por el Gobierno bosnio como jefe de la Defensa Territorial de Srebrenica.

Durante aquel tumultuoso verano de 1992, militares y para-militares serbios cruzaron la frontera bosnia y aplicaron en los territorios que iban ocupando una brutal «limpieza étnica». Comenzó entonces el desalojo de la población civil musul-mana de sus hogares y el flujo incontenible de refugiados hacia Srebrenica, en busca de protección. En ese momento, Oric, de veinticuatro años de edad, tenía bajo su mando a entre dos y tres mil hombres que, pobremente armados, tuvieron que fre-nar, durante más de tres años, los avances de las fuerzas ser-bias de invasión, estas sí fuertemente armadas por Belgrado, incluso con piezas de artillería pesada. Una auténtica hazaña, me decía Becirevic en su correspondencia, en la que solicitaba que volviera a La Haya como testigo de «alto nivel» de la de-fensa en el juicio contra Oric. Luego me informó que, además de ella, el equipo legal de Oric lo integraban Vasvja Vidovic, años atrás juez en un tribunal de Sarajevo, y el penalista britá-nico John Jones. En su correo me anexaba una nota de la perio-dista estadounidense Stacy Sullivan, del Institute for War and Peace Reporting, de diciembre de 2003, que resumía el caso de Oric, detenido en La Haya desde abril de 2003 por orden del tribunal.

Nada sabía del acusado, así que le respondí a Becirevic que necesitaría unos días para obtener alguna información impar-cial sobre el caso. No se lo dije, pero también deseaba recabar opiniones sobre ella. Cuando días más tarde me comuniqué con ella, a pesar de las excelentes referencias que me dieron sobre su manera de hacer las cosas, le dije que lo lamentaba mucho, pero que no podía aceptar ser testigo en la defensa de una persona de la que yo no sabía prácticamente nada.

Becirevic no se mostró sorprendida. «Entiendo muy bien su posición —me dijo al recibir mi repuesta— y deseo aclararle que no pretendemos que usted venga a La Haya a hablar en defensa del comandante Oric, sino que simplemente nos relate qué vio durante su viaje de inspección a Srebrenica, en abril de 1993, por cuenta del Consejo de Seguridad». Luego añadió que ellos fundamentaban la defensa de su cliente en mi tesis de que para abril de 1993 en Srebrenica ya estaba en marcha un geno-cidio en cámara lenta: «Ese será el punto central de nuestra defensa. Usted podrá iniciar su testimonio advirtiendo que nada sabe del comandante Oric. Por lo tanto, su declaración no será para defenderlo de los delitos que se le imputan, sino solo para ofrecerle al tribunal una visión objetiva de lo que se vivía en Srebrenica cuando usted la visitó».

A pesar de esta aclaratoria, seguí teniendo mis dudas. Así que decidí consultar nuevamente a mi amigo Richard Goldstone, primer fiscal jefe del tribunal, quien me manifestó que si ese era el alcance de mi intervención no encontraba ningún inconveniente en que volviera a La Haya y testificara en el juicio a Oric. Al contrario, sostuvo: «Tu intervención le dará más peso a tu tesis del genocidio en cámara lenta».

No tardé mucho en llamar a Becirevic para comunicarle que con esa condición aceptaba regresar a La Haya y testificar en el juicio.

Dos semanas más tarde me reuní con el equipo legal del comandante bosnio musulmán en Ginebra, donde pasamos un día entero y ellos me explicaron la estrategia que habían diseñado y cuál sería mi papel. Un mes después nos reunimos de nuevo, pero en Sarajevo. Entonces tuve la oportunidad de estudiar por primera vez decisivos documentos sobre el asedio serbio a Srebrenica.

Según me habían indicado sus abogados, la acusación contra Oric era que sus hombres habían atacado a poblaciones vecinas a Srebrenica, fundamentalmente serbias, para robarles animales y alimentos. La defensa de Oric rechazaba esas acusaciones con el argumento de que la actuación de los subordinados de Oric en la zona fueron en todo momento «acciones defensivas e intentos desesperados por obtener alimentos en vista de que Srebrenica estaba bloqueada por las fuerzas serbias y había dejado de ingresar en la ciudad la asistencia humanitaria internacional», tal como yo había comprobado en 1993.

La Fiscalía encubría el hecho de que esas propiedades en realidad les pertenecían a los bosnios musulmanes, que habían sido desalojados a la fuerza de sus hogares y obligados a buscar refugio en Srebrenica. Esa era la trágica situación que se pretendía ocultar acusando a los defensores bosnios de las atrocidades cometidas por los agresores serbios. A Oric se le atribuía la culpa de esos desmanes por no haber impedido que sus hombres cometieran esos delitos. La defensa no pasaba por alto que algunos defensores bosnios en efecto fueran autores de crímenes, pero sostenían que el peso de la ley debía caer directa y exclusivamente sobre ellos. Y recurrían a reproducir algunos reportajes de Stacy Sullivan en los que se destacaba que «gracias a las acciones emprendidas por Oric, Srebrenica pudo sobrevivir a los ataques serbios por casi cuatro terribles años».

El juicio al defensor bosnio de Srebrenica

Finalmente, el 2 de diciembre de 2004, llegué por tercera vez a La Haya, transformado en entusiasta testigo de la defensa del «defensor de Srebrenica». Como conocedor de lo que había ocurrido aquellos años en Srebrenica, me sentía muy a gusto al poder expresar mi solidaridad con los familiares de las víctimas bosnias, sin siquiera sospechar el acoso que me preparaba la fiscal principal del juicio, que aguardaba esta vez mi presencia ante el tribunal con un expediente de casi trescientas páginas de infames mentiras. Y de nuevo me dirigí al edificio, donde seguí el mismo camino de diez meses antes cuando el proceso contra Milosevic. Y, como entonces, nada más ingresar en la sala principal por la puerta lateral reservada a los testigos, vi por primera vez en mi vida al comandante Naser Oric.

El juez Carmel Agius, de Malta, presidía el tribunal, flanqueado por los jueces Hans Henrik Brydensholt, de Dinamarca, y Albin Eser, de Alemania. La fiscal era Patricia Viseur Sellers, de Estados Unidos. En los primeros minutos el juez Agius me dijo que él solía llamar «excelencias» a los embajadores

—De modo que, excelencia, ¿a usted le importa que le llame así? —me preguntó.

Le respondí con una sonrisa.

—¡Por favor, señoría, absténgase de hacerlo! —respondí.

Me respondió con otra sonrisa y enseguida le dio la palabra a John Jones, uno de los abogados de la defensa, a quien le advirtió que ya había hecho circular entre los jueces, fiscales y abogados de la defensa copias del testimonio escrito que yo le había remitido al tribunal cuando participé en el juicio a Milosevic, y lo primero que me preguntó Jones fue si yo había sido testigo de la Fiscalía en el juicio a Milosevic en febrero de 2004. Respondí que sí, y Jones continuó por ese camino.

—¿Preparó usted su testimonio de sesenta y ocho páginas y cuatrocientos noventa y cinco párrafos con la colaboración de la Fiscalía? ¿En los últimos dos días ha podido usted revisar su testimonio de entonces? ¿Reitera ahora la veracidad de su contenido?

Por supuesto, respondí afirmativamente todas sus preguntas, y el juez Agius intervino para advertir que, si bien mi testimonio escrito para el juicio de Milosevic había sido aceptado en este, no podría emplearse en sustitución de las evidencias que debían presentarse. Inmediatamente después, tocó el turno a la fiscal Sellers para sus preguntas. Y a medida que se adentraba en ese siempre tenso careo entre los fiscales y los testigos de la defensa, demostró, en el mejor de los casos, su absoluta ignorancia acerca de lo que verdaderamente había ocurrido en Srebrenica.

—Durante su visita a Srebrenica, ¿visitó usted el cuartel de la policía bosnia?

—En Srebrenica no había cuartel de la policía.

—¿Y el hospital?

—Tampoco había ningún hospital en Srebrenica. Pero sí visité la escuela en cuyo patio quedaban todavía restos de doce niños asesinados por morteros disparados por los serbios que asediaban el enclave, sobre lo cual usted no me ha preguntado.

Sellers cambió el rumbo de su razonamiento y me preguntó:

—En numerosas ocasiones usted ha descrito las condiciones de vida que reinaban en Srebrenica; así que le pregunto: ¿usted considera que la gente entonces no vivía normalmente?

Es eso lo que usted dijo, ¿no?

—Sí. Como he dicho antes, lo único que vi en las calles de Srebrenica fue a gente que sufría bajo el peso de condiciones miserables de vida. Sobre todo, las mujeres, los niños y los ancianos.

Como réplica a mi comentario, la fiscal mostró un video con muy poca definición, que según ella había sido grabado por cascos azules en septiembre de 1993, en el que se ve a un grupo de personas que participan en lo que parecía ser un baile folclórico, y cínicamente me preguntó: «Señor embajador, ¿cree usted que este evento indica que poco después de su visita al enclave sus habitantes volvían a llevar una vida normal?».

La desfachatez de la fiscal me produjo una gran indignación.

—Señorías, nunca imagine oír lo que acabo de escuchar. Mucho menos en un tribunal de las Naciones Unidas. Una burla incalificable al pueblo traumatizado de Srebrenica. En primer lugar, el video está mal iluminado para que no se vea la destrucción física de la ciudad. Y lo único que se nota es un grupito de gente que baila después de que cinco meses antes, en abril de 1993, habíamos declarado Srebrenica área segura y proclamado que sus habitantes serían protegidos, algo que desgraciadamente nadie quiso garantizar. Lo que la fiscal Sellers se atreve a llamar celebración es, seguramente, más bien una expresión de la esperanza de vivir de algunos pocos, pero jamás de que regresaran a una vida normal. Para mí, al contrario, es admirable y demuestra un gran espíritu en tan espantosas circunstancias.

Creo que el juez Agius se sintió obligado a intervenir entonces.

—Fiscal Sellers, esto sería como un sitio donde hay pobreza por todos lados, pero un grupito que es distinto disfruta un banquete con champagne; aunque no es precisamente lo que se exhibe en ese video en medio de tanta destrucción.

A la fiscal, sin embargo, no le importaba ni siquiera esta lla-mada de atención del juez. Seguía imperturbable su cartilla, lo que me recordaba mucho la actitud de Milosevic durante su juicio, y no desistió en su empeño de reproducir la estrategia empleada por aquel de culpar a sus acusadores como una única línea de su defensa. Entonces me preguntó si no había visto en Srebrenica a grupos de refugiados serbios, a lo que yo respondí que no le había preguntado a la gente que sufría si eran serbios, croatas o bosnios. Era gente que sufría y punto.

John Jones pidió la palabra y me preguntó por qué había de-clarado en alguna ocasión que Srebrenica era una espina cla-vada en el cuerpo de Unprofor.

—Le pongo unos ejemplos —le respondí—. El señor Yasushi Akashi, representante personal del secretario general de la ONU en Bosnia, llegó a declarar que la mayoría de los habitan-tes de Srebrenica eran contrabandistas, y yo me pregunto qué pensaba Akashi que podía exportarse desde una Srebrenica si-tiada y bloqueada. Peor aún, señorías, el mayor británico Piers Tucker, ayudante del general Philippe Morillon, cuenta en su diario que este, en reunión con el general serbobosnio Zdravko Tolimir, el segundo de Ratko Mladic, le dijo: «Sé que quieres limpiar el nido de terroristas en Srebrenica. Lo puedo hacer por ti, y te ahorraré muchas, muchas bajas». Señorías, claro que me horrorice cuando leí esa infame propuesta de Morillon, pero más todavía cuando esto salió a la luz y para excusarse dijo que lo había expresado de esa manera «porque era el len-guaje que los serbios entendían mejor». Con tales percepciones de estos importantes funcionarios sobre los habitantes de Sre-brenica era fácil anticipar que no harían mucho para proteger-les. Y como si esto no fuera suficiente, el general Vere Hayes, jefe del Estado Mayor de Morillon en Unprofor, el 15 de agosto 1993 alabó en el diario Newsday de Nueva York la buena vo-luntad de Ratko Mladic al retirar sus tropas del monte Igman. El criminal indiciado por este tribunal por genocidio. Y Hayes se atrevió a declarar algo más repudiable: «Sarajevo todavía está sitiada, pero nunca ha sido humanitariamente estrangu-lada». Once mil muertos y miles de heridos no representaban para este general un estrangulamiento de la capital. Tanto que él mismo con sus oficiales intentaron por mucho tiempo descubrir el trazado del túnel que el Gobierno bosnio construyó debajo del aeropuerto de Sarajevo para cerrarlo, pues argumentaban que ponía en riesgo de ataques de los serbios a las tropas de Unprofor ubicadas allí. Perdónenme, señorías, que vuelva al aspecto del video que nos mostró la fiscal Sellers, y lamento tener que decirlo, es un encubrimiento; otro intento de enterrar la tragedia de un pueblo. O sea, no les ha sido suficiente que los hubiesen masacrado mientras, como dice la fiscal Sellers, llevaban una vida normal, sino que hay que borrar su recuerdo, como quisiera la comunidad internacional que tanta responsabilidad tuvo en el genocidio perpetrado en un área de Bosnia decretada como segura por las Naciones Unidas. Me siento muy avergonzado de que las Naciones Unidas, una organización a la cual me sentí tan orgulloso de pertenecer, se haya prestado para presentar algo tan vil y detestable. Y hacerlo en un tribunal en cuya creación desempeñé un papel significativo me apena aún más. Que las Naciones Unidas pueda hacer un video, y elegir selectivamente ese evento de personas que celebran que están vivas, y ocultar el sufrimiento y la miseria masiva de ese pueblo, es realmente condenable.

En ese momento el juez Agius me preguntó si la Fiscalía me había mostrado ese video durante el juicio a Milosevic. Le dije que nunca. Agius estaría pensando que cuando la Fiscalía buscó elementos para fortalecer su acusación, como fue en el caso de Milosevic, no le convenía mostrar el video de Unprofor. Pero ahora sí parecía convenirles hacerlo.

Estuve tentado de declarar que si Sellers hubiese sido la fiscal en el caso de Milosevic, y hubiese esgrimido los falsos argumentos que utilizó en esta ocasión, Milosevic habría salido absuelto al declararse que en Srebrenica se vivía en condiciones normales. Me abstuve de hacerlo por respeto a los jueces.

En el libro de Edina Becirevic Genocide on the Drina River, publicado en diciembre de 2013 por la editorial de la Universidad de Yale, la autora recuerda en uno de los capítulos el día de mi participación en el juicio a Naser Oric con el siguiente comentario:

«La Fiscalía del Tribunal Penal Internacional para la Antigua Yugoslavia, en el proceso a Slobodan Milosevic, intentó probar cargos de genocidio del cual fueron víctimas los bosnios musulmanes, mientras que en el juicio al comandante bosnio musulmán Naser Oric negaban que eso había ocurrido. La paradoja del hecho la resumió el embajador venezolano Diego Arria en su testimonio durante el juicio de Oric al destacar que la misma Fiscalía sostenía una posición para acusar a Milosevic y la contraria para acusar a Oric.

«Durante el interrogatorio que le hizo la fiscal Patricia Viseur Sellers, esta persistía en su intento de demostrar que el embajador Arria exageraba las condiciones de vida que sufrían los habitantes de Srebrenica alegando que no había estado suficiente tiempo allí para constatar tal relato. A eso el embajador venezolano abiertamente desafió a la fiscal diciéndole: "Qué interesante que su pregunta sea idéntica a la que me hizo el señor Milosevic en este mismo tribunal cuando fui testigo de su misma Fiscalía, aunque no puedo imaginarme que usted quiera implicar con su pregunta lo mismo que él pretendía. Milosevic me dijo que yo había estado pocas horas en Srebrenica, lo que me impedía tener una impresión válida, a lo cual le repliqué que no tomaba mucho tiempo poder dar una opinión experta como él decía y que estar allí unas horas era más que suficiente para percatarse de las condiciones inhumanas en que allí se vivía"».

Las preguntas iniciales que me había hecho el abogado Jones no habían sido inocentes ni superfluas, como yo pensé cuando las escuché, sino que tendían a demostrar que la Fiscalía que colaboró en la elaboración de mi testimonio escrito para condenar a Milosevic, en el juicio a Naser Oric usaba los mismos argumentos que usó Milosevic para negar que Srebrenica vivía un proceso de genocidio en cámara lenta.

Ver cómo la Fiscalía del mismo tribunal que usó mis argumentos para acusar de genocidio a Milosevic un año después alegaba todo lo contrario de lo que sostuvimos en aquel juicio, era más que suficiente para salir absolutamente asqueado de la corte, donde la Fiscalía, para demostrar su imparcialidad, necesitaba condenar a cualquier costo a un comandante bosnio musulmán.

Dos días después, el tribunal, procediendo de acuerdo con la justicia, dejó en libertad a Naser Oric y, yo agregaría, también abonó a la justicia histórica, a la cual mi contribución había sido que había jurado solemnemente «decir la verdad, toda la verdad y nada más que la verdad».

La muerte de Milosevic

El título de este capítulo induce a pensar que se trata de un informe «post mortem» para dar cuenta del fin de la guerra en Bosnia, pero esa presunción no es del todo cierta, pues por ahora resulta imposible incluir en este texto el informe independiente y exhaustivo que merecen los miles de víctimas que causó la decisión de Milosevic de invadir y apropiarse de Bosnia. En eso, y en cómo podría yo contribuir a despejar algunas de las sombras que ocultaban la verdad de lo ocurrido en esa región de los Balcanes y a que hechos como aquellos no se repitieran en ningún rincón del planeta, pensaba cuando a eso de las diez de la mañana del 11 de marzo de 2006 recibí la noticia de que horas antes un guardia de la prisión holandesa de Scheveningen, en La Haya, descubrió a Slobodan Milosevic muerto en la celda que ocupaba desde hacía cinco años, a la espera de que el tribunal dictara sentencia en su caso.

Apenas habían pasado dos años desde que, como testigo de la Fiscalía, me había enfrentado a Milosevic durante seis horas de interrogatorio en la sala de audiencias del tribunal para la antigua Yugoslavia, una experiencia personal cuyos pormenores no podía borrar de mi memoria, así que esta información me produjo una gran tristeza, porque este hombre, que a lo largo de muchos años se había burlado a su antojo de medio mundo, ahora, con su muerte anticipada, también se burlaba del tribunal y de la justicia.

Poco después de conocerse la noticia, Vojislav Kostunica, primer ministro de Serbia le exigió al tribunal de La Haya preparar un informe detallado sobre la causa exacta de la muerte de Milosevic, quien a sus sesenta y seis años sufría de una hipertensión crónica y severa. Por su parte, desde Moscú, la viuda de Milosevic solicitó que no se le hiciera la autopsia de rigor, ya que «para su familia ese procedimiento equivalía a una profanación de su cuerpo». Las autoridades holandesas desatendieron su solicitud y la autopsia, que incluyó un examen toxicológico para descartar la posibilidad de que hubiera sido envenenado, como temía su familia, se realizó en el Instituto Médico Legal de La Haya.

Por su parte, desde Suiza, donde pasaba unos días de vacaciones, Carla del Ponte se limitó a señalar: «Milosevic no tenía nada que ganar viviendo más, y tenía todo que perder. Con su muerte logró escapar de la justicia. Se fue a la tumba a sabiendas de que la Sala de Primera Instancia del tribunal había confirmado el cargo de genocidio en su contra. Ahora solo espero que las autoridades de Serbia y Montenegro detengan cuanto antes y entreguen a La Haya lo antes posible a Ratko Mladic y Radovan Karadzic, los dos principales colaboradores de Milosevic en Bosnia, que todavía permanecen fugitivos de la justicia».

Una semana más tarde, el sábado 18 de marzo, el otrora poderoso hombre fuerte de Serbia fue enterrado privadamente en el cementerio de Pozaverac, su ciudad natal, a menos de cien kilómetros de Belgrado, porque el presidente de Serbia, Boris Tadic, le negó a la familia la solicitud de sepultarlo «con honores de Estado» en el cementerio Alameda de los Grandes, en Belgrado. Tres días antes, el 14 de marzo, en un par de minutos, el tribunal cerró el juicio contra Milosevic sin haberse pronunciado sobre su culpabilidad o inocencia. Un hecho que el juez Patrick Robinson declaró lamentar profundamente, pues lo privó a él, y a todas las partes interesadas, de ver el desenlace natural de un proceso desde todo punto de vista excepcional, porque era la primera vez que la justicia internacional sometía a juicio a un ex jefe de Estado; en su caso, imputado de haber cometido múltiples crímenes de guerra y de lesa humanidad en Croacia, Bosnia y Kosovo. Delitos, añadiría yo, por los que, sin la menor duda, Milosevic habría sido condenado a cadena perpetua.

Atrapan a Radovan Karadzic

Pasarían varios años para que al fin, el 21 de julio de 2008, la policía serbia capturara en un pequeño pueblo situado en las afueras de Belgrado a Radovan Karadzic, principal ejecutor de la política de Milosevic en Bosnia y expresidente de la llamada República Srpska. Karadzic había permanecido fugitivo desde hacía once años, y entonces, según las fotos divulgadas por el gobierno, reaparecía convertido en un anciano, a pesar de que solo tenía sesenta y tres años; estaba asombrosamente delgado, lucía una larga barba blanca, cola de caballo y enormes gafas negras, y se hacía llamar Dragan Dabic. Se dedicaba a la práctica de tratamientos de medicina alternativa.

A pesar de su abultado prontuario criminal, diez mil serbios salieron a las calles de Belgrado a expresar su solidaridad con Karadzic y acusar de traidor al presidente serbio, Boris Tadic, por haberlo arrestado, decidido aprobar su extradición de inmediato y entregarlo al Tribunal Penal Internacional de La Haya. Una reacción popular diametralmente opuesta a la que se produjo en Sarajevo, donde la población, al recibir la noticia de su captura, también salió a las calles, pero para celebrarlo, porque, a fin de cuentas, Karadzic era responsable de los cuarenta y tres interminables meses de bombardeo a la ciudad y de los asesinatos, cometidos por francotiradores serbios, de los que se atrevieran a transitar por las calles de la capital bosnia, sobre todo, en la que llamaban el «callejón de los francotiradores». En total, acciones criminales que causaron la muerte de más de once mil civiles.

Por supuesto, el hecho de que Karadzic y otros prófugos hubieran logrado eludir a sus «perseguidores» durante tanto tiempo resultaba inexplicable. De manera muy especial, porque en su búsqueda participaban agentes de Interpol, de la OTAN, de la CIA y de otros servicios de inteligencia europeos. Hoy se sabe que en todas estas instituciones consideraban inconvenientes estas capturas, porque personajes como Karadzic eran vistos por amplios sectores de la población serbia como héroes populares que, además, contaban con la complicidad de los servicios policiales y de inteligencia de Bosnia, Serbia y Montenegro, y muy posiblemente de las autoridades de la Iglesia ortodoxa en Serbia.

Ante esta realidad, de muy poco sirvieron los reclamos del tribunal. La fiscal Del Ponte, en mis visitas a La Haya, me había confiado que «el hecho de que no hayan arrestado ni entregado a Karadzic y a otros criminales prófugos constituye una vergüenza monumental para Serbia y para la comunidad internacional». Esta situación cambió, porque las autoridades serbias entendieron que los gobiernos europeos no admitirían el ingreso del país a la Unión Europea si antes no se superaba ese obstáculo, así que finalmente decidieron actuar contra los principales fugitivos de la justicia internacional. En consecuencia, apenas nueve días después de su captura, el miércoles 30 de julio, la ministra serbia de Justicia, Snezana Malovic, aprobó la solicitud de extradición de Karadzic y ordenó su traslado de inmediato a La Haya. No obstante, este «gesto» de sus gobernantes de entonces, Serbia aún hoy no ha podido ingresar a la UE.

Serge Brammertz, sucesor de Del Ponte como fiscal jefe del tribunal, declaró por esos días que «todo el mérito de la captura de Radovan Karadzic y su entrega al tribunal le correspondía a Belgrado». A la Fiscalía, el enjuiciamiento de Karadzic, a quien se responsabilizaba de los bombardeos a Sarajevo y otras ciudades bosnias, y de los asesinatos de civiles cometidos por sus francotiradores en numerosas ciudades bosnias; también se le acusó de haber instalado más de veinte campos de concentración en Omarska, Prijedor, Trnopolje y otros parajes del norte de Bosnia, ocupados por militares y paramilitares serbios, que sistemáticamente torturaron, agredieron sexualmente y asesinaron a muchos de los más de treinta mil hombres y mujeres que pasaron por esos campos.

Al llegar a La Haya, Karadzic anunció que él, como había hecho Milosevic, asumiría personalmente su defensa. En su primera declaración como defensor de sí mismo, con gran desparpajo, le manifestó a la prensa que él nada sabía del genocidio de Srebrenica hasta que llegó a la Haya: «Tampoco sabía nada de los bombardeos y francotiradores de Sarajevo, mi muy querida ciudad. Quienes cometieron esos asesinatos fueron los musulmanes bosnios, no los serbios».

A pesar de esta y otras muchas declaraciones, seis años más tarde, el 24 de marzo de 2016, el tribunal declaró a Karadzic culpable y lo condenó a cuarenta años de prisión por crímenes de guerra cometidos con el propósito de «exterminar a todos los miembros de la comunidad musulmana de Bosnia». Durante los cinco años siguientes, Karadzic permaneció encarcelado en La Haya, pero en 2021 fue trasladado a una prisión de Reino Unido, donde desde entonces cumple el resto de su condena, aunque él había rechazado ese cambio de «domicilio», por razones de seguridad, pues en la cárcel de Wakefield, en West Yorkshire, había sido apuñalado por extremistas islámicos el general serbio Radislav Krstic, que pagaba una condena de 35 años por su participación en el genocidio de Srebrenica.

Cuando supe del traslado de Karadzic no pude evitar recordar un poema suyo, escrito antes del inicio de la guerra titulado «Sarajevo», en el que vaticinaba la destrucción de la capital bosnia como acto de glorificación de la muerte y la devastación que él, Milosevic y el general Mladic planearon y ejecutaron con abrumadora crueldad durante años:

> «En el humo veo nuestra conciencia,
> entre grupos armados, árboles armados.
> Todo lo que veo está armado,
> todo es tropa, combate y guerra».

Cae el general Mladic, el peor de los prófugos

Tras 16 años de fuga, el 26 de mayo de 2011, el otro prófugo más buscado del planeta, el general Ratko Mladic, llamado por millones de bosnios el «Carnicero de los Balcanes», por fin fue apresado en el pequeño pueblo de Lazare, en el norte de Serbia. Según los medios de comunicación, en el momento de su captura por agentes de la policía, aunque tenía dos pistolas de gran calibre al alcance de sus manos, Mladic no opuso la menor resistencia. El presidente Tadic no ofreció muchos detalles del operativo, y se limitó a informar que su gobierno había tomado la decisión de extraditarlo para que también fuera juzgado por el Tribunal Penal Internacional para la Antigua Yugoslavia en La Haya.

«Creo que hoy —sostuvo en su declaración a la prensa—, con la captura de Mladic, termina un período muy difícil y oscuro de nuestra historia reciente».

Para los serbios de Bosnia, Mladic era un héroe de guerra; para los bosnios, fue un criminal sin atenuantes. La propaganda serbia había tratado de influir en la opinión pública mundial divulgando fotos y videos que mostraban a Mladic distribuyendo caramelos y otras golosinas a niños musulmanes en la plaza de Srebrenica en julio de 1995, pocas horas antes de que se iniciara la masacre a sangre fría de miles de sus ciudadanos por órdenes suyas, pero aún se conservan imágenes escalofriantes de los horrores cometidos en ese enclave aquel sangriento mes de julio. En uno de esos videos vemos y escuchamos a Mladic arengar a sus soldados con una frase que basta para entender lo que ya nadie que la haya escuchado podría olvidar: «Cuando les doy una orden, es como si la diera Dios». David Harland, funcionario de las Naciones Unidas, me contó que, en una reunión de oficiales civiles y militares de las Naciones Unidas con el general Mladic, este les comunicó que «sus instrucciones eran las de matar a todos en los enclaves de Zepa, Gorazde y Srebrenica». Harland abismado le preguntó: ¿A todos, general?, y Mladic pensó un poquito y respondió: «Sí, a todos, menos a las mujeres y a los niños».

Munira Subasic, directora de la organización Madres de Srebrenica, grupo de familiares de víctimas, constituida en 1995 para mantener la presión sobre los investigadores de crímenes de guerra, al recibir la noticia de la captura de Mladic lamentó «que los asesinados no pudieran ser testigos del arresto». Su esposo Hilmo, su hijo Nermin, de diecisiete años, y otros veintidós miembros de su familia habían perdido la vida en la matanza de Srebrenica.

Me parece oportuno destacar que la detención de Mladic se materializó en un momento crucial para Serbia, pues el fiscal Brammertz estaba a punto de denunciar formalmente al Gobierno serbio por no cooperar con quienes en el ámbito internacional llevaban años buscando a Mladic para someterlo a juicio en La Haya. En Belgrado se sabía de la intención de Brammertz y no pudieron seguir aplazando la captura de uno de los peores criminales conocidos en Europa desde el fin de la Segunda Guerra Mundial. Para la conciencia europea, la detención de Mladic tuvo un impacto similar al que en Estados Unidos provocó la muerte de Osama bin Laden. Desde ese punto de vista, la captura de Mladic también representó una notable victoria diplomática europea.

Días más tarde, al abordar el vehículo blindado que lo conduciría al aeropuerto de Belgrado, Mladic solicitó autorización para visitar la tumba de su hija Ana, que, siendo una bella y brillante estudiante de Medicina de veintitrés años, se había suicidado de un disparo en la sien en marzo de 1994, al enterarse de que su padre era culpable de crímenes y otras atrocidades abominables cometidas en Bosnia. Al final de esa tarde, Mladic ingresó en prisión y el 23 de noviembre de 2017 fue condenado a cadena perpetua. Los abogados apelaron la sentencia, pero cuatro años más tarde, el 8 de junio de 2021, el tribunal la confirmó.

Durante la audiencia en la que se le sentenció originalmente, Mladic se había comportado groseramente. Saltaba de su asiento y gritaba insultos y obscenidades a jueces y fiscales, y a numerosos familiares de sus víctimas, sentados al otro lado de la barrera de vidrio blindado. En 2021, sin embargo, escuchó el dictamen de los jueces sin expresar la menor emoción.

—Sigo siendo un objetivo de la OTAN. —se limitó a denunciar—. Este tribunal es hijo de las potencias occidentales.

El infame legado de los criminales

Sin duda, el venenoso legado de Milosevic, Karadzic y Mladic continúa dividiendo a Bosnia. Un malestar que sigue afectando a su pueblo, aunque no tan fuerte como el causado por la comunidad internacional, a la que culpan, legítimamente, de haberlos abandonado a su suerte y no haber frenado a tiempo el desarrollo de la guerra y sus terribles consecuencias. Sobre todo, se señala a las Naciones Unidas por el deplorable desempeño de sus principales funcionarios, y a los gobiernos más poderosos del planeta por haber puesto su voluntad al servicio de los intereses nacionales de sus aliados, en lugar de respaldarlos a ellos y defender los derechos humanos esenciales de su población, como era su obligación moral y política.

En 1993, el Gobierno de la República de Bosnia y Herzegovina había presentado una demanda ante la Corte Internacional de Justicia acusando a la República Federal de Yugoslavia por el incumplimiento de la Convención para la Prevención y Sanción del Delito de Genocidio, firmada en 1948. Ese mismo año, en mi condición de representante de Venezuela ante el Consejo de Seguridad de las Naciones Unidas, pude comprobar que la CIJ notificó oficialmente al entonces secretario general de las Naciones Unidas, Boutros-Boutros Ghali, que había aceptado tramitar la demanda presentada por el Gobierno bosnio. Era la primera vez que se sentaba a un gobierno en el banquillo de los acusados en un tribunal internacional.

La notificación de la Corte a Serbia y Montenegro incluía la exigencia de adoptar de inmediato medidas que garantizaran que ninguna unidad militar o irregular del país contara con apoyo oficial para efectuar ataque alguno; que no se cometieran actos de genocidio ni se permitiera la instigación a cometerlos contra la población musulmana de Bosnia y Herzegovina; que sus agentes y representantes en Bosnia cesaran y desistieran de actos genocidas, incluidos asesinato, ejecuciones sumarias, tortura, violación, limpieza étnica, asedio y devastación de ciudades; que no se condenara al hambre a su población; y que no se bombardearan centros de población civil ni se internara a ciudadanos en campos de concentración.

Se trataba, sin la menor duda, de una clara advertencia al Consejo de Seguridad de las Naciones Unidas, que de ningún modo debía haberla ignorado, pero a la que en realidad no le hizo el menor caso. Sencillamente, porque los gobiernos de las naciones más poderosas del planeta, es decir, las que ejercían y ejercen el control del Consejo de Seguridad, le huyen a la palabra «genocidio» como a la sarna. Por esa razón, los cinco representantes del Movimiento de Países No Alineados que éramos miembros del Consejo —Pakistán, Djibouti, Marruecos, Cabo Verde y Venezuela— tuvimos que luchar contra viento y marea para lograr inscribir ese mandato de la CIJ en una resolución del Consejo de Seguridad. Fue la primera vez que el término «genocidio» se mencionó en una decisión de ese órgano fundamental de las Naciones Unidas a lo largo de toda la guerra en Bosnia. No obstante, el inmenso poder de los miembros permanentes del Consejo logró que se siguieran calificando los crímenes de lesa humanidad cometidos contra la población musulmana de Bosnia no como lo que eran, acciones ejecutadas para exterminar a ese sector de la sociedad bosnia, sino como actos de «limpieza étnica», término que no obligaba a las Naciones Unidas a reaccionar ni a denunciar la violación de las normas establecidas por la Convención sobre Genocidio que todos los países miembros de la ONU habían firmado.

La sentencia de la Corte Internacional de Justicia

Desde la demanda de Bosnia a Serbia en 1993, pasaron catorce años, hasta que el 26 de febrero de 2007 la jueza Rosalyn Higgins, presidente de la Corte Internacional de Justicia, leyó el fallo que colmó de indignación a la población de Bosnia y Herzegovina y de imprevista satisfacción al Gobierno de Serbia. Aunque la sentencia reconoció que Serbia había incumplido «la obligación impuesta por la Convención de prevenir el delito de genocidio» cometido en Srebrenica en julio de 1995, y tampoco cumplió con su deber de sancionar a los culpables ni cooperó con el Tribunal Penal Internacional para la Antigua Yugoslavia al no apresar a Ratko Mladic y facilitar su procesamiento por esa instancia judicial, por otra parte, afirmaba que «Serbia no cometió, conspiró ni fue cómplice de órganos o personas a su servicio en la comisión del delito de genocidio alegado por el demandante».

O sea, se reconoció que hubo un genocidio, pero no se señaló a ningún culpable.

La sentencia, además, determinó que «una compensación financiera» no era «la forma adecuada de reparar el incumplimiento de la obligación de prevenir el genocidio». Es decir, según el fallo, a pesar de que Serbia no había cumplido su obligación de prevenir el genocidio, el Gobierno de Bosnia y Herzegovina, aun teniendo «derecho a reparación», nada podía exigirle a Serbia por no atender el mandato de la CIJ del 8 de abril de 1993.

No obstante las innumerables evidencias conocidas y ampliamente difundidas sobre la situación, la Corte llegó al alarmante extremo de señalar que no se había «demostrado que el Estado serbio hubiera tenido la intención deliberada de exterminar a toda o a una parte de la población musulmana de Bosnia», ni se habían encontrado pruebas que demostraran, más allá de toda duda razonable, que los gobernantes de la República de Serbia y Montenegro «hubieran sido claramente conscientes de que un genocidio estaba por cometerse o en proceso de cometerse».

Para llegar a esta absurda conclusión, la CIJ ni siquiera tuvo en cuenta el informe que Kofi Annan, secretario general de la ONU, le presentó a la Asamblea General de la organización en noviembre de 1999, en el que denunció que la «milicia serbia asesinó en Srebrenica y sus alrededores a veinte mil civiles bosnios», impresionante cifra que incluye doce mil asesinatos cometidos antes de la masacre de julio de 1995. Es decir, la Corte no solo ignoró lo que ocurrió durante esos tres días atroces, sino que cometió el grave desacierto de dar por sentado que el genocidio de Srebrenica fue la única matanza cometida por las fuerzas militares y paramilitares serbias en Bosnia.

Más grave aún, esta sentencia, inexplicablemente, consideró que la pérdida de al menos doscientas mil vidas humanas, la violación de más de veinte mil mujeres y el desalojo forzado de sus hogares de dos millones de personas no fueron manifestación de una política de exterminio aplicada por el Gobierno serbio a la población musulmana de Bosnia, similar a la que le aplicó el régimen nazi a la población judía en toda Europa. Fue un fallo judicial que, además de constituir un auténtico atropello a los inalienables derechos humanos de las víctimas, se contradijo al exculpar a Serbia del delito de genocidio, por una parte, y, por otra, culparla por no haber impedido la matanza en Srebrenica. Se trató de una decisión tan incomprensible que le negó a Bosnia una justa compensación financiera por los enormes daños causados a la nación y a sus habitantes, y que en términos reales equivale a una negativa de administrar justicia.

Después de conocerse la sentencia, la opinión pública internacional descubrió que la CIJ actuó sin contar con toda la documentación que estaba disponible en los archivos serbios públicos y dictó la sentencia basándose fundamentalmente en los documentos que les hicieron llegar las autoridades serbias, con párrafos enteros tachados por completo. Resulta realmente alarmante que, al juzgar un caso de tan enorme trascendencia, porque era la primera vez desde la aprobación de la Convención sobre Genocidio en 1948 que un Estado era señalado como responsable de un genocidio, la Corte optara por un silencio cómplice o acomodaticio; da igual.

Afortunadamente, después de dictada la sentencia de la CIJ, el abogado británico Geoffrey Nice, exfiscal principal en el proceso contra Slobodan Milosevic, dio a conocer una carta pública para recordar que él se había opuesto al infame acuerdo alcanzado por el tribunal y su fiscal jefe, Carla del Ponte, con las autoridades serbias, acuerdo que les permitió «tachar información contenida en esos documentos y no enviar todos los archivos que tenían en su poder».

Con este acuerdo en las manos, el Gobierno serbio pudo filtrar la información que le facilitó a la Corte, y eliminar cualquier elemento que vinculara al Estado serbio o a sus gobernantes con el genocidio en Bosnia. Como afirmó Nice, a la hora de dictar su sentencia, la CIJ se limitó a tomar en cuenta la documentación que no afectaba «el interés nacional serbio». Yo agregaría: que tampoco afectaran los intereses de otros países estrechamente relacionados con el proceso, como el Reino

Unido, Francia, Rusia y los Estados Unidos. Sin la menor duda, esta decisión deja muy mal parados a los jueces del tribunal de La Haya y a la fiscal Del Ponte, por haber cooperado en la exclusión de documentos potencialmente incriminatorios para los gobiernos de esas naciones.

Siempre creí que el Gobierno serbio, en compensación por no aportar la documentación correcta y sin tachaduras, le podría haber ofrecido a la fiscal Del Ponte la entrega del general Ratko Mladic, todavía fugitivo, aunque eso no lo puedo asegurar.

El crimen perfecto

En mayo de 2007 participé en un evento del World Federalist Movement-Institute for Global Policy en Nueva York sobre las implicaciones de esta decisión de la CIJ. En el curso de ese encuentro formulé algunas críticas particularmente duras a la Corte, y me pregunté, si se hubieran conocido las porciones expurgadas de esos documentos, esta se hubiera visto obligada a pronunciarse de otro modo, tal como había ocurrido con el juicio a Adolph Eichmann, en relación con las notas tomadas por este durante la tristemente célebre Conferencia de Wannsee, en la que se tomó la decisión de exterminar de Europa a toda su población judía.

También pregunté entonces qué habría pasado si los gobiernos del Reino Unido, Rusia, Francia y Estados Unidos hubiesen cooperado abiertamente con los órganos de la justicia internacional y hubieran facilitado el acceso de la Corte a la copiosa información recogida por sus servicios de inteligencia durante aquellos turbulentos años. Estoy absolutamente seguro de que esa información que había sido ocultada o sencillamente suprimida habría bastado para demostrar que Serbia, en efecto, tenía responsabilidad directa en crímenes de lesa humanidad cometidos en Bosnia y en el genocidio de Srebrenica. Y concluí afirmado que esa manipulación de la verdad se hizo con la finalidad de no poner en evidencia la muy impropia conducta de los miembros permanentes del Consejo de Seguridad de las Naciones Unidas, y de los funcionarios de la

Secretaría General de la organización, encompinchados en la tarea de silenciar la magnitud de los crímenes que, a fin de cuentas, eran predecibles e irrefutables actos de terrorismo cometidos en el corazón de Europa.

Esta duda sigue sin aclararse, y abre otras interrogantes. Ante esta manipulación de la verdad sobre Bosnia en las más diversas instancias del poder y de la administración de justicia, ¿a qué conclusión puede haber llegado el mundo musulmán? ¿Y qué pensaría la mayoría del pueblo serbio, que no formaba parte del monstruoso aparato racista de Milosevic, Karadzic y Mladic? Creo firmemente que el mundo merece que las Naciones Unidas y sus herramientas judiciales sean lo que se espera de ellas.

Fue un larguísimo proceso, que duró casi 15 años, y que le permitió al Estado serbio negar su responsabilidad en los sucesos que devastaron Bosnia como nación y a una parte sustancial de su población. Yo añadiría que, al asumir esa posición, la Corte Internacional de Justicia dejó pasar la oportunidad histórica de señalar la responsabilidad penal de los Estados. Una renuncia de principios esenciales que les arrebata a la comunidad internacional y a sus órganos judiciales fuerza moral y legal suficientes para disuadir en el futuro la repetición de crímenes como aquellos en otras regiones del mundo.

En el caso de Bosnia, a pesar de que sus ciudadanos son europeos, es preciso destacar que Europa no les trató como tales, sino como musulmanes. Infame percepción de la realidad que ya tiene, y si duda continuará teniendo, funestas consecuencias. En este sentido, quisiera destacar la opinión disidente del magistrado y vicepresidente de la CIJ, Al-Khasawneh, de Jordania, de que «la Corte, mediante una combinación de métodos y supuestos no ajustados a derecho, logró la extraordinaria hazaña de absolver a Serbia de su responsabilidad por genocidio en Bosnia y Herzegovina». Por eso reclamó que la CIJ no hubiera exigido tener acceso a todos los documentos del Consejo de Defensa Serbio, y que en cambio hubiera aceptado sin chistar la negativa de Serbia a entregar la totalidad de esos archivos, incluso después de haber admitido la culpabilidad del

Gobierno serbio en los crímenes de guerra cometidos en Bosnia. Existen, incluso, videos y fotografías que registran la ejecución extrajudicial de prisioneros musulmanes en Srebrenica por efectivos de los grupos de exterminio serbios llamados «escorpiones» que no fueron aceptados por la Corte como prueba válida, y los consideró simples expresiones de carácter exclusivamente político. La conclusión del magistrado es tajante: «Si la Corte hubiese tratado de averiguar por sí misma, lo más probable sería que hubiera concluido que Serbia era responsable del genocidio en Bosnia, como autora principal o como cómplice».

Al dictar una sentencia claramente manipulada, el fallo de la Corte no reflejó la posición imparcial de sus jueces, sino la de los gobiernos involucrados en el caso, que a fin de cuentas son los que nombran y quitan a sus quince magistrados. A la luz de estas realidades me parece importante recordar que el preámbulo de la Carta de las Naciones Unidas comienza señalando: «Nosotros, los pueblos de las Naciones Unidas, estamos resueltos (…) a unir nuestras fuerzas para garantizar el mantenimiento de la paz y la seguridad internacionales». Solo que no son los pueblos, sino sus gobiernos, los encargados de cumplir y hacer cumplir ese precepto fundamental de la organización. Por esta razón elemental, el eco del «nunca más» fue silenciado, otra vez, por los dos tribunales encargados de velar por su consecución.

Siempre he sostenido, y lo reitero ahora que, en Bosnia, y de manera muy especial en Srebrenica, se cometió un crimen perfecto. Como destacó Noel Malcolm, académico e historiador británico en su extraordinario libro Bosnia A Short History, publicado en 1994 por la editorial de la Universidad de Nueva York, el mejor de las docenas de libros que he leído sobre esa nación, entre los años 1992 y 1995 Bosnia solo fue conocida por la espantosa guerra que la destruyó, y no por ser un país único, con una cultura política y cultural como no tiene ningún otro en Europa, punto de convergencia de católicos romanos, cristianos ortodoxos, judíos y musulmanes. Allí se sucedieron grandes imperios, el de Roma, el de Carlomagno, el otomano, el austrohúngaro. Pero ese extraordinario y rico pasado fue sepultado por una guerra que no fue el resultado inevitable de ancestrales odios raciales, sino de una sórdida mezcla de ignorancia, prejuicios e intereses particulares, alimentada perversamente por el ciego fanatismo expansionista de Slobodan Milosevic desde Belgrado, sumado a la interferencia de la dirigencia política europea, que, lejos de valorar la importancia de tener en medio de su continente un ejemplo tan excepcional y único como Bosnia, vio en su fragmentación y en la aplicación del abominable apartheid mecanismos válidos para frenar lo que ellos absurda e injustificadamente percibían repentinamente como el surgimiento de una amenaza musulmana en el medio de Europa.

No fue accidental ni un acto de guerra más la destrucción de la Biblioteca de Sarajevo por los agresores serbios en agosto de 1992, como tampoco fueron bombas comunes las que emplearon para llevar a cabo ese ataque, sino bombas incendiarias. Lo mismo hicieron con el Oriental Institute, centro de investigación y estudio que guardaba una impresionante cantidad de documentos y manuscritos de la época otomana de Bosnia. Con esos ataques se trataba de borrar para siempre el riquísimo patrimonio histórico y cultural de una nación que se caracterizaba por la calidad de su pasado ecuménico.

La ignorancia que reinaba en el seno del Consejo de Seguridad sobre lo que representaba Bosnia era tan grave que André Erdos, embajador de Hungría y colega mío ante el Consejo, tuvo que aclararle a uno de los del P5 que «Bosnia no era una invención del mariscal Tito», como él suponía. Hoy hablé con André y le pregunté si se refería al embajador de Francia o al del Reino Unido, pero prefirió no responderme. Lo que sí me comentó fue que este desconocimiento de lo que habían sido y eran los Estados balcánicos influyó decisivamente en la política adoptada por el Consejo ante las llamadas guerras yugoslavas. ¡Cuán diferente habría sido el desarrollo de esos conflictos si se hubiera conocido algo mejor a los pueblos y las naciones implicadas!

En todo caso, esta ignorancia contribuyó poderosamente a que lo ocurrido en Bosnia fuera una expresión cabal de un crimen perfecto. Solo así se entiende la evidente negación de la Corte a la justicia que legítimamente reclamaba Bosnia, y a que las mismas naciones que aprobaron su ingreso a la ONU como república independiente y soberana en mayo de 1992 a los pocos días propusieran su fragmentación territorial para hacer efectiva la separación étnica de su población. O sea, la aplicación, en nombre de la paz, del apartheid promovido por los mismos países que habían logrado eliminar esa vergüenza política y social que había sometido a la población negra de Suráfrica a la peor de las miserias humanas.

Cuando el Consejo de Seguridad designó Srebrenica, Zepa, Gorazde, Tuzla, Bihac y Sarajevo como áreas seguras en Bosnia bajo la protección de las Naciones Unidas, cometió el crimen mayor de su historia al abandonarlas y dejarlas a merced de sus verdugos. Nunca fueron acusados los gobernantes que promovieron la partición de la República de Bosnia y Herzegovina, la legalización del apartheid y la legitimación de la llamada República Srpska, agresora y genocida. Tampoco acusaron a ninguno de los funcionarios de la Secretaría General de la ONU que auspiciaron y legitimaron el despojo de dos terceras partes del territorio bosnio. Ni a los magistrados de la Corte Internacional de Justicia que con su inexcusable sentencia les negaron a los bosnios las reparaciones que merecían.

Siempre he tenido la impresión de que algunos dirigentes políticos europeos creían encarnar con estas decisiones el espíritu cristiano que motorizó las antiguas cruzadas, como si en pleno siglo XX la República de Bosnia y Herzegovina fuera una suerte de «tierra santa» en manos de los infieles musulmanes, y el deber del mundo occidental y cristiano fuera rescatar sus lugares sagrados. Un argumento que, en realidad, les ha permitido ejecutar este crimen perfecto, porque nadie es culpable de haberlo cometido.

UNA TRAGEDIA SIN FIN

El 7 de octubre de 2021, las autoridades municipales de Sarajevo me honraron nombrándome Ciudadano Honorario de la ciudad.

Conocí la capital de Bosnia en abril de 1993, cuando Sarajevo ya nada tenía que ver con lo que había sido, ni seguía siendo el ejemplo europeo de armonía política, religiosa, étnica y cultural. Entonces era una ciudad en ruinas, devastada por una guerra implacable. Nunca había estado en un frente de batalla y aquellas primeras y atroces imágenes de la ciudad, sitiada desde hacía dos años por sus agresores serbios, bombardeada casi a diario por la artillería pesada que habían emplazado en las laderas de las colinas que circundan Sarajevo, y la heroica defensa que hacían sus habitantes de sus hogares, han sido desde ese día un recuerdo imborrable y motivo de justa admiración por su gente, así que la distinción me conmovió profundamente.

Este reconocimiento a mi solidaridad con los derechos humanos de la población de Bosnia se complementó el día siguiente en la ciudad de Mostar, donde recibí el premio Peace Connection 2021, que anualmente concede el Mostar Center for Peace and Multiethnic Cooperation a personas que se hayan destacado por sus esfuerzos en favor de la paz. Un altísimo honor que han recibido personalidades de la dimensión de Nelson Mandela y Václav Havel. El último de los laureados fue António Guterres en 2020, secretario general de las Naciones Unidas.

Después de ese valioso gesto de mis amigos bosnios, a primeras horas de la tarde, me trasladé a la ciudad de Srebrenica, a dos horas en auto de Sarajevo. La visité por primera vez aquel mes de abril de 1993, durante la misión que cumplimos por encargo del Consejo de Seguridad de las Naciones Unidas los representantes de Nueva Zelanda, Francia, Hungría, Pakistán, Rusia y Venezuela ante ese organismo. La finalidad de nuestro viaje era comprobar sobre el terreno la realidad de una guerra desatada por el Gobierno serbio con la perversa intención de aplicar una política de «limpieza étnica», es decir, de exterminio físico de la población no serbia de Bosnia y Herzegovina —república reconocida por la Asamblea General de Naciones Unidas y que había sido admitida como miembro de la organización el 22 de mayo 1991—, y así se lo confirmamos a los miembros del Consejo. Ahora regresaba a Srebrenica por tercera vez, en compañía de mi hija Manuela y de Emir Zlater, un muy querido amigo bosnio, y juntos visitamos el monumento erigido en el pueblo de Potocari, en las afueras de la ciudad, en recuerdo y homenaje a los ocho mil y tantos miles de civiles bosnios asesinados a sangre fría en una orgía de sangre y muerte que duró tres días del mes de julio de 1995, suceso que desde entonces se conoce como el «genocidio de Srebrenica».

Esa tarde lluviosa del otoño europeo visitamos el monumento a las víctimas inocentes de aquellos días atroces y a la indoblegable dignidad de un pueblo que, además de ser salvajemente agredido por sus vecinos serbios, fue arrojado por la comunidad internacional al abismo de una orfandad insondable. En ese sobrecogedor escenario, un hermoso prado a los pies de una colina sembrado de miles de pequeños monolitos pintados de blanco, cada uno con el nombre de una de las víctimas del genocidio, sostuve una breve pero inolvidable conversación con Munira Subasic, presidenta de la organización Madres de los Enclaves de Srebrenica y Zepa. Estaba acompañada de otras mujeres integrantes de la organización y de la directora del Memorial, que habían acudido a recibirnos. Después de intercambiar muy cordiales saludos, me informaron que dos días antes se había inaugurado una exhibición con los zapatos que habían sido recuperados de las fosas comunes donde fueron enterrados los restos de los hombres y adolescentes asesinados en ese mismo paraje, sin que el batallón de cascos azules holandeses desplegados en la zona para protegerlos hiciera algo para salvarles la vida.

Conocí a Munira Subasic en 2005, durante la conmemoración del décimo aniversario del genocidio, y volvimos a vernos diez años después, en el vigésimo aniversario. Las dos veces que me había reunido con ella lo hice con un nudo estrujándome la garganta, pero en ninguna ocasión me pareció tan apretado como esa tarde, cuando me preguntó por qué, en abril de 1993, yo le había declarado a la prensa internacional, en lo que quedaba del edificio del ayuntamiento de la ciudad, que allí y entonces ya se estaba cometiendo un genocidio, aunque en cámara lenta.

«Y ¿cómo —me preguntó Munira— pudo usted anticipar lo que terminaría ocurriendo dos años después?». La misma pregunta me había hecho el gran muftí de Bosnia y Herzegovina el día anterior en Sarajevo.

Mi respuesta para ambos fue dictada por el recuerdo de los horrores que presencié en sus calles aquel día terrible de abril de 1993, una realidad mucho más miserable y terrorífica que la peor de las pesadillas.

«Había que estar ciego —les dije— para no darse cuenta de lo que pronto sucedería si nada se hacía de inmediato para prevenirlo. Y como yo no estaba ciego, la visión de aquellos horrores me hizo comprender que lo que ocurría allí, en pleno corazón de Europa, era una amenaza extraordinaria a la causa moral y a los valores fundamentales que en las Naciones Unidas estábamos obligados a defender. Por eso, desde aquí mismo, declaré que nosotros, representantes del Consejo de Seguridad de las Naciones Unidas, es decir, de la cima política del mundo, estábamos en Srebrenica para reiterarles que nuestro compromiso era protegerlos y que eso haríamos. Una promesa que lamentablemente no cumplimos, que me avergüenza y no he podido olvidar».

Una vergüenza, comprendí esa tarde, que me impulsó a involucrarme aún más activa y militantemente en los conflictos que se debatían en el mundo y que ha profundizado la obligación moral que siento desde entonces de no caer en la cómoda tentación de encubrir con mi silencio la verdad de la tragedia bosnia y de tantas otras realidades indeseables. Y comprendí que en esa vergüenza también estaba la razón de haber escrito este libro. Al menos, para ajustar cuentas con la historia.

www.ingramcontent.com/pod-product-compliance
Ingram Content Group UK Ltd.
Pitfield, Milton Keynes, MK11 3LW, UK
UKHW041301280225
4808UKWH00011B/22/J